U0142726

圖解系列

圖解

五南圖書出版公司 印行

航業經營管理

張雅富 / 編著

閱讀文字

理解內容

觀看圖表

圖解讓

航業經營管理

更簡單

自序

　　水路運輸（Water Transport）是一種很古老的運輸方式，人們從江、河、湖、海進行異地的貨物交換和進行不同目的的旅行，隨著海上新航路的逐步發現，海運從近岸拓展到遠洋運輸，18 世紀到近代船舶技術從風帆船、蒸氣輪船、燃油動力客貨船的出現，船舶種類及規模也隨造船技術進步更加多元及大型化。

　　本書的海運運輸（Maritime Transport）主要是以定期航運與不定期航運分別作介紹，主體是航行的船舶與運送的貨物，參與者有船員、船東、運送人、託運人等，當然還有修造船、船舶經紀、租賃保險、船務代理、海事法規等海運輔助服務介紹。現代海運隨貿易型態與科技發展，又有國際物流作業與資訊作業交換平臺的出現，使海運運輸的交易方式更為便利，但新的國際作業方式及法規也會異於以往，也藉此機會重新學習梳理，以港埠服務業的視角來了解航運業的營運與管理。

　　本書撰寫的方式是以「**簡單易學、實用入門**」為主旨，大多以自繪圖表再輔以說明，對有意了解海運經營或參加航運管理工作的讀者，希望本書能給予基礎知識的協助，在輕鬆閱讀之餘能對工作與增進基本海運知識能有所助益。本書在撰寫時曾參考各界航運先進著作及中外企業網站的圖文資料，雖然多年在大學校園授課及曾多次編修講義試教，但內容仍或許有些缺漏不足，尚請讀者及各界先進能撥冗指正及建議。此次本書能夠順利撰寫發行，適逢航港局及港務公司成立 10 週年，仍感謝臺灣港務股份有限公司給予良好的工作環境，以及五南圖書出版公司對航港專業出版品的一貫支持。

張雅富

2022 年春於高雄港

CONTENTS 目錄

第10章　船舶貿易及融資

第11章　海運代理業務

第12章　航線規劃及船舶調度

第13章　複合運輸及物流

第1章
海運緒論

Unit 1-1 運輸類別

依據教育部的國語辭典解釋,運輸(Transportation)是:「利用交通工具,將人或物由一地運送到另一地」。主要運輸方式[註1]以個別運具劃分,可分為公路運輸、鐵路(軌道)運輸、水路(海運)運輸、航空運輸與管道運輸(Pipeline Transport)五種次系統。本章主要是討論海上貨物運輸,不包括江、河及湖泊的客貨運輸方式。

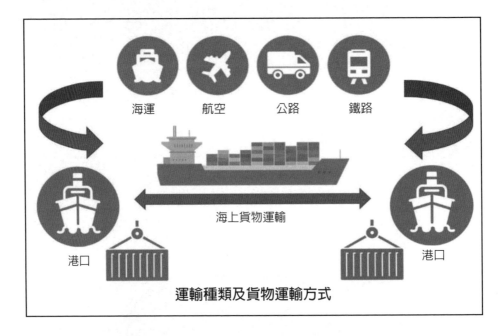

運輸種類及貨物運輸方式

一、運輸的特點

1. 運輸不是生產有形的產品,運輸生產活動所提供的服務(產品),並不是有形的產品,只是無形的服務,是因服務對象進行某種經濟活動或目的時所衍生的需求。
2. 運輸不會改變運輸對象性質,不像加工、生產等活動會改變服務對象的物理及化學性質,運輸只是改變服務對象(客、貨)的空間位置。人因為運

[註1] Main Freight Modal Options, The Geography of Transport Systems
https://transportgeography.org/contents/chapter5/transportation-modes-modal-competition-modal-shift/freight-modal-options/

輸消費而滿足在空間位移改變的欲望，貨物因為改變所在（生產）位置，而在不同時地增加其消費價值。

3. **運輸會受自然條件的限制**，運輸活動會受氣候、地形（地質）及海洋水深等的影響，因此路線選擇、提供服務情形（次數、時間）等，無法像工廠生產作業條件較易作人為控制。

4. **運輸是資本密集的產業**，運輸成本主要為固定設施的成本及變動的營運成本，運輸的固定設施不易變更為其他用途或出售，如車（軌）道、港口碼頭，投資回收期限也較一般生產活動為長。

5. **運輸具有空間及時間效用**，空間效用（Place Utility）是運輸改變空間相對位置，提高貨物的附加價值，如農漁產品由生產地轉移至消費地。時間效用（Time Utility）是運輸提供暫時儲存的作用，在運輸和在不同運具的搬運過程中，貨物的經濟價值能獲得提升，如應景貨物在適當的季節運送至消費地（年節、開學季）。

二、運輸系統的組成

運輸管理是對運輸系統運作的整合性管理，而運輸系統是由各組成因素共同構成進行服務提供：

1. **運輸節點**：是位於運輸路線上，負責提供貨物集散、運輸服務銷售、運輸工具維護的場所，如機場、車站、港口等。

2. **運輸路線**：是提供運輸工具依一定方向前進的路線，也是重要的基礎建設，如車（軌）道、機場跑道、港口航道，海上及空域的航路導航。

3. **運輸工具**：是在運輸路線上用於載運客貨並使能產生空間位移的設備，如車輛、輪船、飛機等。

4. **運輸參與者**：包括貨主（託運人）、運送人、貨運承攬業、運輸經紀、政府管理機關（構）、國際相關運輸組織，在政策、法規、市場交易、服務諮詢及提供等，共同完成運輸服務。

運輸就其運送對象，分為貨物運輸和旅客運輸，而貨物運輸又可按地域分為國內及國際貨物運輸兩大類，國際運輸是國家與其他國家或地區之間的運輸，是一種對外貿易的客貨運送活動。國際貨物運輸涉及國際經貿關係，各國之間及國際組織的會員國對貿易運輸有時會涉及互惠、懲罰、附加限制條件等，不僅是經濟性也是政治性的對外活動。因運輸合約執行需跨越數個國家或地區的運輸作業，涉及不同國家法規及作業條件，也需國際性組織進行協調以訂定一致性國際規範供各國遵守。

複合運輸（Multimodal Transport）

複合運輸又稱多式聯運，聯合國國際貨物多式聯運公約（United Nations Convention on International Multimodal Transport）即規範國際貨物運輸透過兩種以上運輸工具的運送責任問題。多式聯運經營人是指本人或其代表與發貨人訂立多式聯運契約的運送人，它負有履行契約的責任。多式聯運經營人負責履行或組織履行多式聯運契約，對全程運輸負有承運人的權利及承運人的義務。多式聯運經營人或其代表就多式聯運的貨物必須與發貨人或其代表訂立多式聯運契約，而且契約至少使用兩種運輸方式完成全程貨物運輸，契約中的貨物係運送於國際間的貨物。

國際貨物運輸

貿易文件　　海上運輸　　港口作業　　貨物運送

資料來源：United Nations Convention on International Multimodal Transport
https://unctad.org/system/files/official-document/tdmtconf17_en.pdf

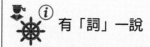 有「詞」一說

中華民國教育部《線上國語字典》

【交通】：交通指所有透過器具（火車、汽車、摩托車、船、飛機等）或僅靠人力進行的人流、客流和貨流的交流運輸，但廣義解釋也包含郵遞、電信等人際資訊方面的交流。

【運輸】：運輸是指某一物體（人或者是貨物）透過運輸工具（或交通工具與運輸路徑），由甲地移動至乙地，完成某個經濟目的的行為. 因此，運輸是一種「衍生的經濟行為」，運輸多半都是為了完成某些經濟行為，例如購物、上班、上學、訪友等需求而進行。而運輸主體與運輸工具在運輸路徑上所產生的互動現象，即為交通現象。因此運輸是一種兩地之間的移動行為，而交通是兩地之間所發生的現象。

【物流】：物流中文源自於日文，指貨運、貨物流通、傳輸送貨，是軍事領域後勤概念的民間用語。物流是指物質體從供應者向需求者的物理移動，它由一系列創造時間價值和空間價值的經濟活動組成，包括運輸、保管、配送、包裝、裝卸、流通加工及處理等多項基本活動。

國家教育研究院《雙語詞彙、學術名詞暨辭書資訊網》

【Traffic】：交通、流量
【Transportation】：運輸、搬運
【Logistics】：物流、運籌、後勤

Unit 1-2 水路運輸

　　水路運輸（Water Transport）[註2]是指利用船舶、其他可漂浮於水上之器具，在江、河、湖及海洋上運送客貨的一種運輸方式。水路運輸按其航行的區域，大致可分為遠洋運輸、沿海運輸和內河運輸等類型。

1. **遠洋運輸**（Ocean Water Transport）：遠洋運輸通常是指沿海運輸以外的區域，實務上又有遠洋與近洋之分，主要以船舶航程的長短與周轉的快慢為依據。

2. **沿海運輸**（Coastal Water Transport）：是指利用船舶在本國沿海地區各港口之間的運輸，包括國內各島嶼之間的海上運輸。

3. **內河運輸**（Inland Water Transport）：利用船舶或其他浮具在江、河、湖及人工運河所從事的水道運輸。

一、水路運輸的特徵

　　水路運輸的海上運輸因具有國際性，其經營管理易受國際政治、經濟、法律及外幣運費輸入的匯率影響，其經濟特性如下：

1. **投資額巨大且回收期長**：海運公司訂購船舶需巨額資金，船舶是固定資產，折舊期較一般營業資產長，較沒有移作其他用途的可能。

2. **國際化經營且競爭激烈**：海上運輸具有國際性，航行於公海上運送各國的貨物，受營業規模、營運管理能力、各國保護主義（造船補貼、融資）、船級入籍檢查等影響。

3. **景氣循環致收入不穩定**：海運因是貿易的衍生性需求，經貿的週期性變化對運費收入影響很大，如景氣好增加運費收入並增加造船，一旦世界景氣低迷又船噸供給過剩，運價必定下降造成船舶停航閒置或航運業倒閉現象。

4. **船舶艙位能量無法儲存**：海運企業很難像一般產業生產可增加或減少產能，即無法儲存提供給客貨的艙位，一旦錯過當次航班即是艙位營運損失，無法供下次使用或預為儲備超額供給。

5. **國際海事法規必須遵循**：海運企業經營活動屬全球性商務活動，除各種國內的法規外，對國際公約（如聯合國與兩國間協定）與國際慣例（如運送單證）必須予以尊重，以適應國際海運市場。

[註2] Water transport: Types, Advantages and Disadvantages
https://www.jotscroll.com/forums/3/posts/197/water-transport-definition-types-advantages-and-disadvantages.html

優點	缺點
1. 單位貨物運費一般低於航空、鐵路及公路運輸。 2. 運輸量大，適合重量大、大件的貨物運輸。 3. 運送範圍大，水路通道大部分是天然，不需人為設置。	1. 運送速度較慢。 2. 港口的裝卸費用較高。 3. 航行受海上氣候影響較大。

二、海運經營的基本原則

1. **安全性**：保障船員及客貨安全是船舶操作訓練及保養的首要任務。
2. **迅速性**：適當調派船舶及縮短作業流程，方便貨主辦理提交貨物。
3. **經濟性**：合理降低運作成本，提供與其他運具更具競爭力的運價。
4. **便利性**：運用管理及技術，提供客貨方便的準時船期及妥善照護。
5. **環保性**：從造船、航行、保養、拆解，遵守環保法規及循環回收。

三、水路運輸的經營方式 [註3]

1. **自行經營方式**：船公司自行購買或建造船舶以自行經營航運業務，一般是達到一定營運規模的海運公司才能自行營運，例如我國的長榮、陽明海運等。
2. **租船營運方式**：公司本身並無船舶而以租船方式，自船東處取得船噸以從事船運或轉租營運，例如貨運承攬公司的短期租賃船舶營運。
3. **委託經營方式**：小規模的船公司將船舶委託大型船公司或有經驗的代理人代為營運，通常給付代理費、貨運佣金或代辦費作為受委託人的報酬，而盈虧仍由船東自行負責，如近洋線的散裝貨船或特種船舶。
4. **聯合營運方式**：各船公司在一定航線組織海運聯盟，採取聯合營運，同一航線或數個航線的所有貨運公平分配裝運，或運費收入公平分配，但各公司的經營仍保持其獨立性，例如各貨櫃航運公司組成的聯盟（Ocean, 2M, The Alliance）。
5. **自行運送方式**：大規模的生產事業，為運送本身的原物料貨物，而自行購船或租賃船舶營運，例如台塑集團的化學品船隊。
6. **船務代理方式**：以船東或租船人名義代為客貨招攬、船務處理、裝卸貨物及進出口手續等，以收取佣金或手續費為報酬的業務。
7. **航業經紀方式**：代辦各項業務以收取佣金為報酬，但其營業範圍較廣，包括船舶買賣、代理船方或貨主洽辦租船業務、從事海事案件的協助處理等。

[註3] 傅莉萍，《運輸管理》，清華大學出版社，北京，2015 年。

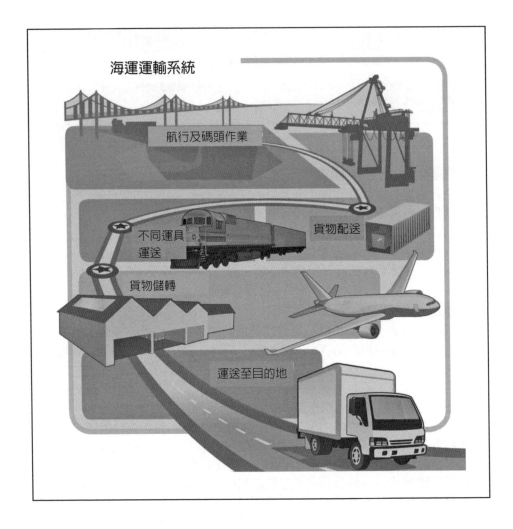

海運運輸系統

航行及碼頭作業

不同運具
運送

貨物配送

貨物儲轉

運送至目的地

沿海（境）貿易權（Cabotage）

沿海（境）貿易權是一國主張其國境內港口之間的船舶航行及進行貨物運送權利，為保障本國航運業，通常會限制外籍船舶營運承攬本國港口之間的貨物運輸，但一些內陸國家或本國海運業不發達國家或地區，會開放沿海（境）貿易權供外籍船舶進行承攬及運輸業務，另有特許情況是本國無適當船舶可進行特定運輸時，可專案申請開放。如我國航業法第4條規定：「非中華民國船舶，不得在中華民國各港口間運送客貨。但經主管機關特許者，不在此限」。

在臺灣海峽兩岸海運直航協商時，中國大陸主張對外籍船舶運送業禁止進行海峽兩岸港口之間的貨物承攬及運輸業務，包括至第三地的貨物轉運業務，基本亦是主張「一國」之內的沿海（境）貿易權排除外籍船舶經營的權利，美國對夏威夷群島與本國的北美洲大陸航運亦有類似主張。

下圖顏色深色為全球無設置沿海貿易權限制之國家。

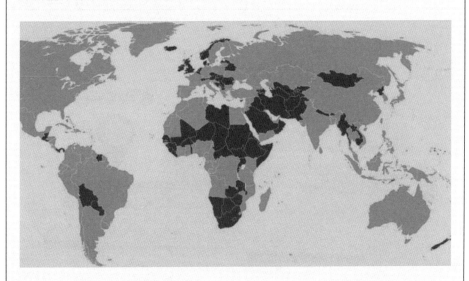

資料來源：The strong case for shipping nations to implement cabotage protection laws
https://www.nautilusint.org/en/news-insight/telegraph/the-strong-case-for-shipping-nations-to-implement-cabotage-protection-laws/

Unit 1-3 國際海運

　　水路運輸可分為國際海洋運輸（也稱為國際海上運輸，簡稱國際海運）和內河運輸，國際海運的含義[註4]，根據其活動範圍又分為遠洋運輸與沿海運輸之分。國際海運（International Ocean Shipping）是水路運輸的一部分，也是運輸的一部分，它是以船舶為運輸工具，海洋為運輸通道，從事穿越海洋在不同港口之間運送貨物和旅客的營運活動。由於國與國之間的海洋運輸有時並不一定要進行長距離的海上航行才能實現，只要沿海航行即可，所以國際海運包括部分沿海運輸。

　　國際海運所包括的工作範圍廣泛，它包括那些為完成國際海運所從事的各種基本及輔助業務或服務工作，例如對所承運的貨物進行裝卸、理貨（Tally）、代理（Agency）等業務。

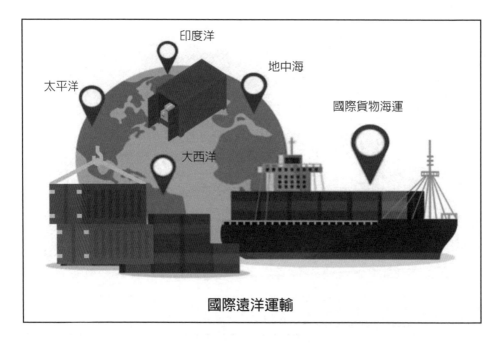

印度洋
地中海
太平洋
國際貨物海運
大西洋

國際遠洋運輸

一、海運貨物種類

　　國際海運的貨物以其特性、包裝等分類：

[註4]　How International Ocean Freight Shipping Works?
　　　https://www.dripcapital.com/resources/blog/ocean-freight-in-international-shipping

1. **按貨物含水量**，可分為乾貨（Dry Cargo）、濕貨（Wet Cargo），乾貨指基本不含水或含水性極少的貨物，有包裝的什雜貨大都屬於此類，濕貨是指散裝液態貨物（Liquid Cargo），如石油、化學液態物及植物油等，桶裝液態貨亦屬此類。

2. **按包裝型式**，可分為包裝貨（Packed Cargo）、裸裝貨（No Packed Cargo）和散裝貨（Bulk Cargo），包裝貨是貨物被包裝材料所遮蔽，如食品、家電；裸裝貨是部分包裝或整體未包裝的貨物，如機具、材料組件等；散裝貨是指貨物呈分散狀態且沒有任何包裝物的貨物，如散裝糧食、煤炭、礦砂等。

3. **按貨物度量程度**，可以分超長貨（Lengthy）、超重貨（Heavy Cargo）、超重超長貨（Heavy Lift and Lengthy Cargo），這些貨物重量或長度超過承運人對貨物重量或長度的限制。

4. **按貨物分件特性**，可以分為什雜貨（General Cargo）、大宗貨（Bulk Cargo），什雜貨是指可以分件點數，單件貨物重量較小的貨物；大宗貨是指數量較大、規格較一致的初級原料產品，有時也稱為散裝貨。

5. **按貨物特殊性質**，分為危險貨物（Dangerous Cargo）屬易爆、有毒、易燃、具有傳染性、放射性、腐蝕性、污染性的貨物及一般貨物。

二、船舶的種類[註5]

1. 船舶用途分類

(1) 貨櫃船（Container Cargo Ship）：專門裝載貨櫃運送的船舶。

(2) 散貨船（Bulk Carrier）：運送散裝貨物的船舶。

(3) 駛上駛下船（Ro-Ro Vessels）：可供車輛直接駛上駛下的船舶。

(4) 罐裝船（Tankers）：

    (4.1) 原油船（Oil Tankers）：專供運送原油的船舶。

    (4.2) 天然氣船（Gas Tankers）：專用運送液化天然氣或瓦斯氣的船舶。

    (4.3) 化學品船（Chemical Tankers）：運送液體化學原料及製品的船舶。

    (4.4) 果汁及酒類船（Juice & Wine Tankers）：運送飲用液體貨物的船舶。

(5) 客船（Passenger Ships）：供旅客乘坐的船舶如郵輪。

(6) 特種工作船（Specialized Support Vessels）：支援工作船舶如拖船、起重船等。

(7) 漁船（Fishing Vessel）：供捕撈海中食用水產生物的船舶。

[註5] An Easy Guide On Types of Ships In Commercial Shipping
https://shipfever.com/types-of-ships/

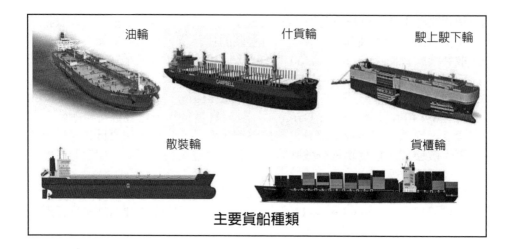

油輪　　　　什貨輪　　　　駛上駛下輪

散裝輪　　　　貨櫃輪

主要貨船種類

2. 依船舶大小分類

(1) **常規型**（Regular Ships & Tankers）：是一般沿海航行的船舶，約 1～6 萬載重噸。

(2) **巴拿馬運河極限型**（Panamax Ships and Tankers）：是一種專門設計適合巴拿馬運河船閘的大型船隻，這些船隻的船寬和吃水受到巴拿馬運河船閘閘室的嚴格限制，約 5.5～8 萬載重噸。

(3) **阿芙拉型**（Aframax Vessels）：是原油運送船，載重噸在 7～12 萬噸，航行在地中海至黑海與加勒比海的航線。

(4) **新巴拿馬運河極限型**（New Panamax Ships）：能通過巴拿馬運河拓寬後最大極限的船舶，約 8～13 萬載重噸。

(5) **蘇伊士運河極限型**（Suezmax Vessels）：能通過蘇伊士運河最大極限的船舶，航道許可船舶吃水最深 20.1 公尺。

(6) **特大型**（VLCC Ships & Tankers）：VLCC（Very Large Crude Oil Carrier）是巨型原油船，特大型油船載重噸在 20～30 萬噸，是航行在波斯灣至歐洲與南亞的航線。

(7) **超大型**（ULCC Vessels）：ULCC（Ultra Large Crude Oil Carrier）是超大型油輪，ULCC 超大型油船載重噸在 32～50 萬噸以上，航行在波斯灣至北美與南中國海的航線。

油輪規格及分類 [註6]

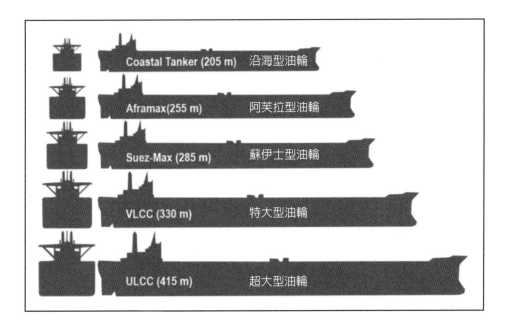

Coastal Tanker (205 m)　沿海型油輪

Aframax (255 m)　阿芙拉型油輪

Suez-Max (285 m)　蘇伊士型油輪

VLCC (330 m)　特大型油輪

ULCC (415 m)　超大型油輪

[註6]　Tanker Sizes and Class
https://porteconomicsmanagement.org/pemp/contents/part8/ports-and-energy/tanker-size/

Unit 1-4 營運方式

國際航線上的船舶運送業只是國際海運業的一個重要組成分子，船務代理業及貨運承攬代理、船舶經紀，以及港口裝卸、理貨業等，在廣義上都屬國際海運業。

一、航運行業類別

在我國「航業法」第 3 條有規定幾個航運行業的定義：

1. **航業**（Shipping Industry）：指以船舶運送、船務代理、海運承攬運送、貨櫃集散站經營等為營業之事業。
2. **船舶運送業**（Vessel Carrier）：指以總噸位二十以上之動力船舶，或總噸位五十以上之非動力船舶從事客貨運送而受報酬為營業之事業。
3. **船務代理業**（Shipping Agency）：指受船舶運送業或其他有權委託人之委託，在約定授權範圍內，以委託人名義代為處理船舶客貨運送及其有關業務而受報酬為營業之事業。
4. **海運承攬運送業**（Freight Forwarder）：指以自己之名義，為他人之計算，使船舶運送業運送貨物而受報酬為營業之事業。
5. **貨櫃集散站經營業**（Container Terminal Operator）：指提供貨櫃、櫃裝貨物集散之場地及設備，以貨櫃、櫃裝貨物集散而受報酬為營業之事業。

1. 船舶運送業

船舶運送業（船公司）是指作為船舶營運人以自有或租用船舶經營航線上客貨運輸的行業，其經營方式可以是定期船或不定期船營運。

2. 船務代理業

「船務代理業管理規則」（依航業法第 43 條第 1 項規定訂定）第 18 條規定：船務代理業經營業務如下：

(1) 簽發客票或載貨證券，並得代收票款或運費。
(2) 簽訂租船契約，並得代收租金。
(3) 攬載客貨。
(4) 辦理各項航政、商港手續。
(5) 照料船舶、船員、旅客或貨物，並辦理船舶檢修事項。
(6) 協助處理貨物理賠及受託有關法律或仲裁事項。
(7) 辦理船舶建造、買賣、租傭、交船、接船及協助處理各種海事案件。
(8) 處理其他經主管機關核定之有關委託船務代理事項。

船務代理業所經營之代理業務，應以委託人名義為之，並以約定之範圍為限。

船務代理人一般按規定的收費標準向委託人收取船舶和貨物的代理費和服務費，船舶代理費一般規定以船舶登記淨噸位計收，貨物代理費用一般按船舶裝卸噸數及貨物分類計收。船務代理可以分為航次代理（Agency on Trip Basis）和長期代理（Agency on Long Term Basis），航次代理是指每船每航次辦理委託代理手續，長期代理是指船方與船方代理人之間簽有長期代理協議。

3. 船務代理的業務類別

(1) **攬貨代理**（Booking Agent）：專為船舶運送業代為攬貨業務。

(2) **裝船代理**（Shipping Agent）：只代辦在裝貨港接受、保管貨物和將貨物裝船。

(3) **卸貨代理**（Landing Agent）：是指代辦在卸貨港卸貨、保管貨物和向收貨人交付貨物。

(4) **管理代理**（Husbanding Agent）：指為船舶補充燃料、淡水及補給，以及代辦修船、船舶檢驗業務。

(5) **監督代理或保護代理**（Supervisory Agent or Owner's Protective Agent）：接受船東的委託，對由承租人（The Charterers）負責裝卸的船舶在港裝卸過程中進行監督的代理人。

4. 海運承攬運送業

「海運承攬運送業管理規則」（依航業法第 43 條第 2 項規定訂定）第 15 及 16 條規定：海運承攬運送業應將簽發之提單或收貨憑證樣本送請航政機關備查。提單或收貨憑證變更時亦同。

前項之提單或收貨憑證應印製公司全名、地址及海運承攬運送業許可證字號。其提單或收貨憑證記載之船名、裝船日期，應於貨物裝船後，始得登載並簽發。

海運承攬運送業應將所經營之集運費率及向託運人或受貨人所收之手續費、服務費報請航政機關備查，變更時亦同。

5. 裝卸及理貨業

裝卸及理貨業是接受貨主或船舶運送人的委託，在港口分別為開航前或到達目的港後的船舶進行貨物裝卸、清點、交接、檢查（Inspection）貨物損壞程度和原因，並做公證、衡量散裝貨物重量等項作業的行業。

我國「商港法」第 52 條規定船舶貨物裝卸承攬業及船舶理貨業的資格及條件：

　　船舶貨物裝卸承攬業之最低實收資本額、作業機具、公共意外責任險投保金額、籌設與營業許可之申請、核發、換發、許可證費之收取及其他應遵行事項之規則，由主管機關定之。

　　船舶理貨業之營業項目、籌設與營業許可之申請、核發、換發、許可證費之收取及其他應遵行事項之規則，由主管機關定之。

　　另在我國「船舶貨物裝卸承攬業及船舶理貨業管理規則」（依商港法第 52 條規定訂定）之第 12 條規定船舶理貨業務範圍如下：

(1) 散雜貨及貨櫃之計數、點交、點收。

(2) 船舶裝卸貨物時之看艙。

(3) 雜貨包裝狀況之檢視。

(4) 散雜貨標識分類、貨櫃櫃號識別及配合海關關務作業相關理貨業務。

　　散雜貨及貨櫃之數量、標識、櫃號及雜貨包裝狀況，應由委託人或倉儲業者與理貨業者共同簽證。

　　國內航線、以管道方式裝卸運輸貨物或同一貨主同一貨物以包船租約採船邊提貨者之船舶理貨業務，得由船方或貨主視實際需要委託理貨業者辦理。

6. 貨櫃集散站經營業

　　「貨櫃集散站經營業管理規則」（依航業法第 48 條規定訂定）第 2 及 3 條規定：貨櫃集散站經營業經營業務為貨櫃、櫃裝貨物之儲存、裝櫃、拆櫃、裝車、卸車及貨櫃貨物之集中、分散。貨櫃集散站經營業得兼營下列業務：

(1) 進口、出口、轉口與保稅倉庫。

(2) 其他經主管機關核准與貨櫃集散站有關之業務

　　貨櫃集散站經營業，依其場站所在位置分類如下：

(1) **港口貨櫃集散站**：係設於港區範圍內之貨櫃集散站。

(2) **內陸貨櫃集散站**：係設於港區以外內陸地區之貨櫃集散站。

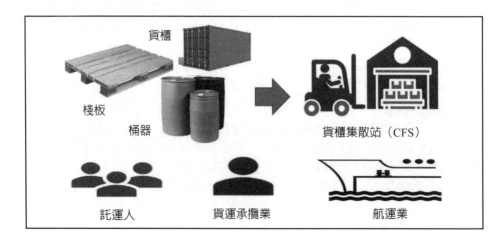

定期與不定期航運（Liner and Tramp Service）

定期航運業的最大特色是以貨櫃進行貨物運輸，不同於不定期航運是以大宗乾散貨及油品為主。

定期航運特性

1. 航線（Route）、船期（Schedule）、彎靠港口順序皆有事先規劃並固定。
2. 航線與船期依法預先公布，貨主皆可事先查詢。
3. 託運人與船公司簽訂S/O（Shipping Order，租船契約）來訂艙位。
4. 以貨櫃船作為定期航運為主。

不定期航運特性

1. 航線與船期並不固定，依貨主需要而定。
2. 與船公司簽訂C/P（Charter Party，租船契約）並以書面契約為運送依據。
3. 以散裝船作為不定期航運為主。

運費

1. 定期航運多以費率表作為報價基礎，航運同盟業者會共同訂定費率表供會員公司使用。
2. 不定期航運則是在洽談簽定租船契約時，雙方參考條件及船舶市場來談判決定。

運送貨物的差別

1. 定期船運送的貨物屬於「包裝性」的單位容器，即一般的貨櫃貨物。
2. 不定期船運送大宗散裝貨物為主，如穀類、煤炭、原油、木材等。

資料來源：Difference between a Liner and Tramp service
　　　　　https://www.shippingandfreightresource.com/liner-and-tramp-service/

海運運輸系統主要組成單元

　　水運（Water Transportation）是利用船舶（Ship）與航路（Shipping Route）將客貨由甲港（Port）運送至乙港的經濟行為。可分為海洋運輸（Ocean Transportation）及內陸水運輸（Inland Water Transportation），凡從事海洋運輸經營之事業稱為海運事業，現代海運經營者為謀求最經濟的成本、最短的時間，運送最大量之客貨，莫不積極研究改進水運工具之性能與經營管理之方法。研究如何將海運事業運用科學方法，使合乎企業經營管理原理，以求永續經營、促進民生發展，是航業經營管理的教育目的。

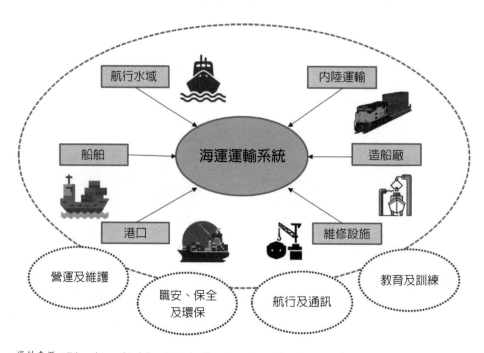

資料來源：Education and training strategies for promoting marine transportation
　　　　　https://www.researchgate.net/publication/273694536_Education_and_training_strategies_for_
　　　　　promoting_marine_transportation

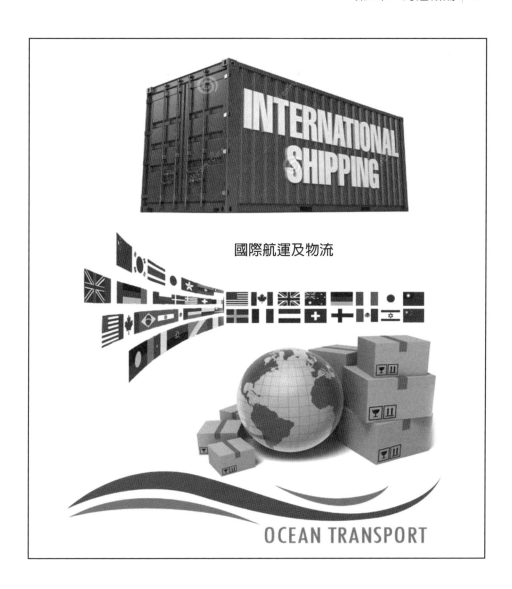

國際航運及物流

OCEAN TRANSPORT

集貨及運輸作業

港口及海運作業

貨物物流作業

航運物流是國際物流的一環 International Logistics

第三方物流的作業

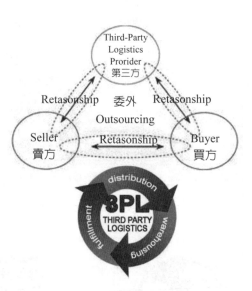

第2章
海運地理

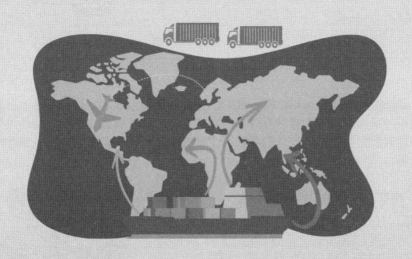

Unit 2-1 貿易地理

一、海運貿易路線

　　海洋交通路線是聯繫世界各國經濟、貿易及旅遊往來的運輸路線，也是推動海洋國土空間開發的途徑之一。海運是實現國際貿易貨物進行空間位移的重要方式，也是全球經濟交流活動的重要元素。海運是各個國家及地區要增進經濟成長及生產消費物品交換，推動國際貿易是必要的方式，而國際貿易大多是透過國際海運完成，所以了解海運地理有其必要性。

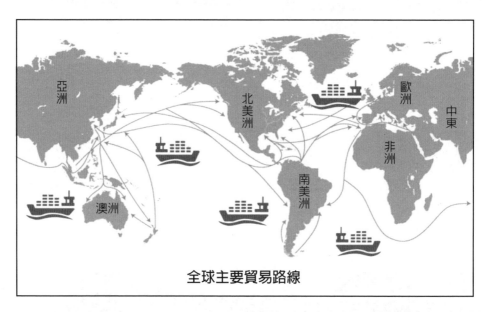

全球主要貿易路線

　　一個地區的緯度、海陸位置、地形、氣候及水文等條件都影響國際貿易發展，全球性氣候變遷可以影響糧食的生產進而影響糧食的價格及交易，世界各海域不同氣候類型也影響世界貿易的貨物運輸流向及路線，貨物的裝運也要注意各地氣候對船舶航行安全與貨物保存狀態的影響，如冬季結冰與夏季颱風、雨季等。

二、國際大宗物質的地理分布

　　國際海運除以貨櫃方式定期運送商品的定期航運，尚有以液、散貨及雜貨為主的大宗貨物之不定期航運，這兩者的貨物運送航線構成全

球主要的貿易路線之一【註1】。

1. **糧食的分布**：北美洲及大洋洲是世界主要糧食的生產出口地，小麥、稻米及玉米是主要貿易產品，例如緬甸、泰國的稻米及美國的玉米、小麥。
2. **石油的分布**：世界產油區集中在波斯灣、北美墨西哥灣及阿拉斯加地區，東南亞的印尼、馬來西亞、汶萊、英國北海地區等。

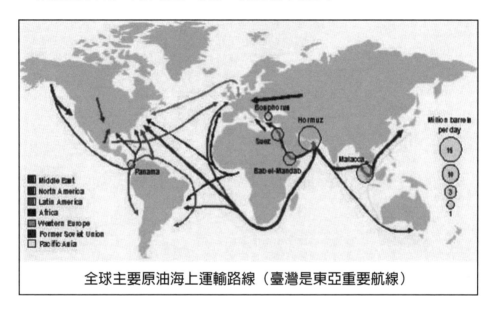

全球主要原油海上運輸路線（臺灣是東亞重要航線）

3. **煤炭的分布**：煤炭在世界能源消費中僅次於石油，主要儲藏地集中在俄羅斯、美國及中國大陸。
4. **鐵礦石分布**：世界目前鐵礦資源主要是集中在俄羅斯、巴西、中國大陸、加拿大、澳大利亞、印度、美國，主要進口國為日本、韓國、德國、中國大陸。

臺灣的地理位置在主要石油生產地（中東波斯灣、東南亞）、糧食與礦產（大洋洲）與主要進口地區（中國大陸、日本）的海運必經路線，同時臺灣每年有大量工業品與消費品的進出口量，也是貨櫃定期船航線（越太平洋航線及遠東－歐洲航線）的交會點，臺灣基隆港、臺北港及高雄港是遠洋航線彎靠的國際商港，臺中港是東南亞及東北亞的近洋航線彎靠港，依據聯合國 2021 年

【註1】 姜偉，《海運地理》，人民交通出版社，北京，2016 年。

海運年度回顧【註2】，我國所擁有船隊載重噸（DWT）為世界排名第12位，可顯示臺灣在國際航運上具有重要位置。

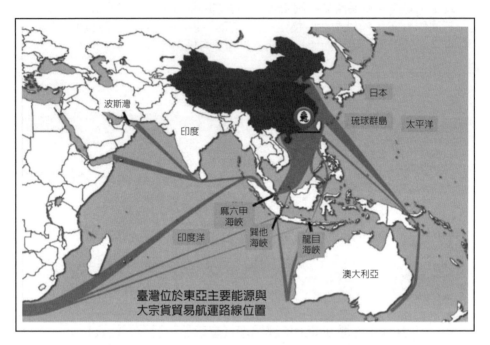

臺灣位於東亞主要能源與
大宗貨貿易航運路線位置

聯合國全球前20大貨櫃港統計（2019-2020年）

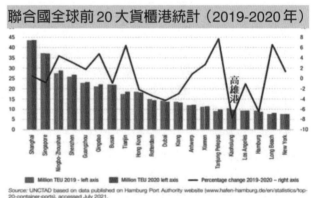

【註2】 Review of Maritime Transport 2021
https://unctad.org/system/files/official-document/rmt2021_en_0.pdf

亞洲主要海峽

1. **宗谷海峽**（Soya-Kaikyo），或稱拉彼魯茲海峽，是位於俄羅斯的薩哈林島（庫頁島）與日本北海道之間，貫通日本海與鄂霍次克海的海峽。

2. **津輕海峽**（Tsugaru Strait），位於日本本州與北海道之間，西連日本海，東通太平洋，由海峽北上，直通鄂霍次克海及阿留申群島，南下則為夏威夷群島和太平洋。

3. **朝鮮海峽**（Korea Strait），是位於朝鮮半島與日本九州島之間，連接黃海、東海和日本海之間的要道，日本則是稱為對馬海峽。

4. **大隅海峽**（Osumi-kaikyo），位於日本九州鹿兒島縣東側，連結太平洋與東海。

5. **臺灣海峽**（Taiwan Strait），介於中國大陸福建省與臺灣之間的海域和海峽，由於位於東海及南海之間，為東洋海洋史上貿易路線的重要水道。

6. **巴士海峽**（Bashi Channel），是銜接菲律賓海與南海並位處臺灣本島與巴丹群島之間的海峽，為連通太平洋與南海的重要國際水道。

7. **巽他海峽**（Sunda Strait），印尼爪哇島同蘇門答臘之間，連接爪哇海通印度洋。

8. **龍目海峽**（Lombok Strait），位於印尼小巽他群島的西努沙登加拉省，是位處龍目島和峇里島之間的海峽，北接爪哇海，南接印度洋，是巨型油輪通行的黃金水道。

9. **麻六甲海峽**（Strait of Malacca），它的西北端通印度洋的安達曼海，東南端連接南中國海（南海）海峽，現由新加坡、泰國、馬來西亞和印尼4國共管。

10. **新加坡海峽**（Singapore Strait），在新加坡及馬來西亞柔佛州以南和印度尼西亞廖内群島以北，連接了西面的馬六甲海峽和東面的南中國海。

11. **荷姆茲海峽**（Hormuz Strait），是連接波斯灣和印度洋的海峽，亦是唯一進入波斯灣的水道。世界上1/3的液化天然氣和近20%的全球石油消耗量通過海峽，使其成為國際貿易的重要戰略位置。

12. **伊斯坦堡海峽**（Bosporus Strait），又名博斯普魯斯海峽，是介於歐洲與亞洲之間海峽，黑海沿岸國家出海第一關口，也是連接黑海以及地中海的唯一航道。

資料來源：整理自維基百科各網頁

Unit 2-2 海運航線

海運航線（Shipping Route）是指船舶在兩港間海上航行的路線，海上運輸的路線同其他各種運輸方式相比，具有投資少及天然形成的特點，同時也更多受到自然條件的影響限制，此種影響表現在航線上的分類上，根據不同分類標準可以將海運航線分為不同類型。

一、航線類型[註3]

1. 根據行經水域

(1) **遠洋航線**：又稱大洋航線，是國與國或地區間經過一個或數個大洋的國際海上運輸。

(2) **近洋航線**：在一國各海港至鄰近國家海港之間的海上運輸路線。

(3) **沿海航線**：在一國沿海區域各港口之間的海上運輸路線。

(4) **環球航線**：指將太平洋、大西洋及印度洋連接起來進行航行路線。

2. 根據航線有效時間

(1) **季節性航線**：隨季節的改變而改變的航線，船舶航行受自然條件，特別是大洋洋流、季風因素的影響，這些會受氣候影響，船舶會借助洋流流向及風向增快速度，也避免海上濃霧及暴風雨季節進行改道。

(2) **常年航線**：不隨季節的改變而改變的航線。

3. 根據運能、航程及運量分

(1) **主航線**：是連接樞紐港或主要港口的海上航線，主要指世界主要的貨櫃船的定期航線。

(2) **支航線**：是連接集貨港及小型港口的海上航線，以小型船舶為主航線的船舶進行貨物（櫃）集散運送服務。

4. 根據運作形式

(1) **直達航線**：是在水運範圍內，船舶從起運港到目的港，不在中途彎靠港口裝卸貨物或增減駁運的運輸路線。

(2) **轉運航線**：是在水運範圍內，船舶從起運港到目的港，在中途彎靠港口裝卸貨物或增減駁運的運輸路線。

5. 根據航班時間

(1) **定期航線**：是在水運範圍內，船舶固定航線、港口及開航時間的航線，這

[註3] 陸琪，《世界海運地理》，上海交通大學出版社，上海，2012 年。

類航線現在多爲貨櫃船航線。

(2) **不定期航線**：是相對於定期航線，沒有固定的航班表，依貨源流向而定，須依據船舶所有人和承租人雙方簽訂的租船協議安排船舶航線。

6. 根據航海技術

(1) **大圓航線**（Great Circle Course）：是地球圓體兩點之間最短的航程。

(2) **橫向線航線**：不是地球面兩點之間的最短航程（子午線和赤道線除外），但在低緯度或航向接近南北時，與大圓航線航程相近。

(3) **等緯圈航線**：兩地若在同一緯度，則沿緯度圈航行。

(4) **混合航線**：爲避免高緯度航行危險地區，採用大圓航線與等緯圈航線混和的最短程航線。

7. 根據氣候條件

(1) **氣候航線**（Climate Route）：根據最短航程的基礎，考慮季節氣候條件和可能其他因素而設計的航線。

(2) **氣象航線**（Weather Route）：根據中短期氣象預報，考慮氣象和船舶條件，進行選擇船舶航行路線。

我國「航業法」第 3 條名詞定義：

1. **航線**（Sailing Route）：指以船舶經營客貨運送所航行之路線。

2. **國內航線**（Domestic Route）：指以船舶航行於本國港口間或特定水域內，經營客貨運送之路線。

3. **國際航線**（International Route）：指以船舶航行於本國港口與外國港口間或外國港口間，經營客貨運送之路線。

4. **固定航線**（Liner Service）：指利用船舶航行於港口間或特定水域內，具有固定航班，經營客貨運送之路線。

二、海上航線形成因素【註4】

航線選擇的原則，主要是安全和經濟，一條既安全又經濟的航線就是最佳航線，因此最佳航線是在保障安全下選擇航行時間最短、經濟效益最高的航線。

臺灣經南海往東南亞主要貿易路線

—貿易路線

1. **航線的安全性**，考慮到自然界的氣候現象如風向、潮汐、暗礁及水流等。
2. **貨源的穩定性**，航線上是否有足夠的貨源、來回程貨源是否平衡、產品結構及未來發展趨勢、運能供需及航線競爭態勢。
3. **港口條件**，是航線兩端及沿途彎靠港口在位置、氣候、航道水深、裝卸及倉儲設備、內陸運輸系統、港口收費、後勤補給等。
4. **技術因素**，是航線要符合最經濟、合理、迅速的原則，例如循著最大圓弧線（Great Circle Course）航行，可縮短時間節省費用。
5. **沿途國家港口的關稅法令**、**經濟政策**、**航運政策**等，對航線的形成和選擇產生營運及運費收入影響。
6. **船舶規格特性**，可能受水深、高度、船長及船寬等限制，某些港口、運河通行會受到限制。

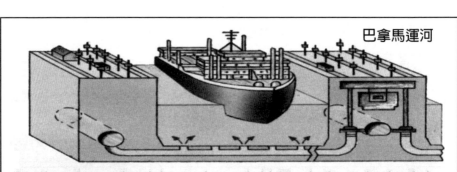

巴拿馬運河

https://www.chron.com/news/science-environment/article/How-the-Panama-Canal-works-is-actually-kind-of-6299768.php

---

【註4】 張良衛，《國際海上運輸》，北京大學出版社，北京，2017 年。

三、國際上主要航線

1. 北大西洋航線（North Atlantic Shipping Line）：由北美東岸至西歐及北歐。
2. 北太平洋航線（North Pacific Shipping Line）：由北美至遠東及東南亞航線。
3. 南美航線（South America Shipping Line）：由南美橫跨大西洋至歐洲航線。
4. 南太平洋航線（South Pacific Shipping Line）：自北美西岸至大洋洲（紐澳）的航線。
5. 南非航線（South Africa Shipping Line）：是西北歐與非洲南部之間的重要航線。

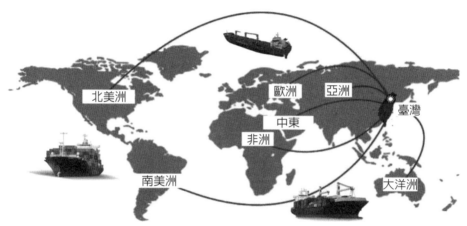

臺灣海運航線範圍

東亞至北歐的運輸路徑替代方案[註5]

1. 西伯利亞鐵路（Trans Siberian Railway）：俄羅斯海鐵聯運的模式，連接亞歐兩地港口貨運。
2. 新亞歐陸橋（New Asia-Europe Land bridge）：中國大陸港口經中亞至歐洲港口的鐵路運輸。
3. 北極航線（North Sea Route）：因地球溫室效應，北極冰山溶解而出現的新海上航路。

[註5]　Main Routing Alternatives between East Asia and Northern Europe
https://porteconomicsmanagement.org/pemp/contents/part1/interoceanic-passages/main-routing-alternatives-east-asia-northern-europe/

世界兩大重要人工運河

蘇伊士運河（Suez Canal），處於埃及西奈半島西側，橫跨在亞洲、非洲交界處的蘇伊士地峽，頭尾則在地中海側的塞德港和紅海蘇伊士灣側的蘇伊士兩座城市之間，全長約164公里，是全球少數具備大型商船通行能力的無船閘運河，這條運河連結歐洲與亞洲之間的南北雙向水運，船隻不必繞過非洲南端好望角。正進行新運河拓寬計畫以因應大型、超大型船舶的迴轉及通行，而蘇伊士運河管理局（Suez Canal Authority, SCA）是一個擁有、經營和維護蘇伊士運河的埃及國有管理機構。

巴拿馬運河（Panama Canal），位於中美洲的巴拿馬，橫越巴拿馬地峽，連接太平洋與大西洋，全長82公里。運河最寬處達304公尺，最窄處也有152公尺，是世界的航運要道之一，運河在太平洋一側有兩座船閘，在大西洋一側有一座船閘。船隻要通過巴拿馬運河，從大西洋前往太平洋，必須克服26公尺的高度差，船隻必須通過米拉弗洛斯（Miraflores）、佩德羅米蓋爾（Pedro Miguel），以及加通（Gatun）三道水閘；設計的水閘系統，運用重力讓船隻逐步降低高度。2009-2016年的運河拓寬工程計畫，允許更大型的船舶可以通過船閘，迎接更多散裝船、液化天然氣船及液化瓦斯船安全通過運河。

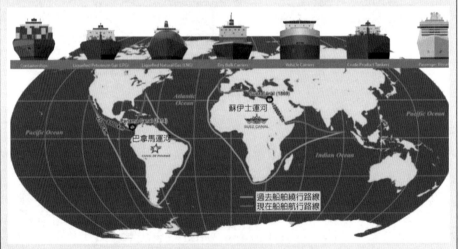

世界航線上兩大重要人工運河

資料來源：1. Suez Canal Authority, https://www.suezcanal.gov.eg/English/Pages/default.aspx
2. Panama Canal Authority, https://www.pancanal.com/eng/

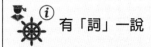 有「詞」一說

中華民國交通部《航業法第三條》

【航線】：指以船舶經營客貨運送所航行之路線。

【國內航線】：指以船舶航行於本國港口間或特定水域內，經營客貨運送之路線。

【國際航線】：指以船舶航行於本國港口與外國港口間或外國港口間，經營客貨運送之路線。

【固定航線】：指利用船舶航行於港口間或特定水域內，具有固定航班，經營客貨運送之路線。

【特別航線】：境外航運中心與大陸地區港口間之航線為特別航線。（境外航運中心設置作業辦法第四條）

中華民國交通部《船舶設備規則第五條》

【國際航線】：指船舶航行於我國港口與外國港口間，或外國各港口間之航線，而不屬於短程國際航線者。

【短程國際航線】：指船舶航行於某一國際航線上，其距離可供乘客與船員安全著陸之港口或地點不逾二百浬；自離開本國發航港至外國目的港或自外國發航港至本國目的港，或兩外國目的港間，其距離不逾六百浬者。

【外海航線】：指船舶航行於本國外海、沿海或附屬島嶼間之航線，而不屬於沿海航線者。

【沿海航線】：指船舶航行於本國沿海或附屬島嶼間之航線，其距離海岸不逾三十浬者。

【內水航線】：指船舶航行於本國江河湖泊以及其他內陸水道或港區內之航線，而不屬於短程內水航線者。

【短程內水航線】：指船舶航行於某一核定之內水航線上，其航程自最初發航港至最後目的港不逾一百浬者。

Unit 2-3 海運港口

港口（Port）是位於海、陸兩種運輸工具的聚集點，港口因提供船舶作業服務需要而產生，通常設在可航行水域的重要位置。在早期船舶是大量運送貨物的有效運輸工具，港口通常選擇在可航行水域的起點或終點，以及江、湖、河口區域，但臨海的江、河口處又受潮汐影響水深，造成船舶停靠的困難。近代的圍堤式（Enclosed Docks）及閘門式（Lock Gates）港口，解決波浪的影響，現代港口的

碼頭提供船舶深水船席及機械式機具的作業場地，航運業進行航線安排及船舶調度的重要考量之一。

依教育部國語辭典解釋，港口或港埠（Port）是提供船舶停泊、裝卸貨物、上下旅客、貨物儲存及轉運之陸域及水域。港灣（Harbor）是位於沿海之水灣，有寧靜水面、足夠面積及水深可供船舶進出航行、錨泊之水域。

一、港口分類

1. 按用途分類

(1) **商港**：依交通部的「商港法」，係指通商船舶出入之港，如花蓮港。

(2) **軍港**：供國防上軍事艦艇使用之要塞堡壘地帶，如左營軍港。

(3) **漁港**：依行政院農業委員會的「漁港法」，係指主要供漁船使用之港，如散布在各沿海縣市的各級漁港。

(4) **工業港**：依經濟部的「工業專用港或工業專用碼頭規劃興建經營管理辦法」，係指由中央主管機關自行興建及經營管理，或經中央主管機關核准由公民營事業投資興建及經營管理，供該產業園區內使用之港埠設施，如雲林縣麥寮港、花蓮縣和平港。

(5) **遊艇港**：是專供遊艇及海上娛樂使用的碼頭專區，如墾丁後壁湖港及新北市龍洞南口遊艇港。

2. 按所在地理位置分類

(1) **海岸港**：是建在海岸或海灣內的港口，主要是為近洋與遠洋航線船舶的客貨運輸作業服務，如東京港、香港。

(2) **河口港**：位於入海口或受潮汐影響的河口段內，兼為海船及內河船舶提供客貨運輸作業服務，如上海港。與海岸港通稱為海港。

(3) **江河港**：位於天然河流或人工運河上的港口，為內河船舶提供客貨運輸作

業服務，包括湖泊及水庫上的港口，如重慶港、武漢港。

3. 依規模大小分類

(1) **樞紐港**：在定期貨櫃航運業的航線安排，會在全球選擇少數重要港口作爲運送貨物的集中與分散的作業地點，如新加坡港、鹿特丹港。

(2) **集貨港**：提供樞紐港貨源的區域性港口，有密集的航線與樞紐港相連接，如菲律賓各港口貨物會經高雄港併船再轉往世界各地。

(3) **區域港**：是分布在集貨港周圍的小型港口或碼頭，運用小型運輸工具如拖卡車、駁船，將貨物集中至集貨港後再轉運至其他港口，如長江集珠江三角洲沿岸港口（碼頭）的駁運作業。

二、商港法的定義

我國「商港法」第 2 條對商港的經營及管理組織分類爲：

1. **國際商港**：由主管機關設國營事業機構經營及管理；管理事項涉及公權力部分，由交通及建設部航港局辦理。

2. **國內商港**：由航港局或行政院指定之機關經營及管理。

另我國「商港法」第 3 條對商港的相關名詞定義爲：

1. **商港**（Commercial Port）：指通商船舶出入之港。

2. **國際商港**（International Commercial Port）：指准許中華民國船舶及非中華民國通商船舶出入之港。

3. **國內商港**（Domestic Commercial Port）：指非中華民國船舶，除經主管機關特許或爲避難得准其出入外，僅許中華民國船舶出入之港。

4. **商港區域**（Commercial Port Area）：指劃定商港界限以內之水域與爲商港建設、開發及營運所必需之陸上地區。

5. **商港設施**（Commercial Port Facilities）：指在商港區域內，爲便利船舶出入、停泊、貨物裝卸、倉儲、駁運作業、服務旅客、港埠觀光、從事自由貿易港區業務之水面、陸上、海底及其他之一切有關設施。

6. **專業區**（Specialized Zones）：指在商港區域內劃定範圍，供漁業、工業及其他特定用途之區域。

7. **商港管制區**（Commercial Port Controlled Areas）：指商港區域內由航港局劃定，人員及車輛進出須接受管制之區域。

8. **船席**（Berth）：指碼頭、浮筒或其他繫船設施，供船舶停靠之水域。

9. **錨地**（Anchorage）：指供船舶拋錨之水域。

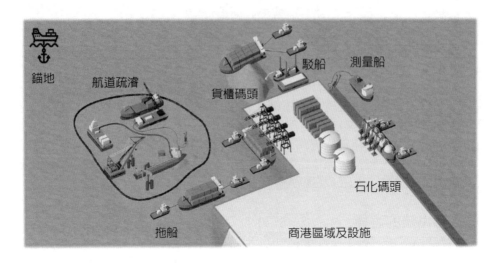

錨地

航道疏濬

貨櫃碼頭

駁船　測量船

石化碼頭

拖船　商港區域及設施

倉儲運送

碼頭作業

貨物裝卸

貨物運輸

港口的作業（Port Operation）

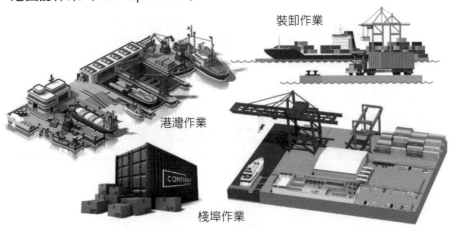

裝卸作業

港灣作業

棧埠作業

自由港與自由貿易區

自由港（Free Port）是不屬於一國海關管轄的港口或海港區域，允許大部分外國商品豁免關稅進出，外國商品可在自由港內不付關稅進行儲存、包裝、分揀、加工或銷售。自由港設立的目的是為了方便對外貿易貨物的儲存及處理、展覽、包裝、加工、貼標籤及轉運等業務，吸引外國船隊和貨物來靠港過境轉運作業，從事商業和生產活動，以促進本地區和本國的經濟發展。

自由港依其實施範圍及程度有不同分類：

1. **自由貿易區**（Free Trade Zones, FTZ）：外國商品可以免稅進口，在該區內自由進行儲存、分類、包裝、改裝和簡易加工等加值服務，再免稅出口，以吸引外國船隊和商品進入本區，以發展貿易和轉口貿易的封閉區域。

2. **加工出口區**（Export Processing Zones）：一個國家劃出一定區域，提供水電、道路及標準廠房等設施，用優惠辦法鼓勵外國投資，發展對外有競爭力的出口商品的特殊區域。

3. **科學園區**（Industrial Zones）：在大學及科學研究單位集中、鄰近都會區的交通及生活便利區域，提供租稅優惠吸引外國資金及技術人才，進行高階研發技術、培訓人員及生產產品，促進科技與經濟的發展。

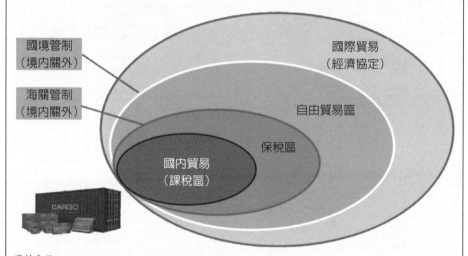

資料來源：What Is a Free Port or a Free Economic Zone?
　　　　　1. https://www.thomasnet.com/insights/what-is-a-free-port-or-free-economic-zone/
　　　　　2. https://nusahati.com/2014/08/sekilas-tentang-penyerahan-ke-kawasan-bebas/free-trade-zone/

Unit 2-4 貿易與運輸

　　全球市場形成以來，國際貿易成爲全球經濟的重要部分，隨著全球海上運輸水準的提高和海運範圍的擴大，海上運輸也成爲國際貿易的重要推力之一。今日跨國企業在各國進行分工生產及銷售，原物料及半成品在不同區進行運輸及加工生產，之後再進行跨國的儲存及配送活動，特別是電子商務及資訊科技產業的出現，形成全球性的銷售及服務網路之後，國際貿易成爲經濟成長的重要推力。

　　從世界經濟發展的歷史，沒有一個國家可以不依靠別國的力量而達到自給自足，對於處在不同經濟發展水準的國家或地區，基於比較利益進行不同貨物的交換或加工，達到互利互惠的程度。理論上由於國際貿易的商品交換，降低了各地的生產成本，消費者可以合理的價格取得所需要的商品，在跨洲的國際貿易上，不論是原物料或商品的運輸，海上運輸變成國際物流活動的重要運輸工具。

國際貿易的海上運輸

海運在世界貿易的角色【註6】

國際貿易的商品交易問題除了貨物的運送成本和生產製造成本外，還有一些會影響供應鏈的運作，使交貨期限與商品價格產生變化，例如流行性疫情（如COVID 19）造成的港口貨物塞港、蘇伊士運河的操船不當（如 The Mega-ship Ever Given）的塞船事件，讓人重新認識海上運輸對貿易的多重影響原因，當一國貨物離開邊境到達另一國的運輸作業涉及多個作業關係，任一個環節都會影響貨物的運送通行：

1. 全球貿易量 80%、貿易值 70% 以上透過海運完成，主要的船隊在海運幹線上進行貨物的運送，例如散裝船、貨櫃船及油輪等，在海洋上的航路上行駛，運送成本的變動都會影響糧食、油料的價格。

2. 運輸公司影響運輸成本也聯動全球的進出口，例如船舶油料成本變動、主要貿易市場的對抗（美中貿易爭議），都使航運業的運輸成本難以保持穩定，也影響各國進出口的貨物價格。

3. 世界貿易永遠是流向不平衡影響運費，有些國家進口量大於出口，或是出口量大於進口，使航運業在船舶調度及航線安排無法去回平衡，例如美國及巴西出口穀類及礦產，美國及加拿大進口生活消費品。

4. 運量不平衡造成船舶空載航行，例如美中貿易的貨物流向及流量不平衡，美國出口工業原物料至中國大陸、中國大陸出口消費品至美國，不同的船型及規模，艙位閒置都影響運輸成本。

5. 船舶燃料高低影響運費也影響進出口，船舶燃料是航運業主要成本項之

【註6】　The Role of Shipping in World Trade
　　　　https://econofact.org/the-role-of-shipping-in-world-trade

一，較低的燃料價格可促進出口的增加。

6. 主要貿易市場經濟的衰退會影響航運業，例如中國大陸的經濟衰退，會減少各航運業在地區的航線及轉運作業，也影響鄰近國家的港口。

7. 超大型貨船出現航路的塞船風險，世界重要的海商通道如巴拿馬運河、蘇伊士運河及直布羅陀海峽，是大西洋—太平洋、印度洋—地中海、地中海—大西洋的主要連接通道，超大型船舶在此通道航行的安全風險，都會造成全球供應鏈及商品價格的影響。

海上運輸部門對貿易的功能是負責貨物的運送，出口貨物的運費大都由出口方負責，因此選擇合適的運輸公司便很重要，由於貨物流向不平衡（例如散裝貨）、貿易量不平衡（例如貨櫃貨），都使航運公司在船舶調度、貨櫃調度上，要注意運輸成本的控制，才能在航業經營上有運費價格的競爭力。

從地理位置來看臺灣港口，亞洲正是世界經濟快速發展區域（世界工廠與世界市場），中國大陸、東北亞日韓兩國及東協十國、大洋洲的紐奧兩國，中國大陸的「一帶一路」及「新南向政策」都聚焦在東南亞地區，區域性的互惠貿易協定及對外貿易成長，促成此地區航運及港口有更多發展機會。

圖片來源：https://terredasie.com/asie-des-visions-concurrentes/

⚓ CPTPP、RCEP

「跨太平洋夥伴全面進步協定」（Comprehensive and Progressive Agreement for Trans-Pacific Partnership），簡稱CPTPP，前身為「跨太平洋夥伴協定（Trans-Pacific Partnership, TPP）」，在美國退出後，由其餘11個國家推動完成。會員國包含日本、加拿大、澳洲、紐西蘭、新加坡、馬來西亞、越南、汶萊、墨西哥、智利及秘魯等11個國家。CPTPP已於2018年12月30日生效，目前計有墨西哥、日本、新加坡、澳洲、紐西蘭、加拿大、越南、秘魯等8國完成國內批准程序。

「區域全面經濟夥伴協定」（Regional Comprehensive Economic Partnership），簡稱RCEP，於2020年11月15日在RCEP領袖峰會以視訊方式簽署，該協定成員國包括東協10國（印尼、柬埔寨、緬甸、寮國、越南、汶萊、泰國、新加坡、菲律賓、馬來西亞），及中國大陸、日本、韓國、澳大利亞、紐西蘭，共計15個成員國。RCEP強調以東協為中心（ASEAN Centrality），由東協主導，以4個「東協加一」FTA為基礎，進一步深化整合各個FTA的自由化程度，目標盼建立一個現代化、廣泛、高品質的區域自由貿易協定。由於RCEP各成員間經濟發展水平之差異，RCEP亦給予成員特殊與差別待遇，及不同執行期。

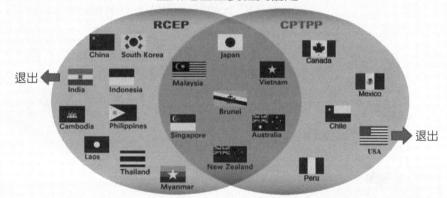

亞太地區主要經貿協定

資料來源：1. 經濟部國貿局，https://www.trade.gov.tw/Pages/List.aspx?nodeID=4267
　　　　　2. Regional Comprehensive Economic Partnership (RCEP), https://rcepsec.org/

常見貨櫃規格

集併貨作業

液散貨

什雜貨

Container Logistics

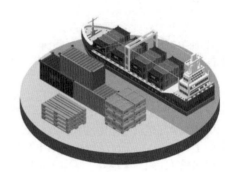

貨櫃物流是港口物流的一環

倉庫物流的作業

倉儲
作業

物流作業

貨物搜尋　貨物收受　安排儲位　貨物搬運　貨物庫存

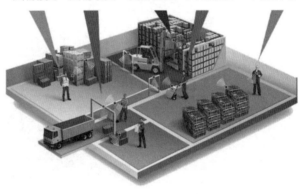

第3章
海運文化

Unit 3-1 航運與術語

海上航運與修、造船、貿易條件、船舶與貨物保險、港埠作業收費等，均有相關專業術語，有些是法規的名詞定義、有些是航業約定成俗的用語，隨著貿易方式及船舶技術的更新，成爲航業營運的基本知識。

一、航貿術語

國際貿易與商船運輸息息相關，在貿易成交條件中，有關運輸條件均包括在貿易條件內，運輸、銀行及保險構成貿易之必要條件，即成交價格應包括貨運條件。一般貿易價格之結構可分爲兩大類：以卸貨地（輸入港）爲契約履行地點，或以裝貨地（輸出港）爲契約履行地點。

在國際海運保險及金融匯兌尚未完備時，買方多以要求卸貨地爲履行契約地點，以保障收到完好之貨物，而由賣方負責一切費用及風險。日後發展出由賣方之義務爲準備貨物，洽訂船運及辦妥保險，並付清運費將貨物文件化後，交付買方或其代理人，即將下列權利轉讓給買方，憑載貨證券（提單）提領貨物，如有短少、貨物損壞時向船公司貨保險公司請求賠償權，即買方仍需負擔貨物裝船後一切風險。

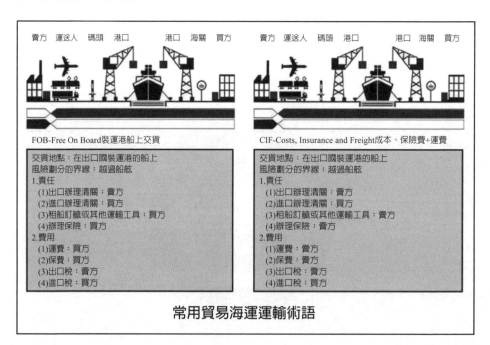

賣方　運送人　碼頭　港口　　　港口　海關　買方　　賣方　運送人　碼頭　港口　　　港口　海關　買方

FOB-Free On Board裝運港船上交貨

交貨地點：在出口國裝運港的船上
風險劃分的界線：越過船舷
1. 責任
　(1)出口辦理清關：賣方
　(2)進口辦理清關：買方
　(3)租船訂艙或其他運輸工具：買方
　(4)辦理保險：買方
2. 費用
　(1)運費：買方
　(2)保費：買方
　(3)出口稅：賣方
　(4)進口稅：買方

CIF-Costs, Insurance and Freight成本、保險費+運費

交貨地點：在出口國裝運港的船上
風險劃分的界線：越過船舷
1. 責任
　(1)出口辦理清關：賣方
　(2)進口辦理清關：買方
　(3)租船訂艙或其他運輸工具：賣方
　(4)辦理保險：賣方
2. 費用
　(1)運費：賣方
　(2)保費：賣方
　(3)出口稅：賣方
　(4)進口稅：買方

常用貿易海運運輸術語

二、船舶術語

　　「海浬」（Nautical Mile）是航海上的長度單位，每小時航行 1 海浬的速度叫做 1 節。船的速度一般常以「節」（Knot）來表示，一節等於每小時行走一海浬的速度，而一海浬等於 1,852 公尺，也就是說「一節」約等於每秒 0.5144 公尺的速度。

　　「海浬」是海上的長度單位。它原指地球子午線上緯度 1 分的長度，由於地球略呈橢圓球體狀，不同緯度處的 1 分弧度略有差異。在赤道上 1 海浬約等於 1,843 公尺；緯度 45°處約等於 1,852.2 公尺，兩極約等於 1,861.6 公尺。1929 年國際水文地理學會議，通過用 1 分平均長度 1,852 公尺作為 1 海浬；1948 年國際海上人命安全公約會議承認，1,852 公尺或 6,076.115 英呎為 1 海浬，故國際上採用 1,852 公尺為標準海浬長度。

　　「艤裝」（Outfitting）就是「船靠岸裝配」的意思，而在造船工程上是泛指裝備船以外的各種設備，通常各種航海儀器設備、電動機，以及繫船、裝卸、救生、通風、空調、消防、冷藏、管路設備、室內裝潢等。而體積較大的主機則是在船殼建造時就先吊進入機艙中。艤裝通常在船殼建造完成下水後，才靠在岸邊進行。因此一般而言，船隻的命名下水並不代表當時已經完工可以交船，還需經過艤裝才算完工，完工後再經測試合格才可交船。

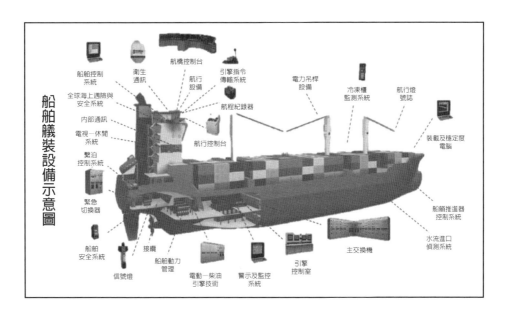

船的噸位

總噸位（Gross Tonnage, GT）：根據船舶噸位丈量公約或規範的有關規定，丈量確定船舶所有圍蔽處所的總容積，並按一定的公式可算出船舶的總噸位。總噸位是總計船舶噸位，表示船舶大小、區別船舶等級，是計算船舶費用（登記費、過運河費等）及處理海事的依據。

淨噸位（Net Tonnage, NT）：根據船舶噸位丈量規範的有關規定，丈量確定船舶各載貨處所的總容積，並按一定的公式可算出船舶的淨噸位。淨噸位是計算船舶繳交港口費、領航費、燈塔費、停泊費、過運河費等各項費用的依據。

排水量（Displacement）：指船舶在某一浮態下船體入水部分所排開水的重量。未作特別說明的船舶排水量，是指標準密度海水中（ρ=1.025）設計水線（夏季水線）下的排水量。

輕船重量（Light Weight）：又稱空船重量或輕船排水量，指船舶建造剛剛完成時的重量，即船體、機器、鍋爐設備及其排水相等的重量，但不包括燃料、潤滑油、糧食、淡水等的重量。

載重噸位（Deadweight Tonnage, DWT）：在一定水域和季節裡，船舶所裝載的最大限度的重量，稱為最大載重量。最大載重量等於滿載排水量扣除空船排水量。一般來說，載重量與相應的季節、吃水相對應，如果不作特別說明，多指夏季滿載吃水的情況下的總載重量。載重噸位係指船舶之裝載能力，即除船舶船身、機器、設備，以及固定裝備等外，可以裝載客、貨、燃料、淡水及船員與給養品之重量。

淨載重量（Net DWT）：在一定水域和季節，船舶所能裝載最大限度的貨物重量。淨載重量等於總載重量減去燃料、淡水、備件、船員及其供應品的重量和船舶常數。

吃水（Draft）：艏吃水是指艏垂線上水線和龍骨上表面的距離；艉吃水是指艉垂線上水線和龍骨上表面的距離。如果水密度已知，通過量測船舶的吃水高度，可以確定船舶的排水量，進而計算出相對應載重量。

資料來源：台灣國際造船股份有限公司
　　　　　https://www.csbcnet.com.tw/About/Learn/TonnageOfShip.htm

 有「詞」一說

中華民國教育部《重編國語辭典修訂本》

【海事】：關於船舶航海的事項。
【航運】：水上運輸。包括內河航運、沿海航運及遠洋航運。
【海運】：利用船舶在海上運輸。
【航海】：在海上航行。

國家教育研究院《雙語詞彙、學術名詞暨辭書資訊網》

【Marine】：船舶、海運、船用、海洋
【Maritime】：海上、海事
【Shipping】：船運、海運
【Navigation】：航海、導航

Unit 3-2 航運與習俗

一、船名命名

每一艘船舶都有自己的名字，如同一般民眾一樣。但
與人名不同的是船舶不許可與他船名相同。新建船舶在
命名前要將擬定船名報請航政機關審核，確認無與他船
船名相同，如果一艘船舶因海難而沉沒或服役期滿被拆
解，一般也不會有另一艘新建船舶使用它的船名。

我國「船舶法」第 12 條規定：「船名，由船舶所有人自定，不得與他船船
名相同。但小船船名在本法中華民國 99 年 11 月 12 日修正之條文施行前經核
准者，不在此限」。

依交通部航港局規定船舶命名原則【註1】：

1. 船舶命名不得與現有船名重複。
2. 船舶所有人命名時，不得有下列情形：
   (1) 損及國家、社會公共利益，違反公序良俗。
   (2) 欺騙公眾或造成誤解。
   (3) 中文船名以中文字搭配英文或符號，船名字尾為號或輪。
   (4) 使用之中文字非教育部編訂之國語辭典列有文字。
   (5) 其長度最多不得超過 10 個字。

每艘船舶都有一個船舶編號，與身分證編號號碼一樣，號碼也是唯一，同時
船上的電台呼號也是唯一，這是為了便於對船舶的安全管理。我國「船舶標誌
設置規則」第 2 條規定：中華民國船舶應具備下列各款標誌：

1. 船名。
2. 船籍港名或小船註冊地名。
3. 船舶號數或小船編號。
4. 載重線標誌及吃水尺度。但依本法第 51 條所定規則、第 60 條及第 80 條第
   1 項但書規定，免勘劃載重線或吃水尺度者，不在此限。
5. 法令所規定之其他標誌。

二、鳴放禮炮

現代鳴放禮炮表示敬禮的習慣來自 17 世紀的英國皇家海軍。由於當時火炮
裝填速度很慢，所以用鳴放禮炮的方式向對方表示己方沒有敵意。因此軍艦每

【註1】 船舶命名原則，交通部航港局
https://www.motcmpb.gov.tw2

鳴放一響，陸上炮臺要鳴放三響作爲回禮，而一艘軍艦最多鳴放 7 次禮炮，因此陸上最多回敬 21 響禮炮。

依「中華民國軍人禮節規定」，舉凡特定慶典節日、我國總統及外國元首蒞臨或對友邦國家致敬，均鳴放 21 響禮炮以示崇敬；我軍艦出訪友邦港灣時，亦可鳴放禮炮，以示兩國深厚邦誼。

三、跨越赤道

凡軍艦或商船航行跨越赤道時，常舉行一項古老之傳統習俗，其起源已不可考。此一習俗乃爲艦船每次將要跨越赤道時，例由曾經跨越赤道之軍官或船員，遴選若干人，分飾海神及其部屬，組織法庭，對首次經過赤道之士兵或船員，加以審訊與懲罰。其主要之動機，或係意在考驗初次航海之人，能否忍受海上艱苦之生活。流傳至今仍成爲今日海上之一幕諧劇，亦可對海員枯燥之海上生活略加調適[註2]。我國則是依照傳統信仰，相信海龍王因爲受到航行干擾而震怒，因此遲滯船隻航行，爲討海龍王歡心，便以表演方式換取平安通過。

四、海神信仰

東方媽祖信仰是明末入臺後臺灣普遍民間信仰，媽祖在宋元以來曾被封爲天妃、天后，民間則尊稱爲天上聖母、天后娘娘。早期臺灣移民多自華南渡海，海上環境惡劣，且臺灣四面環海，海上活動頻繁，海神媽祖便成臺灣人海上航行的重要精神託付。傳言她常於海上湧風浪顯靈、能使颱風轉彎、保佑平安航行，沿海漁民對她的崇拜逐漸形成信仰，信徒認爲她是「護國庇民」的海洋守護神。

西方希臘神話中的海神波塞頓（Poseidon），祂不只是大海和湖泊的統治者，而且身兼水神與地震之神的角色，讓愛琴海一帶的漁民和船家對祂充滿敬畏，對希臘人來說，看到水手出航時的前一刻還風平浪靜，沒多久卻巨浪滔天、吞噬船隻與人命，深深感受海洋的陰晴不定，至今在許多沿海城市依然可以看到許多海神塑像。

[註2] 中華民國海軍軍官學校
https://www.cna.edu.tw/tw/School.php?progId=SCH002

擲瓶禮（Bottle Smashing Ceremony）

新軍艦、輪船舉行下水典禮時，將綁有綵帶的瓶子（通常為香檳），拋擲船艏使之破碎，稱為「擲瓶禮」。船舶下水、命名及交船典禮儀式，是國外留下的傳統，擲瓶者為該船的教母，這跟基督教禮儀有關，嬰兒出生受洗以及命名時，會邀請與家庭有深厚關係，或有威望的人士幫嬰兒扶持，女的則稱教母，而中世紀時期隨著基督教的傳播，新船命名儀式上使用酒水，祈求上帝保護海上安全。

在古代，航海技術落後的條件下，海上航行是艱苦且又危險的職業。海員遇難事件頻傳。每當遇海難時，船上生存的人便將要說的話寫在紙上裝入酒瓶，封口拋向大海任其漂流。希望能被其他船隻或岸上的人發現。於是為了祈求平安，便有了新船的「擲瓶禮」儀式，祝願海上不再有那樣的漂流瓶。

資料來源：Why Are Bottles of Champagne Smashed On New Ships?
https://www.mentalfloss.com/article/12612/why-are-bottles-champagne-smashed-new-ships

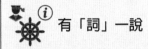 有「詞」一說

中華民國教育部《重編國語辭典修訂本》

【船舶】：泛稱各種船隻。

國家教育研究院《雙語詞彙、學術名詞暨辭書資訊網》

【Barge】：駁船、平底船

【Boat】：船舶

【Ferry】：渡船、渡輪

【Ship】：船舶

【Vessel】：船舶、艦

【Water craft】：船舶、水上飛機

【Yacht】：遊艇

Unit 3-3 航運與節日

一、「世界海洋日」

海洋約占地球表面的 72%，是一切生命的起源和維生的根據，不論交通運輸、漁業捕撈、資源開發或氣候調節，都與人類的關係極為密切。為了喚醒人類對於海洋的認識、保護及永續利用。聯合國希望世界各國都藉此機會向人類賴以生存的海洋致敬，了解海洋所蘊含的豐富價值，並慎重審視全球性污染和魚類資源過度消耗等問題[註3]。

1992 年在巴西里約熱內盧召開的聯合國環境與發展會議（UNCED）上確定，也就是第一屆地球高峰會（The Earth Summit），由加拿大的國際海洋發展中心（International Center for Ocean Development）及加拿大海洋研究所（The Ocean Institute of Canada）共同提出的建議，並經世界環境與發展委員會（The World Commission on Environment and Development）確認，但是當時聯合國並未將其定為官方紀念日，第 63 屆聯合國大會終於在 2008 年 12 月 5 日通過第 111 號決議，指定 6 月 8 日為「世界海洋日」，呼籲世界各國都能藉此機會向人類賴以生存的海洋致敬，了解海洋所蘊含的豐富價值，並審慎處理全球性污染和魚類資源過度消耗等問題，一齊來維護海洋的健康。

二、「中華民國航海節」

公元 1405 年，鄭和以明成祖特使身分，率領兩萬七千餘人，分乘帆船六十餘艘第一次出海遠航，不避艱險的完成拜訪友邦、探索海洋的使命。這次遠航後 20 年間，又曾 6 次遠航，即歷史有名的「鄭和下西洋」，先後共達 7 次，遍歷南洋、紅海、阿拉伯及非洲東海岸等大小五十餘國。我國航海界人士為緬

[註3] Background | United Nations
https://www.un.org/en/observances/oceans-day/background

懷先賢七下南洋的偉績，乃以鄭和首次 7 月 11 日出航之日爲「中華民國航海節」，並經呈報政府核准，於民國 44 年開始慶祝首屆航海節[註4]。中國大陸於 2005 年亦將每年 7 月 11 日訂爲「中國航海日」。

鄭和航海路線（西元 1405～1433 年）

三、「國家海洋日」

我國「海洋基本法」於民國 108 年 11 月 20 日通過，並明訂 6 月 8 日爲「國家海洋日」，該法參照聯合國 2009 年將每年的 6 月 8 日訂爲

「世界海洋日」之精神，在第 18 條明定「爲促使政府及社會各界深植海洋意識，每年 6 月 8 日爲國家海洋日」。海洋委員會並發布「國家海洋政策白皮書」以永續爲核心，建構生態、安全、繁榮的永續海洋國家爲願景，並提出「建構區域戰略思維，保衛海域主權權益」、「落實海域執法作爲，促進區域安全合作」、「維護海洋生態健康，優化海洋環境品質」、「確立產業發展目標，促進藍色產業升級」、「型塑全民親海風氣，培養海洋國家思維」與「孕育科學發展動能，厚植學術研究能量」等 6 大政策目標，作爲研擬與推動海域安全法、海洋保育法及海洋產業發展條例等重要海洋法令的立法依據[註5]。

[註4]　航海節，教育部國語辭典

[註5]　海洋委員會

　　　https://www.oac.gov.tw/ch/home.jsp?id=274&parentpath=0,8,133

世界海事日（World Maritime Day）

聯合國的國際海事組織（IMO）在1977年11月召開的國際海事組織第10次大會通過決議，決定將每年的3月17日定為「世界海事日」（World Maritime Day）。

1979年11月的第11次大會國際海事組織大會對此決議又作修訂，決定「世界海事日」的具體實施日期由各國政府自行確定。要求各成員國積極響應該決議，設立「世界海事日」，宣傳環保理念、弘揚航海精神。

「世界海事日」旨在加強各國對海洋事務的重視，宣傳海運安全、海洋環境保護等。每年的世界海事日，國際海事組織秘書長會在該組織總部發表演講，國際海事組織秘書長均準備一份特別文告，提出需要特別注意的主題。各國也應在該日開展相關宣傳活動。

2021 年世界海事主題
「海員：航運業未來的核心」

World Maritime Day 2021, on 30 September, IMO

資料來源：World Maritime Theme 2021
https://www.imo.org/en/About/Events/Pages/World-Maritime-Theme-2021.aspx

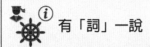 有「詞」一說

中華民國教育部《重編國語辭典修訂本》

【港口】：在河、海岸邊設置碼頭，便於船隻停泊、乘客上下和貨物裝卸的地方。

【港灣】：港口的通稱。由自然條件或人工設施形成，便於船隻停泊，大多有防風、防浪的設備。

國家教育研究院《雙語詞彙、學術名詞暨辭書資訊網》

【Harbor】：港口、港灣

【Port】：港埠、左舷

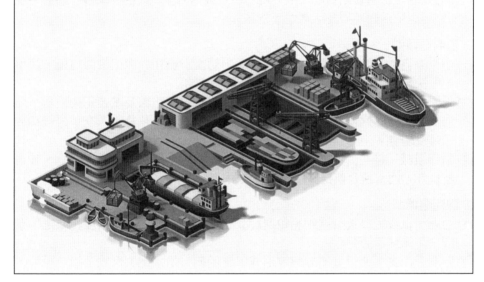

Unit 3-4 航運與海盜

海盜行為（Piracy）是一種古老的犯罪行為，自有船隻在水上航行以來就有海盜存在，特別是在航海業開始興盛的 16 世紀，在沿海商業發達的地區，都有海盜進行搶劫船隻行為。英文的海盜（Pirate）本意指海上搶劫者，「Piracy」指在海軍司法權以內的海上掠奪，由官方授意、組織的「官方海盜」【註6】。18 世紀英國政府允許私掠者（Privateer）的武裝民船得到政府的許可來俘獲敵方商船，私掠者依英國政府授權的「私掠許可證」進行攻擊敵國商船搶劫財物行為，後於 1856 年被廢止。

現代海盜因出沒地區及犯罪特性不同，已與過去單純的搶劫財物，發展到劫持整艘船舶、仿造船舶資料、更換新的船員成為海盜組織的「幽靈船舶」。現代海盜可以依活動類型及活動地域分為：

1. 依活動類型

(1)小型海盜：屬於零星的隨機攻擊，活動範圍一般在內海或沿海地帶，使用小型快艇偽裝為海關或稽查人員登船進行搶劫。

(2)犯罪集團：活動範圍不固定，事前知道船隻經過路線及載運貨物種類，使用快艇及自動武器進行攻擊目標，將船員錢財掠奪及貨物卸空，最後釋放船員及船隻。

(3)恐怖組織：這些海盜有軍事或政治特徵，襲擊手法除搶劫船上財物、殺害船員外，通常還會挾持船舶提出政治訴求。

2. 依活動地域

(1)亞洲：在夜晚靠近行進的船舶進行登船搶劫船員財物，如南亞、印尼、泰國、菲律賓等沿海地區。

(2)西非／南美：使用武器攻擊停泊或下錨船舶，搶劫個人財物及船上設備，由於船上設備被奪取，可能影響船舶航行安全。

(3)東南亞：特別是麻六甲海峽及新加坡海峽，海盜登船挾持船員及控制船舶，將貨物搬走並將船隻更改名稱繼續攬貨航行。

西非海岸、索馬利半島附近水域、紅海及亞丁灣附近、孟加拉灣沿岸、馬六甲海峽及整個東南亞海域，都是海盜經常出沒地區。

我國於民國 102 年 5 月 31 日修正「航業法」第 3 條第 12 款：「私人武裝保全人員（Privately Contracted Armed Security Personnel）：指經營中華民國籍船舶之船舶運送業所僱用外國籍私人海事保全公司提供持有或使用槍砲、

【註6】 Privateer
https://en.wikipedia.org/wiki/Privateer

彈藥、刀械之人員」。是參照國際海事組織海事安全委員會 1405 號通告修正版[註7]，增訂第 12 款有關私人武裝保全人員之定義。

增訂「航業法」第 27-1 條：「船舶運送業經營之中華民國籍船舶航行於受海盜或非法武力威脅高風險海域者，該船舶運送業得僱用私人武裝保全人員。

前項船舶運送業應逐船檢附相關文件，事先報請航政機關備查，並由航政機關轉知內政部、財政部、行政院海岸巡防署。

船舶運送業應令其僱用之私人武裝保全人員及其持有或使用之槍砲、彈藥、刀械在國外登（離）船，並不得進入已報請備查受保護船舶以外之中華民國領域。

第一項之受威脅高風險海域，由航政機關公告之。

第二項報請備查之程序、應檢附之船舶文書、航行計畫、僱用計畫、保險計畫等文件、私人武裝保全人員與其持有或使用之槍砲、彈藥、刀械於船舶上之管理、使用規定、紀錄及其他應遵行事項之辦法，由主管機關會同內政部、法

[註7]　Revised Interim Guidance to Shipowners, Ship Operators and Shipmasters on the Use of Privately Contracted Armed Security Personnel on Board Ships in the High Risk Area
https://wwwcdn.imo.org/localresources/en/OurWork/Security/Documents/MSC.1-Circ.1405-Rev2.pdf

務部、財政部及行政院海岸巡防署定之。航政機關應統一蒐集外國籍私人海事
保全公司之相關資訊,以供船舶運送業參考」。增訂「航業法」第 32-1 條:
「第 27-1 條規定,於經營中華民國籍船舶之外國籍船舶運送業準用之」。

　　依交通部航港局於民國 109 年公告指出,經查目前全球受海盜或非法武力威
脅高風險危險海域:

一、東南亞地區:南海、菲律賓、印尼、泰國灣、麻六甲海峽、新加坡海峽、
　　孟加拉與印度等附近海域;

二、非洲與紅海地區:波斯灣、莫三比克海峽、幾內亞灣附近海域;

三、美洲地區:墨西哥灣、加勒比海、海地(太子港)、厄瓜多(普納島)、
　　祕魯(卡亞俄港)、巴西(馬卡帕)等附近海域。

資料來源:Pirates Making A Comeback On The High Seas
http://www.shippingherald.com/pirates-making-a-comeback-on-the-high-seas/

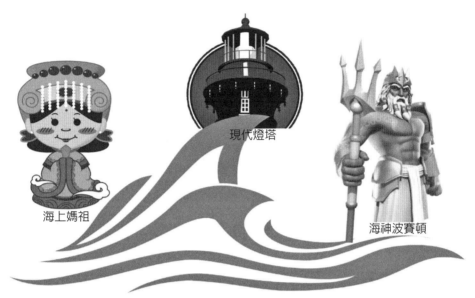

現代燈塔

海上媽祖

海神波賽頓

東、西方的海神信仰　祈求一條平安的航路

海員、船舶、貨物及航業

EXPORT

港口貨物運輸的演進

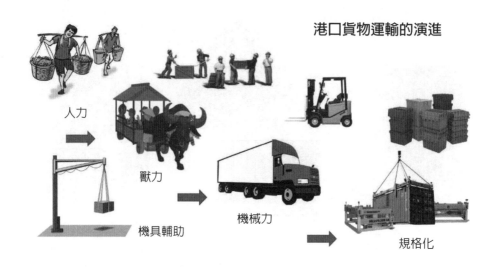

人力 → 獸力 → 機械力 → 規格化

機具輔助

港對港運輸（Port to Port service）

甲港　　　　　　　　　　　　　乙港

第4章
海運組織與機構

Unit 4-1 航運組織

任何一艘船舶的所有權和營運管理，有可能涉及不同的國家，租船人、經營人、所有人、保險人及驗船  協會都有可能分屬不同的國籍，船上的船員來自各國更是常態，船舶是一項在各國海上及港口流動的資產，因此航運具有國際性，更需要國際組職及機構對營運與安全等進行協商規範。

一、國際海事組織（International Maritime Organization, IMO）

國際海事組織[註1]是聯合國負責海上航行安全和防止船舶造成海洋污染的一個專門機構，也是促進各政府和航運界改進海上安全、防止海洋污染及海事技術合作的國際組織，在上述方面採取訂定統一標準並處理有關的法律問題。

1948 年在瑞士日內瓦舉行的聯合國海運會上通過「政府間海事協商組織公約」，1958 年該公約生效並依公約規定於 1959 年在英國倫敦成立「政府間海事協商組織（Inter-Governmental Maritime Consultative Organization, IMCO）」，1982 年該組織更名為國際海事組織（International Maritime Organization, IMO）迄今。IMO 所通過的國際公約、規則和決議案為成員國造船、檢驗、航運、海事及管理等部門所必須遵循的法定文件。

IMO 成立後訂定與海運業相關的重要公約是：

1. 1974 年海上人命安全國際公約（International Convention for the Prevention of Pollution from Ships，簡稱 SOLAS 1974）
2. 73/78 年防止船舶造成污染國際公約（International Convention for the Prevention of Pollution from Ships，簡稱 MARPOL 73/78）
3. 78/95 年船員訓練、發證和當值標準國際公約（International Convention on Standards of Training, Certification and Watchkeeping for Seafarers, 1978，簡稱 STCW 78/95）
4. 1966 年國際船舶載重線公約（International Convention on Load Lines, 1966）
5. 1972 年國際海上避碰規則（Convention on The International Regulations for Preventing Collisions at Sea, 1972，簡稱 COLREG）

[註1] Brief History of IMO
https://www.imo.org/en/About/HistoryOfIMO/Pages/Default.aspx

二、國際移動衛星組織（The International Mobile Satellite Organization, IMSO）

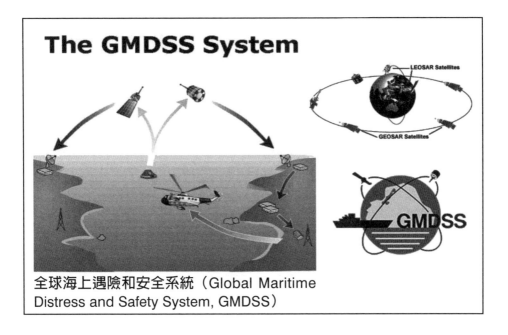

全球海上遇險和安全系統（Global Maritime Distress and Safety System, GMDSS）

　　國際海事衛星組織的構想，最早是由國際海事組織（IMO）於 1976 年 9 月 3 日通過「INMARSAT 組織國際公約」[註2]，1979 年 7 月 16 日實施。INMARSAT 系統是由英國的衛星通信公司提供全球性的移動服務。以 11 個地球靜止軌道通信衛星，通過可攜式或移動終端進行通信地面站，爲世界各地的用戶提供電話和數據服務。該公司最早起源於 1979 年成立的國際海事衛星組織，是一個不以營利爲目的的國際組織，在聯合國國際海事組織機構的授意下成立。設立的宗旨是爲航運界提供衛星通信網路，1982 年開始營運，總部設在英國倫敦。國際移動衛星組織[註3]（The International Mobile Satellite Organization, IMSO）提供船舶和飛機的免費「全球海上遇險和安全系統（Global Maritime Distress and Safety System, GMDSS）」，以作爲一項公共服務。

[註2]　Convention on the International Maritime Satellite Organization
　　　　https://www.imo.org/en/About/Conventions/Pages/Convention-on-the-International-Maritime-Satellite-Organization.aspx
[註3]　The International Mobile Satellite Organization（IMSO）
　　　　https://imso.org/

三、聯合國貿易和發展會議（United Nations Conference on Trade and Development, UNCTAD）

聯合國貿易和發展會議【註4】是一個成立於 1964 年 12 月的聯合國常設機構，它的主要職能是處理有關貿易與經濟發展問題，宗旨是最大努力促進開發中國家的貿易、投資機會，並幫助它們應對全球化帶來的挑戰和在公平的基礎上融入世界經濟。貿發會議通常四年召開一次會議，總部設在瑞士日內瓦。

聯合國貿易和發展會議下設七個委員會，其中一個為航運委員會，航運委會主要目標是促進世界海運貿易有秩序地發展，促進航運事業的發展以滿足有關貿易的要求，協助航運服務業的供應者與用戶之間的利益平衡。每年 11 月所出版的年度海運回顧（Review of Maritime Transport）是有關全球航港發展的重要航運業統計及分析報告。

【註4】 About UNCTAD
https://unctad.org/about

國際勞工組織（International Labor Organization, ILO）

國際勞工組織是處理勞工問題的聯合國專門機構，成立於1919年，總部設在瑞士日內瓦，每年6月在日內瓦舉行國際勞工會議。國際勞工組織的主要活動包括1.從事國際勞工立法，2.拓展技術合作，3.拓展勞動領域的研究與資訊傳播，4.拓展培訓與教育，5.推動社會保障業務，6.促進社會就業。

國際勞工組織的宗旨是促進充分就業和提高生活水準；擴大社會保障措施；保護工人生活和健康；主張通過勞工立法來改變勞工現狀，進而獲得世界持久和平、建立社會正義。

海事勞工公約（Maritime Labour Convention, MLC）是2006年2月23日日第94屆國際勞工大會通過的一項公約，又稱2006年海事勞工公約，公約於2004年第103屆國際勞工大會和2006年第105屆國際勞工大會分別做了修訂，公約於2013年8月20日生效。

資料來源：Maritime Labour Convention, 2006
　　　　　https://www.ilo.org/global/standards/maritime-labour-convention/lang--en/index.htm

Unit 4-2 航運機構

一、國際驗船協會（International Association of Classification Societies, IACS）

國際驗船協會[註5]在 1968 年 9 月 11 號成立，主要以維護船舶安全與海洋潔淨為宗旨，並透過科技支援與研究，在海事安全的管理與發展方面提供協助，同時也是國際海事組織認可的技術諮詢機構，總部設在英國倫敦，2021 年其成員計有 12 個驗船協會。

American Bureau of Shipping, ABS 美國驗船協會	https://ww2.eagle.org/en.html
Bureau Veritas, BV 法國驗船協會	https://marine-offshore.bureauveritas.com/
China Classification Society, CCS 中國船級社	http://www.ccs.org.cn
Croatian Register of Shipping 克羅地亞驗船協會	http://www.crs.hr/en-us/home.aspx
Det Norske Veritas, DNV 挪威驗船協會	https://www.detnorskeveritas.com/
Indian Register of Shipping, IRS 印度驗船協會	https://www.irclass.org/
Korean Register of Shipping, KR 韓國驗船協會	http://www.krs.co.kr/eng/main/main.aspx
Lloyd's Register, LR 英國勞氏驗船協會	https://www.lr.org/
Nippon Kaiji Kyokai, ClassNK or NK 日本海事協會	https://www.classnk.or.jp/hp/en/index.html
Polish Register of Shipping 波瀾船舶登記局	https://www.prs.pl/
Registro Italiano Navale, RINA 義大利驗船協會	https://www.rina.org/en
Russian Maritime Register of Shipping（RS） 俄羅斯驗船協會	https://rs-class.org/en/

[註5]　About IACS
https://www.iacs.org.uk/

二、國際燈塔協會（International Association of Marine Aids to Navigation and Lighthouse Authorities, IALA）

國際燈塔協會[註6]係非營利的國際專業組織，創立於 1957 年。該協會集合來自世界各地之航運機關、廠商和顧問、訓練機構，並提供互相交流經驗與合作的機會。IALA 的主要目標在於提供給航海者在全球航行時，有效且一致的航海輔助工具，以達成安全航行與保護環境的目的，舉凡燈塔、導航標示等需符合該協會之規範。為與國際接軌，我國航路標識係採用國際燈塔協會「B」區制之規定，即船舶出港時，港口右側為綠燈，左側為紅燈，世界各地主要是分為 A、B 兩區不同標識方式。

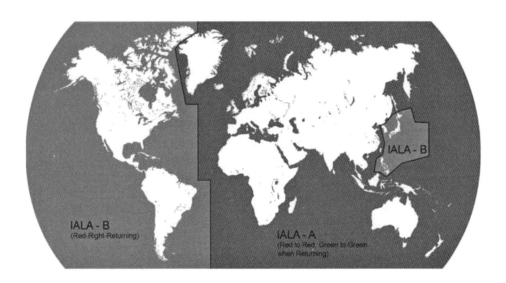

IALA 設有四個技術委員會：助航標識技術委員會、船舶交通技術委員會、無線電導航技術委員會、導航設備技術委員會，由一些國家的航政單位專家擔任技術委員，負責研究航行標識領域的問題，經執行委員會通過後由 IALA 以建議方式公告。

[註6]　WHAT IS IALA
https://www.iala-aism.org/

三、波羅的海航運交易所（Baltic Exchange, BE）

波羅的海航運交易所【註7】是全球唯一世界性的航運交易所，1823 年波羅的海俱樂部成立，1900 年與倫敦航運交易所合併，總部設在英國倫敦，目前有超過 3000 家公司參與，包括散裝貨、油輪、液汽船、貨櫃輪等海運市場，成員有船東、船舶經紀、海事法律、保險理賠、航運協會等，世界主要船舶租賃買賣、貨物交易、經紀會參考交所的資訊。2016 年新加坡航運交易所收購波羅的海航運交易所，目前在新加坡、上海、雅典、史丹佛、休士頓設有辦事處。航運交易所的另一項主要業務是商品及期貨貿易，期貨交易主要是從事穀物、馬鈴薯、大豆及肉類的期貨貿易。

BDI 指數（Baltic Dry Index）

BDI 指數的中文名稱為波羅的海乾散貨運價指數，這個指數由英國倫敦波羅的海交易所負責管理，於倫敦時間每週一至週五的 13：00 進行編制和報價。全球每天都有不同種類的船舶在運輸貨物，但 BDI 只蒐集運輸散貨的船隻，散貨就是礦石、鋼材、水泥、煤炭等基礎原物料。BDI 指數是一個航運業的綜合指標，由多條航線運價組成，用來觀察散裝原物料航運的運費變化。由於這些航運貨櫃的運費報價是跟隨著當下即時需求而波動，當需求上升時價格會上漲，甚至一船難求，但需求下降時價格會下跌，跌到低於成本也無人聞問。

BDI 指數是航運和貿易指數，蒐集了全球主要 24 條航線的散貨運輸平均價格，衡量各種原物料（如煤炭和鋼材）的運輸成本變化，這個指數被視為經濟活動的領先指標，某方面反應了製造業所用重要材料的供需狀況。BDI 指數通常會隨著商品和原物料需求的增加而上升，當商品和原物料需求減少就會下降。BDI 指數若持續上漲，會讓經營航運的公司的收入提升，從而對上市公司造成利多的影響。

【註7】 Baltic Exchange
https://www.balticexchange.com/en/index.html

國際救助聯盟（The International Salvage Union, ISU）

國際救助聯盟是由30幾個國家的55家海難救助公司所組成，會員需有專業的救助設備並符合國際救助聯盟的要求作業標準，國際救助聯盟專注在救助方面，同時有80幾個會員是海事法律、船東保險、海事顧問等，它同時對國際海事組織提供救助政策建議，並與美國海岸防衛隊、歐盟、國際航運協會、國際獨立油輪船東協會、國際船東互保集團等機構合作。

救助聯盟主要作用在處理船舶及貨物的救助事件，如果船舶遇難需要拖曳，會聯繫相關公司及安排拖曳方式，如果船隻沉沒或擱淺，聯盟能提供專家建議，並對船舶損壞程度進行協助調查評估。

海難救助（Salvage Assistance / Marine Salvage）又稱海上救助。救助人在任何水域對遇險的船舶、貨物、人命等的救助都構成海難救助，但是，由於對海上的救助是國際公約（International Convention on Salvage, 1989）規定的義務，在不嚴重危及船舶和船上人員安全情況下，任何船舶都有救助人的義務。

資料來源：The International Salvage Union
　　　　　https://www.marine-salvage.com/

Unit 4-3 航運公約

　　航運面對自然環境的惡劣情況，曾經發生過多次的重大意外事故，造成船上生命和財產的巨大損失，有時造成海洋環境無法挽回的損害，因此制定規範航行行為的國際公約或標準便十分需要。

　　國際海事組織制定、公告的公約並輔以規則、指引及建議案，指導航運業從船舶設計、建造、設備、操作、海員培訓，同時聯合國其他組織也制定與海洋劃分、環境保護、海員待遇等相關密切的國際公約，在某些方面指導並規範國際之間的航運行為。

一、海上人命安全國際公約（SOLAS 74/78）

　　海上人命安全國際公約[註8]（International Convention for the Safety of Life at Sea, SOLAS），現稱「關於1974年國際海上人命安全公約之1978年議定書」（Protocol of 1978 Relating to the International Convention for the Safety of Life at Sea 1974, SOLAS 74/78）是國際海事組織所制定的海事安全公約之一。海上人命安全國際公約及其歷年的修正案被普遍認為是所有公約當中對於商船安全最為重要的公約。

　　條約的草創是因應鐵達尼號沉沒事故後於1914年通過。起初公約規定了救生艇和其他救生設備的數量以及安全規程，包括持續的無線電守聽，並在1929年、1948年、1960年、1974年、1988年和2002年的國際海事組織大會中陸續修訂本公約。

1. 1960年版公約：提出了大量的關於更新商業船運規定，保持公約於行業新技術、新規程同步方面的建議。
2. 1974年版公約：1974年國際海上人命安全公約簡化了修正公約的過程。由於修正案通過的規程被證實是漫長，修正案的實施需要數年的時間，因為各國需要該國內部立法通過接受公約，只有當接受公約的國家的數目或總噸位數達到一定數量，公約才能通過。因此最新的1974年國際海上人命安全公約包括默示接受規程，即修正案將預設生效，除非提出反對的國家達到了一定數量或總噸位（超過締約國的三分之一或超過世界商船船隊總噸位的50%）。

[註8] History of SOLAS
　　https://www.imo.org/en/KnowledgeCentre/ConferencesMeetings/Pages/SOLAS.aspx
　　海上人命安全公約
　　https://zh.wikipedia.org/zh-

3. 1988 年版公約：在 1988 年根據了 1987 年世界無線電行政大會（WARC）修訂的國際無線電規則而作出的 1988 年修正案，以全球海上遇險和安全系統（GMDSS）取代摩斯密碼，並於 1992 年 2 月 1 日起正式實施。

4. 2002 年修正案係為了因應 2001 年 9 月 11 日美國 911 恐怖攻擊事件後，根據聯合國安全理事會於 2001 年 9 月 28 日通過第 1373（2001）號決議所產生的，IMO 針對船港介面活動、港口設施、船對船活動以及締約國政府確保實施前項活動之保全，新增及修訂公約內容。其中修訂了第 V 章及第 XI-1 章和新增第 XI-2 章及國際船舶與港口設施保全章程。

二、防止船舶污染國際公約（MARPOL 73/78）

防止船舶污染國際公約（International Convention for the Prevention of Pollution from Ships, MARPOL）[註9]，現稱「關於 1973 年防止船舶污染國際公約之 1978 年議定書（Protocol of 1978 Relating to the International Convention for the Prevention of Pollution From Ships 1973, MARPOL 73/78）」，是國際海事組織針對海上  船舶因例行作業產生之故意性油類物質污染行為，並設法減少船舶因意外事故或操作疏失所形成之偶發性污染行為所制定之國際公約。

國際海事組織海洋環境保護委員會（MEPC）於 2016 年 10 月第 70 次會議通過之 MEPC.280（70）決議案，修訂「防止船舶污染國際公約（MARPOL）」附則 VI「防止船舶空氣污染規則」第 14.1.3 條之規定。為保護地球生態海洋環境，外籍船舶及航駛國際航線之船舶，進入國際商港區域，自西元 2020 年 1 月 1 日起應採用含硫量以重量計 0.5% 以下之低硫燃油或符合公約規定標準、減排方面所要求同等有效之任何器具、裝置及替代燃料。

[註9]　History of MARPOL
https://www.imo.org/en/KnowledgeCentre/ConferencesMeetings/Pages/Marpol.aspx
防止船舶污染國際公約
https://zh.wikipedia.org/zh-

三、航海人員訓練、發證及航行當值標準國際公約（STCW 78/95）

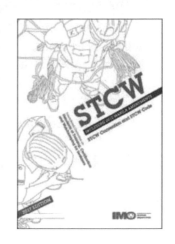

航海人員訓練、發證及航行當值標準國際公約[註10]（International Convention on Standards of Training, Certification and Watchkeeping for Seafarers, STCW），公約經過多次修正案後稱為「1978 年航海人員訓練、發證及航行當值標準國際公約及其修正案」（International Convention on Standards of Training, Certification and Watchkeeping for Seafarers, 1978, as amended）係聯合國國際海事組織針對 300 至 500 總噸位以上於近岸與遠洋國際航行的商船船員相關訓練、發證、資格及設置相關標準來規範。對於為各締約國政府，該國政府有義務達到或者超過本公約所設置航海人員訓練、發證及航行當值的最低標準。

2010 年 6 月，「航海人員訓練、發證及航行當值標準國際公約」修正案於菲律賓馬尼拉召開，針對「1978 年航海人員訓練、發證及航行當值標準國際公約及 1995 年修正案」原條目，增修並修訂其海事類職業適任能力、基本電機能力、機艙暨船橋資源管理、船舶保全能力及海員休息時數等各方面。並訂於 2012 年 1 月 1 日進入緩衝期（開始實施）、2017 年 1 月 1 日起開始硬性規定（正式生效）。

在 STCW 的執行中有一概念，STCW 白名單（White List）係指經 IMO 所屬海事安全委員會（MSC）確認合格的簽約國名單，該名單內的簽約國依 STCW 1995 修正案所簽發的船員證書可被其他簽約國接受。東京備忘錄組織（TOKYO MOU）2021 年公告 2020 年度各國船舶適航性管理績效，國輪在財團法人中國驗船中心及國籍航商業者共同努力下，連續 4 年都列入東京備忘錄「白名單」行列。

[註10] International Convention on Standards of Training, Certification and Watchkeeping for Seafarers, 1978
https://www.imo.org/en/OurWork/HumanElement/Pages/STCW-Convention.aspx
航海人員訓練、發證及航行當值標準國際公約
https://zh.wikipedia.org/zh-

海事勞工公約（Maritime Labour Convention, MLC）

2006年海事勞工公約在架構上分為三個層次，即本文（Articles）、規則（Regulations）、技術守則（Code），規則和守則在內容上分為五個標題（Titles）：
1. 海員上船的最低要求，最低年齡、體檢證書、培訓和資格、招募與安置。
2. 就業條件，就業協議、工資、工作及休息時間、休假權利、遣返、海難對船員賠償、技能訓練等。
3. 船上居住、娛樂設施、食物和膳食。
4. 健康保護、醫療、福利及社會保障，包括船上及岸上醫療、船東責任、健康保健及安全防護、岸上福利及社會保障。
5. 符合與執行，檢查與發證、港口國管制、船上及岸上投訴程序、船員供應國應盡義務。

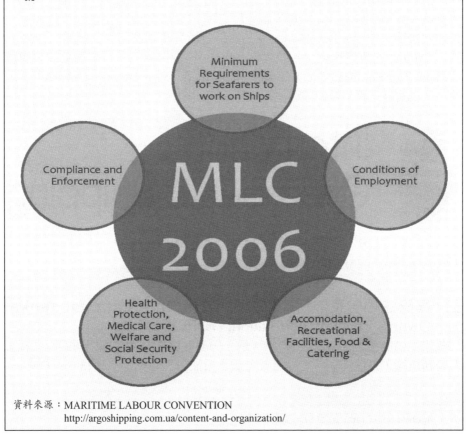

資料來源：MARITIME LABOUR CONVENTION
http://argoshipping.com.ua/content-and-organization/

Unit 4-4 航運公會

一、國際航運公會（International Chamber of Shipping, ICS）

國際航運公會[註11]於1921年在英國倫敦成立，它是由英美日等32個國家或地區的船東及營運者所組成的協會，32個會員所擁有的商船隊約占全世界的80%。ICS成立的目標是為保護協會所有成員的利益，就相互關切的技術、產業或商業等問題交流意見，透過協商達成一致性的協議共同合作。

ICS主要的業務為油輪、化學品船的運輸問題和國際航運事務、貿易程序的簡化、貨櫃和複合運輸、海上保險、海上安全等，制定一些技術和法律方面的政策，以便利航運業進行運輸業務。

ICS制定的各種決議可透過它的會員，影響各自國家的法規及政策，促使各國使用同一準則，增進海上運輸的發展。自1960年代國際海事組織（IMO）成立後，ICS即呼應IMO的各個發展議題，從原先海上安全的技術規範也延伸到法律、環境、保險議題，以及出版各項有產業實務的出版品，1961年成為IMO的非政府組織之技術顧問。2002年合併歐洲和日本船東協會會議（Council of European and Japanese Shipowners' Associations, CENSA），取代後代表對外就貿易及航運政策提出建言。

International
Chamber of Shipping

Shaping the Future of Shipping

二、國際油輪船東防污染聯合會（The International Tanker Owners Pollution Federation, ITOPF）

國際油輪船東防污染聯合會[註12]是一個處理海上石油洩漏問題的專業私人非營利組織，每個加入「油輪船東自願承擔油污責任協定」（Tanker Owners'

[註11] International Chamber of Shipping
https://www.ics-shipping.org/
[註12] The International Tanker Owners Pollution Federation
https://www.itopf.org/

Voluntary Agreement Concerning Liability for Oil Pollution, TOVALOP）的油輪船東或光船租船人都自動成為 ITOPF 的成員。

ITOPF 是 1968 年為管理 TOVALOP 而建立，總部設在英國倫敦，其任務包括對清除海上油污提供專業協助，進行損失評估、索賠分析、制定應變方案、提供諮詢、培訓及資訊服務等，TOVALOP 是世界油輪船東為賠償海上油污清除費用和賠償油污所造成的任何損失而簽訂的協定，儘管已經有了關於 1976 年海事索賠責任限制公約（IMO 制訂），但 TOVALOP 仍有很重要的作用。ITOPF 的作用是確保其成員有足夠的經濟擔保，並給該組織成員的船舶頒發證書。ITOPF 同時也對國際海事組織與國際油污損害賠償基金（International Oil Pollution Compensation Funds, IOPC Funds）[註13]就海上油污處理提供顧問意見。

三、國際獨立油輪船東協會（International Association of Independent Tanker Owner, INTERTANKO，簡稱ITOA）

國際獨立油輪船東協會[註14]是 1970 年在挪威奧斯陸由 10 個國家代表組成 INTERTANKO，它是非營利組織，原始成立的宗旨為會員提供交流意見場

所，促進自由競爭、維護獨立油輪船東利益。現在是為會員利益（油輪業）在國際、區域性的程度發聲，並支援全球能源網路的運送安全、效率、環境、陸上運輸服務、INTERTANKO 同時與國際驗船協會、船東互保協會（P&I Club）、美國海岸防衛隊、歐洲議會及相關石化品協會保持密切合作，它也是被認可的非政府組織（NGO），對聯合國際海事組織、貿易及發展委會議提供意見，協助政策的擬定。

[註13] International Oil Pollution Compensation Funds
https://www.iopcfunds.org/
[註14] International Association of Independent Tanker Owner
https://www.intertanko.com/About-Us/

船東互保協會（P&I Club）

船舶所有人的防護與補償保險（Protection and Indemnity）是船舶所有人將其船舶加入特定之船東責任互保協會，由其協會以相互保險（Mutual Insurance）基礎承保會員船東因所有及經營船舶依法對第三人應負賠償責任的補償。

P&I Insurance源於18世紀的英國船東為了避免船舶受損風險，相互保護提出的保險組織，針對一般保險所不包括內容，其功能是船東對第三者責任的保險，涉及的主要內容包括對乘客、船員個人損傷、貨物的損傷或滅失，與其他船或物體碰撞引起的賠償損失，世界主要海運國家大都有成立類似的船東互保俱樂部。

資料來源：What is P&I?
https://www.shipownersclub.com/what-is-pi/

第5章
海運業務

Unit 5-1 定期業務

現代海運營運業務可分為定期業務（Liner Service）與不定期業務（Tramp Service）兩種。定期業務是經營有固定船舶、固定航線、固定運價及固定港口碼頭，對大眾提供客貨運輸服務的海運業務。

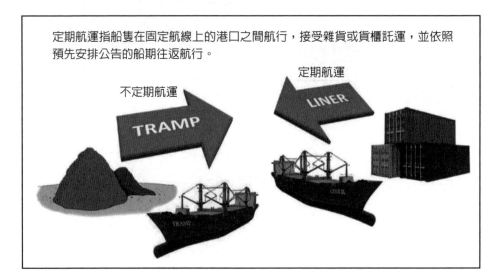

定期航運指船隻在固定航線上的港口之間航行，接受雜貨或貨櫃託運，並依照預先安排公告的船期往返航行。

一、定期業務其主要特徵

1. 定期航運之船舶多為經營者自有（Owner Carrier），或在業務繁忙時以光船租賃或論時傭船方式獲得船舶從事營運（Charter Owner），如什貨船、貨櫃船。
2. 定期航業具有公共運輸的特性，故又稱公共運送人（Common Carrier），需經常排定固定而規則的船期，並以公告、廣告方式公開招攬客貨，並通知貨主、貨運代理與旅行社等。
3. 定期船所運送貨物多為每筆量少且價值高之貨物，運送人多以集併貨方式收攬貨物，船公司在碼頭設貨物集散站進行預收貨物，以利船舶快速進行裝卸。
4. 定期船運送人與託運人或收貨人的權利義務關係，均以載貨證券（或稱提單 Bills of Lading）、當地習慣、國際及國內貨運法律規定為依據。
5. 運價表對外公開並送交航政機關核備，定期航業多參加運費同盟（Conference）以爭取高運價、航線航班安排、貨源分配之利益，亦要遵守同盟貨運規則之規定義務。

6. 定期業務爲便於管理船舶、控制船期、承攬客貨運業務，在一定航線之港口設立分支機構或長期性之代理行，以處理營運業務。

7. 定期航業係將同型船舶多艘配置在同一航線，連續不斷循環航行各港口，以便航線能在同一時間間隔有船舶到達承運客貨。

　　隨著貨櫃運輸的發展，定期航業又進一步分爲傳統的什貨船定期業務和貨櫃船定期業務，由於使用貨櫃船運輸具有快速效率高、單位包裝裝卸方便、使用機械化作業、方便與其他運輸方式連接，愈來愈多什貨以改用貨櫃來進行運送。

二、定期業務的種類及營運方式[註1]

1. 獨立航線（Independent Service）：船東以自有的船舶進行營運，有固定的航線及獨立的運價表，通常需要更多的船舶及停靠更多港口以爭取貨源。

2. 同盟航線（Conference Service）：是一群船東結合組成團體，共同壟斷營運一定的航線，會員彼此同意議決合作條件（運費、貨源分配等），但易遭受反壟斷法規限制。

3. 合作航線（Consortia Service）：貨櫃運輸興起後，船舶大型化造成營運成本增加，各船公司合資公司進行單一航線營運，另一種方式以艙位數（Slot）或標準櫃（TEU）爲單位，進行合作成員負擔的運送數量及獲得運費分配計算。

4. 航運聯盟（Alliance Service）：由於全球化商業環境，供應鏈關係及全球物流發展，不同船公司有不同經營哲學及區域優勢，船公司開進行購併進行整合型的運送服務，共同派船及使用港口專用碼頭，同時避免船噸供給過剩及過度運費削價競爭。

三、提供航線種類方式

1. 起訖航線（End to End Service）：兩地港口之間進行船舶固定對開的航線，如遠東到北美洲西岸港口。

2. 環球航線（Round The Word Service）：船舶經由蘇伊士及巴拿馬運河進行環繞全球固定港口而連續航行的航線。

3. 鐘擺航線（Pendulum Service）：由遠東區域出發向歐洲及北美港口再往復航行停靠港口作業的航線。

4. 樞紐港及集貨港航線（Hub & Spoke Service）：以幾個主要港口爲船舶停靠的集散作業中心，鄰近小型港口則做作爲貨物集貨及疏運的輔助港。

[註1]　Types of Liner Services
　　　　https://logisticallyyours.wordpress.com/2013/04/25/types-of-liner-services/

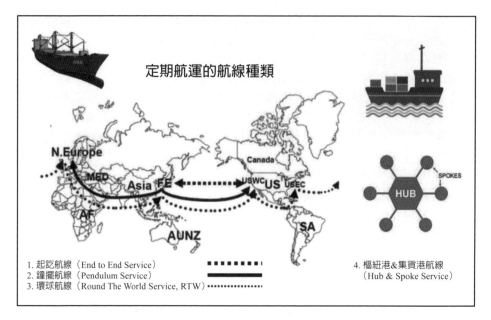

定期航運的航線種類

1. 起訖航線（End to End Service）
2. 鐘擺航線（Pendulum Service）
3. 環球航線（Round The World Service, RTW）
4. 樞紐港&集貨港航線（Hub & Spoke Service）

以往在同一航線往往同時有多家船公司經營定期業務，各船公司競爭激烈往往會以降低運價的方式來攬貨，為維護船公司本身的利益，通過在運價和其他經營活動簽訂協議而組成的壟斷性組織。19 世紀中葉在英國出現了由同一航線經營定期業務的船公司所組成的定期船同盟組織（Conference），以壟斷航線經營為目的。但隨著航運技術的進步、航運競爭的變革和進步，航運同盟組織以被新的競爭方式所取代，不同船公司所組成的聯盟（Alliance）、不同國籍船公司的合併與兼併，都取代以往航運同盟的角色。

2M

Ocean Alliance

THE Alliance

世界海運理事會（World Shipping Council, WSC）

世界海運理事會是由世界主要定期貨櫃航運公司所組成，我國長榮、陽明及萬海公司都是其中會員。其總部設在美國華盛頓，並在新加坡與比利時布魯塞爾設有辦事處，每家會員船公司的董事長都是理事會的當然委員。

歐盟的新反壟斷法在2008年10月18日生效，總部設在倫敦且有125年歷史的遠東定期船同盟（Far East Freight Conference, FEFC）壟斷控制歐洲至遠東航運運價的組織正式解體，由歐洲的定期船事務協會（European Liner Affairs Assocation, ELAA）取代，成為全球定期船公司的新代表組織，但ELAA不能議定價格，從此改變船公司的協商模式，2010年總部設在布魯賽爾的ELAA與總部設在華盛頓的世界海運理事會（WSC）合併，仍作為會員貨櫃海運運費和貨量的訊息交換場所。

資料來源：World Shipping Council
　　　　　https://www.worldshipping.org/

Unit 5-2 不定期業務

不定期業務是經營無固定船舶、航線、運價及港口碼頭的海運業務,其經營彈性大、有市場週期性風險。其主要特徵為:
1. 此種業務主要以專用散裝船為運送工具,船舶多以配合不同貨物運送而設計建造,如礦砂船、油輪、木材船等,大多以傭租船方式營運。

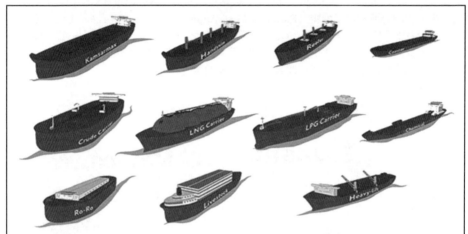

不定期業務多以傭租方式經營不固定航線,船舶為適應各式貨物種類而建造,以利進行大量的運送。

2. 所承運貨物有一定流向,有季節性且數量大,運送時間無急迫性、貨物價值對負擔運費能力較低,如煤鐵、穀物、肥料、原油等
3. 運價較定期船為低且不穩定,雙方在航運市場由經紀人(Broker)或代理人(Agent)從中協商促成。
4. 每筆貨物託運,均需另行洽商訂定特定契約,雙方權利義務是以簽訂運送契約為依據,有關港口、船舶、營運費用之負擔亦依據契約或雙方協議辦理,故又稱專約運送業務(Private Service)。
5. 船舶所停泊港口並不固定,多臨時委託代理行代辦船舶進出港、貨物裝卸、補給及修理等業務,不需設立攬貨人員、分支機構或長期代理行。
6. 不定期航運的運費極不穩定,隨世界貿易市場而波動,需有精確運價資訊、船舶調度及成本估算,就不同業務加以取捨。

不定期業務通常是透過租船方式(Chartering of Ship),以航次、定期等方式租用的船舶承運客貨為運輸經營方式,租船營運沒有固定的航線和停靠港,是根據貨源和貨主的要求,安排航線和安排進行貨物運送,故又稱為不定期船

運輸（Tramp Shipping）。

不定期船運輸，船舶的營運是根據船舶出租人和承租人雙方簽訂的租船契約來進行，一般從事特定貨物的運輸，船舶出租人提供船舶或運送貨物服務，船舶承租人按契約的協議租金率、運費率及租船時間或運送貨物數量支付租金或運費。

租用的船舶是根據租船人的需要而進行，大多是船舶噸位較大的專用散裝船，可分為液體貨船、乾散貨船、多用途兼用船。運送的貨物有原油、化學品、礦砂、農產品、原物料等，這些貨物在運輸速度和定期性運送要求不高。

一、不定期業務的租船運輸方式 [註2]

1. **論程傭船**（Voyage Charter）：為不定期業務最通用經營方式，船貨雙方經由媒介達成協議，它是根據船舶完成一定航程（航次）來租賃的，是租船市場上對運費水平的波動最為敏感的一種租船方式。一般可分為：按單航次、來回航次、連續單航次和連續來回航次等方式租賃船舶。船長及船員由船東派用，船東為運送人對於貨物運送照料需負法律責任。

2. **論時傭船**（Time Charter）：係指以船舶所有人（船東）在約定時間內以配置船員之船舶出租營利，在約定範圍自行選擇航線及貨運業務，按租期長短，以按日計算租金之方式出租船隻。船東為實際運送人對於貨物運送仍需負法律責任，船長必須經過船東授權同意才能代簽載貨證券（提單）。與光船租賃不同的部分為，論時傭船之運送責任由船舶所有人與傭船人共同承擔。

3. **光船傭船**（Demise Charter）：光船傭船契約又稱為光船租船（Bareboat Charter），係指船舶所有人與光船傭船人約定，於一定或不定期間內，僅將船舶本身（不包含船員）移轉由傭船人占有經營，在約定範圍自行選擇航線及貨運業務，而由傭船人支付租金的契約，船東僅保有船舶所有權，傭船人為實際運送人，對於貨物運送負法律責任，所有因航行及營運產生的船舶固定及變動費用由傭船人負擔。此種傭船契約本質上即屬於一種「船舶租賃」，而與一般的計時或計程傭船契約不同。

4. **租船經紀**（Chartering Brokerage）：指以船舶為商業活動對象而進行船舶買賣、租賃、市場訊息提供業務的人，主要業務是在市場上為貨主尋找合適的運輸船舶或為船東尋找貨運對象，以中間人身分使租船人和船東雙方達成租賃交易，從中賺取佣金。

[註2] Tramp ship

http://www.admiraltypractice.com/chapters/NS15.htm

二、光船傭船契約特性[註3]

　　光船傭船契約和一般所謂的論時或論程傭船契約在法律性質上有著很大的不同之點在於論時或論程傭船契約中，傭船人得以船舶之一部或全部於一定時間或一段航程內運送貨物。在這兩種傭船契約中，傭船人雖然可以自由指定船舶應該航行至何處，但船舶仍歸船舶所有人占有保管，且船舶上的船員和船長係由船舶所有人所雇用。然而在光船傭船契約中，船舶所有人將會把船舶移轉給傭船人占有保管，且其上的船員和船長必須由傭船人自己雇用之。也因為船舶已經移轉占有給光船傭船人，亦由其負經營保管之責，故若因駕駛或是其他管理不善而造成他人受有損害之時，亦應由光船傭船人（而非船舶所有人）負責，船舶所有人於光船傭船期間並不需要負擔任何費用與責任。

不同傭船方式之費用負擔對象

	論程傭船	論時傭船	光船傭船
燃料	船舶所有人	傭船人	傭船人
船員	船舶所有人	船舶所有人	傭船人
港口費用	船舶所有人	傭船人	傭船人
船舶管理費用	船舶所有人	船舶所有人	傭船人

[註3]　光船傭船契約
https://zh.wikipedia.org/zh-tw/

巴西淡水河谷公司（Vale S.A.）

巴西淡水河谷（葡萄牙語Vale S.A. , Vale，全稱：Companhia Vale do Rio Doce）成立於1942年，是一家巴西民營跨國公司，主營金屬冶煉和採礦業，並且是巴西最大的物流企業之一。淡水河谷是世界第二大礦業公司，是世界第一大鐵礦石生產和出口商，也是美洲大陸最大的採礦業公司，除經營鐵礦砂外，還經營錳礦砂、鋁礦、金礦等礦產品及紙漿、港口、鐵路和能源，是全球大宗散裝貨運出口的主要業務重點地區。

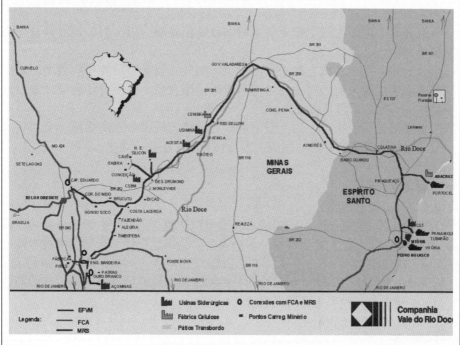

資料來源：Companhia Vale do Rio Doce
　　　　　http://www.vale.com/EN/Pages/Landing.aspx

Unit 5-3 投資經營型態

海運經營之投資型態為從事航運經營而籌集資本之方法，一般因航業所需資本龐大及天然風險較多，均以成立有限公司或股份有限公司組織方式進行募資來投資。依我國公司法的定義：「稱公司，謂以營利為目的，依照本法組織、登記、成立之社團法人」。

依我國「公司法」第2條規定：公司分為左列四種：

1. **無限公司**：指二人以上股東所組織，對公司債務負連帶無限清償責任之公司。
2. **有限公司**：由一人以上股東所組織，就其出資額為限，對公司負其責任之公司。
3. **兩合公司**：指一人以上無限責任股東，與一人以上有限責任股東所組織，其無限責任股東對公司債務負連帶無限清償責任；有限責任股東就其出資額為限，對公司負其責任之公司。
4. **股份有限公司**：指二人以上股東或政府、法人股東一人所組織，全部資本分為股份；股東就其所認股份，對公司負其責任之公司。

一、有限公司

公司設立（公司法規定）

有限公司由一人以上股東所組成。股東應以全體之同意訂立章程，簽名或蓋章，置於本公司，每人各執一份。各股東對於公司之責任，除第二項規定外，以其出資額為限。

股東濫用公司之法人地位，致公司負擔特定債務且清償顯有困難，其情節重大而有必要者，該股東應負清償之責。

公司章程應載明下列事項：

1. 公司名稱。
2. 所營事業。
3. 股東姓名或名稱。
4. 資本總額及各股東出資額。
5. 盈餘及虧損分派比例或標準。
6. 本公司所在地。
7. 董事人數。
8. 定有解散事由者，其事由。
9. 訂立章程之年、月、日。

二、股份有限公司

公司設立（公司法規定）

股份有限公司應有二人以上爲發起人。無行爲能力人、限制行爲能力人或受輔助宣告尚未撤銷之人，不得爲發起人。政府或法人均得爲發起人。但法人爲發起人者，以下列情形爲限：

1. 公司或有限合夥。
2. 以其自行研發之專門技術或智慧財產權作價投資之法人。
3. 經目的事業主管機關認屬與其創設目的相關而予核准之法人。

發起人應以全體之同意訂立章程，載明下列各款事項，並簽名或蓋章：

1. 公司名稱。
2. 所營事業。
3. 採行票面金額股者，股份總數及每股金額；採行無票面金額股者，股份總數。
4. 本公司所在地。
5. 董事及監察人之人數及任期。
6. 訂立章程之年、月、日。

下列各款事項，非經載明於章程者，不生效力：

1. 分公司之設立。
2. 解散之事由。
3. 特別股之種類及其權利義務。
4. 發起人所得受之特別利益及受益者之姓名。

前項第四款發起人所得受之特別利益，股東會得修改或撤銷之。但不得侵及發起人既得之利益。

三、船舶共有制

一般船公司採取公司組織方式，另一種方式爲獨資或若干人以「共有」（Parts-Owner, Co-Owner）方式投資，仍以股份有限公司名義組成，較少對外發行股票、公開上市。所謂「共有」是二人以上互約以其所分別共有之船舶，共同經營航業之契約，係物權法上分別共有與債務法上合夥關係所結合的一種海運特殊經營方式[註4]。

我國海商法對船舶的定義：「本法稱船舶者，謂在海上航行，或在與海相通

[註4] 陳敏生，《航業經營》，文笙書局，臺北，民國 86 年。

之水面或水中航行之船舶」。

第 6 條：船舶除本法有特別規定外，適用民法關於動產之規定。

第 11 條：共有船舶之處分及其他與共有人共同利益有關之事項，應以共有人過半數並其應有部分之價值合計過半數之同意爲之。

第 12 條：船舶共有人有出賣其應有部分時，其他共有人，得以同一價格儘先承買。因船舶共有權一部分之出賣，致該船舶喪失中華民國國籍時，應得共有人全體之同意。

第 13 條：船舶共有人，以其應有部分供抵押時，應得其他共有人過半數之同意。

第 14 條：船舶共有人，對於利用船舶所生之債務，就其應有部分，負比例分擔之責。共有人對於發生債務之管理行爲，曾經拒絕同意者，關於此項債務，得委棄其應有部分於他共有人而免其責任。

第 16 條：共有關係，不因共有人中一人之死亡、破產或受監護宣告而終止。

第 17 條：船舶共有人，應選任共有船舶經理人，經營其業務，共有船舶經理人之選任，應以共有人過半數，並其應有部分之價值合計過半數之同意爲之。

第 18 條：共有船舶經理人關於船舶之營運，在訴訟上或訴訟外代表共有人。

船舶登記法

第 3 條：船舶關於左列權利之保存、設定、移轉、變更、限制、處分或消滅，均應登記：一、所有權。二、抵押權。三、租賃權。

第 14 條：登記權利人不止一人時，申請書內應載明各人應有部分。

第 42 條：船舶經理人變更之登記，由原登記人申請之。

共同派船（Vessel Sharing Agreement, VSA）

共同派船（VSA）方式是定期航運公司進行營運策略聯盟的方式之一，兩家定期航運公司在某一特定航線上協議共同派船航行，雙方所安排的船舶數量、順位並不須對等，雙方所承攬的貨櫃亦可透過艙位互換（Slot Exchange）方式共同運送，可提供貨主更多航行班次的選擇，船公司可提高艙位使用率、避免發生各公司的運費惡性競爭。

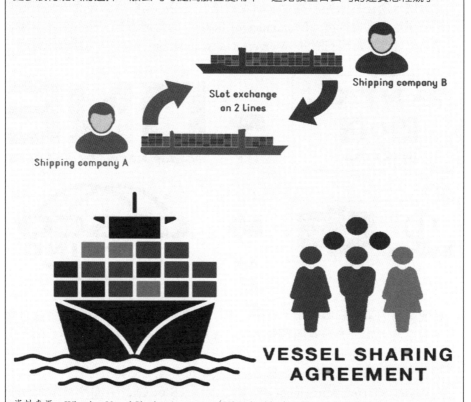

資料來源：What is a Vessel Sharing Agreement（VSA) in shipping..??
https://www.shippingandfreightresource.com/what-is-a-vessel-sharing-agreement-vsa-in-shipping/

Unit 5-4 海運發展趨勢

　　現代航業因造船技術進步、運送裝卸方法之改進、全球化經濟發展、地球溫室效應等，經營方法與觀念已發生急劇變化，航業經營須配合以免被市場淘汰。

1. **航業合併擴大規模經濟**：現代的商船因自動化、高速化、大型化、專業化之發展，所需投入船舶資金、船隊數量已非中小型航運公司能負荷，迫使船公司走向規模經濟（Economies of Scale）的營運方式，船公司除本國的業務整合外，跨國的購併（Mergers and Acquisitions, M&A）也陸續的進行。

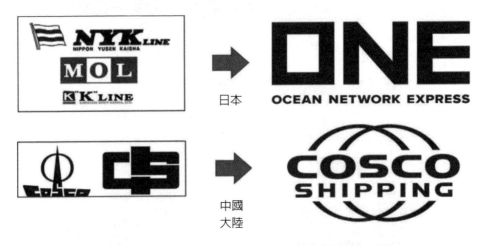

2. **航運業務的策略聯盟合作**：貨櫃航商以策略聯盟進行聯營時，除考量有利本身之決策外，亦需兼顧聯營伙伴之決策，以取得相互間之損益平衡。由於聯營雙方航商提供之貨源及船舶不盡相同，故聯營航線規劃之結果，取決各方對停靠港之選擇、航線之排程與艙位分配之協議。方式有共同派船（Vessel Sharing Agreement）、艙位互租（Slot Chartering）、艙位互換（Slot Exchange）、艙位租用等。

3. **一貫作業化單位包裝運輸**：航運作業是介於海陸運輸交接之處，近代更有延伸至海鐵聯運、海空聯運等複合運輸模式，爲降低搬運時間減少貨損，於是有棧板化（Palletization）、貨櫃化（Containerization）等貨物單位包裝方式出現，現代強調自動化及智慧化的作業，配合資訊及通訊技術的應用，會更強化其供應鏈連結關係。

4. **航運業務的多角化經營**：爲配合國際物流的需要，以及強化在對貨主的服務關係，航運企業亦如同其他企業經營，趨向多角化經營。除本業的貨物運送外，拖車、貨櫃（物）集散站、貨櫃租賃及修理、碼頭裝卸、倉儲報關、資訊服務、教育訓練等。

 高明貨櫃碼頭股份有限公司

 駿明交通運輸股份有限公司

 HONG MING TERMINAL & STEVEDORING CORP. 鴻明船舶貨物裝卸承攬股份有限公司

 LOGISTICS CORP. 好好國際物流股份有限公司

 LIBERAL LOGISTICS CORP 好好立和國際物流股份有限公司

YANG MING
陽明海運

5. **船舶環境保護及永續發展**：近年國際海事組織及歐盟對地球暖化導致的海洋環境破壞，訂定法規及管制政策，除了防止船舶海難事故對海洋環境的破壞，也擴大管制以減少船舶在航行及港口作業的污染排放，從船舶設計建造、使用維護、拆解報廢，強調資源的循環使用，各項作業中對空氣、海洋水質的污染排管制，以保護生態環境及善盡企業社會責任的永續發展。

貨櫃航運業的重大購併事件（2014～2017）

2014年：漢堡南方航運（Hamburg Süd）接管智利航運（CCNI），德國賀伯羅德
　　　　（Hapag-Lloyd）購併南美輪船（CSAV）
2015年：新加坡東方海皇／美國總統輪船公司（NOL/APL）將APL貨櫃部門賣給法國
　　　　達飛海運（CMA CGM）
2016年：中海集團（China Shipping）和中遠集團（Cosco）合併成中國遠洋海運集團
　　　　（China Cosco Shipping Group）
2016年：德國賀伯羅德（Hapag-Lloyd）和阿拉伯聯合海運（UASC）合併
2016年：日本郵船（NYK Line）、商船三井（MOL）、川崎汽船（K-Line）合併成日
　　　　本海洋網聯船務（Ocean Network Express, ONE）
2017年：南韓的韓進海運（Hanjin）倒閉
2017年：馬士基航運（Maersk Line）接管漢堡南方航運（Hamburg-Sud）
2017年：中遠集團（COSCO）購併香港東方海外（OOCL）

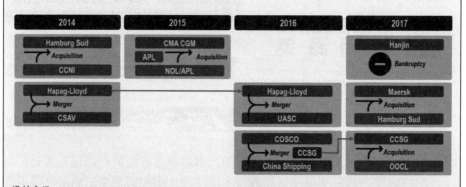

資料來源：Mergers and Acquisitions in the Container Shipping Industry since 2014
　　　　　https://porteconomicsmanagement.org/pemp/contents/part1/ports-and-container-shipping/
　　　　　mergers-acquisitions-container-shipping-industry/

第6章
海運法規

Unit 6-1　航業法

我國「航業法」於民國 70 年 6 月 3 日總統令制定公布全文 70 條，最近修改條文是中華民國 103 年 1 月 22 日總統華總一義字第 10300009371 號令增訂公布第 60-1 條條文，「行政院海岸巡防署」之權責事項，自 107 年 4 月 28 日起改由「海洋委員會」管轄。

航業法計分為六章（總則；船舶運送業之管理；船務代理業、海運承攬運送業之管理；貨櫃集散站經營業之管理；罰則；附則）共 61 條文，其中第二章船舶運送業之管理，又分為船舶運送業、外國籍船舶運送業、國際聯營組織及國際航運協議共三節。

一、主要修訂條文

立法宗旨為健全航業制度，促進航業發展，繁榮國家經濟，特制定本法（第 1 條）。本法之主管機關為交通部；航業之業務由航政機關辦理之（第 2 條）。

第 3 條本法所用名詞，定義如下：

1. **航業（Shipping Industry）**：指以船舶運送、船務代理、海運承攬運送、貨櫃集散站經營等為營業之事業。
2. **船舶運送業（Vessel Carrier）**：指以總噸位二十以上之動力船舶，或總噸位五十以上之非動力船舶從事客貨運送而受報酬為營業之事業。
3. **船務代理業（Shipping Agency）**：指受船舶運送業或其他有權委託人之委託，在約定授權範圍內，以委託人名義代為處理船舶客貨運送及其有關業務而受報酬為營業之事業。

> ※ 84 年增訂，船務代理業接受業務委託之對象，除船舶運送業外，有時尚包括船舶所有人、傭船人、船長、船務總代理或法院指定代管等情形，為求定義周延，爰將原第三款「船務代理業」之定義中增加「或其他有權委託人之委託」等字，以符實際。

4. **海運承攬運送業（Freight Forwarder）**：指以自己之名義，為他人之計算，使船舶運送業運送貨物而受報酬為營業之事業。
5. **貨櫃集散站經營業（Container Terminal Operator）**：指提供貨櫃、櫃裝貨物集散之場地及設備，以貨櫃、櫃裝貨物集散而受報酬為營業之事業。
6. **航線（Sailing Route）**：指以船舶經營客貨運送所航行之路線。
7. **國內航線（Domestic Route）**：指以船舶航行於本國港口間或特定水域內，經營客貨運送之路線。

> ※ 102 年定義增列「或特定水域內」等字，以符航運實務已有客船業者經營
> 內陸水道、湖泊及水庫等水域內之情形。

8. **國際航線**（International Route）：指以船舶航行於本國港口與外國港口間
   或外國港口間，經營客貨運送之路線。
9. **固定航線**（Liner Service）：指利用船舶航行於港口間或特定水域內，具有
   固定航班，經營客貨運送之路線。
10. **國際聯營組織**（International Joint Service Organization）：指船舶運送業
    間，就其國際航線之經營，協商運費、票價、運量、租傭艙位或其他與該
    航線經營有關事項之國際常設組織或非常設之聯盟。

> ※ 102 年修訂為因應國際聯營組織之多樣化發展趨勢，「海運聯營」簽署之
> 型態有以正式協議，並設有秘書處處理日常事務者，亦有以協會、論壇
> 取代海運同盟之名稱者，其中又以「運能或運價穩定同盟」（Capacity/
> Rate Stabilization）「討論或對話協議」（Talking Agreement）、「航運組
> 合」（Consortia）或「策略及全球聯盟」（Strategic/Global Alliance）為
> 最主要的類型。

11. **國際航運協議**（International Shipping Protocol）：指國際聯營組織為規範
    營運者間之相互關係、運送作業、收費、聯運及配貨等事項而訂立之約定。
12. **私人武裝保全人員**（Privately Contracted Armed Security Personnel）：指經
    營中華民國籍船舶之船舶運送業所僱用外國籍私人海事保全公司提供持有
    或使用槍砲、彈藥、刀械之人員。

> ※ 102 年增訂為依國際實務，規範經營國際航線之船舶運送業者間所簽訂之
> 契約、協議或其他方式之合意事項。

　　非中華民國船舶，不得在中華民國各港口間運送客貨。但經主管機關特許
者，不在此限（第 4 條是以保障我國船舶航行權益）。航業所有之資產及其運
送之物品，非依法律，不得檢查、徵用或扣押（第 5 條參照鐵路、公路、電信
各法之規定擬訂，以保障航運事業所有之資產及其運送物品免受非法侵害）。
小船從事客貨運送或其他業務，不適用本法之規定（第 6 條小船指船舶法定義
總噸位未滿五十之非動力船舶，或總噸位未滿二十之動力船舶）。

※102 年修正本款是參照國際海事組織海事安全委員會 1405 號通告修正版，增訂第十二款有關私人武裝保全人員之定義。

　　第 11 條：船舶運送業建造船舶，應就資金籌措、船舶規範、營運計畫等事項，報請航政機關備查。
　　第 12 條：船舶運送業自國外購買現成船，其船齡不得超過允許輸入之年限，並應於購買前擬具購船營運計畫書，申請航政機關核轉主管機關核定。

※102 年修訂，爲使船舶運送業能永續及謹慎經營，其對於建造船舶所需資金籌措、船舶規範、營運計畫等事項應自行詳加評估，航政機關則應就航運秩序之維護及航行安全之維持詳加評估。

※102 年修訂，爲鼓勵船舶運送業者購買船齡低之船舶，強化國輪船隊服務品質及維護船舶航行安全，其自國外購買現成船之船齡除應符合相關年限之規定外，並應擬具購船營運計畫書。

　　第 14 條：船舶運送業應依主管機關所定保險金額，投保營運人責任保險。船舶運送業經營旅客運送者，應依主管機關所定保險金額爲旅客投保傷害保險。

※102 年修訂，爲使船舶運送業者確實負起經營風險之責任，爰比照一般許可行業，於第一項增訂業者須依規定保險金額投保營運人責任保險，以保障交易安全。另依海商法第 81 條規定應將「保險金額載入客票，視同契約，其保險費包括於票價內」，故此傷害保險之要保人爲旅客而非船舶運送業。實務上，旅客購買客票與船舶運送業訂立運送契約時，即視爲同意授權業者以其名義簽訂人身保險契約，本條第二項規定經營旅客運送業者，除須投保營運人責任保險外，須另爲旅客投保傷害保險，且本項旨在保障旅客權益，業者不得主張已爲旅客投保傷害保險，而取代營運人責任保險。

　　第 21 條：船舶運送業因託運人之請求簽發裝船載貨證券，應於貨物裝船後為之，不得於載貨證券上虛列裝船日期。

> ※ 102 年修訂，船舶運送業如因船期等因素不及裝載貨物，託運人得請求其簽發裝船載貨證券為運送契約之佐證文件，並於貨物裝船後由船舶運送業者簽署正式之載貨證券。

　　第 41 條：海運承攬運送業除船舶運送業兼營者外，不得光船承租船舶，運送其所承攬貨物。

二、航業法相關規定

1. 「船舶運送業投保營運人責任保險及旅客傷害保險辦法」，本辦法依航業法第 14 條第 5 項規定訂定之。

> ※ 102 年修訂，海運承攬運送業得以論程及論時傭船方式，運送其所承攬之貨物，惟「光船租賃」因涉及「船舶運送業」營運業務之範疇，需具有「船舶運送業」資格。

2. 「船舶運送業聯營監督辦法」，本辦法依航業法第 15 條第 2 項規定訂定之。其中第 2 條：「本辦法所稱船舶運送業聯營組織，係指從事國內固定航線之船舶運送業間就該航線之運費、票價、運量、座位及排班等事項訂立聯營組織章程或協議書成立之組織」。

3. 「指定船舶運送業經營特定航線客貨運送補償及監督辦法」，本辦法依航業法第 16 條第 2 項規定訂定之。其中第 2 條：「臺灣與離島間、離島間之航空運送或臺灣各港口間之鐵公路運送，因天災或其他不可抗力因素，造成中斷，無法立即恢復，且無船舶運送業經營固定航線者，航政機關得視當地需求，報請主管機關指定船舶運送業經營特定航線。船舶運送業經營特定航線所生營運損失之補償條件、範圍、方式及監督考核等事項，由航政機關辦理之。第一項船舶運送業之指定，主管機關得委任航政機關辦理」。

4. 「船舶運送業管理規則」，本規則依「航業法」第 27 條及第 33 條之規定訂定之。
   第 4 條：新設立之船舶運送業實收資本額，不得低於下列規定：
   一、建造新船者，為足以支付建造新船總造價百分之十。
   二、購買現船者，為足以支付購買現成船總價百分之二十。
   第 17-3 條：「船舶運送業經營旅客運送，應採取適當措施，確保乘客無障

礙搭乘。但縱採取適當措施，特定乘客仍有危害健康或航行安全之虞，船舶運送業者得限制其搭乘。為維護航行安全及乘客安寧，乘客不得攜帶或放置武器及危險物品於行李中，違者船舶運送業者得拒絕其登船。但負有特殊任務必須攜帶武器之人員，應依規定由所屬單位主管出具證明文件，並由攜帶人自動請求查驗」。

5. 「**中華民國籍船舶於受海盜或非法武力威脅高風險海域僱用私人武裝保全人員辦法**」，本辦法依航業法第 27-1 條第 5 項規定訂定之。

6. 「**船務代理業管理規則**」，本規則依「航業法」第 43 條第 1 項規定訂定之。其中第 2 條：「經營船務代理業之公司中英文名稱，專營者得標明船務代理字樣，其後兼營其他業務，得不變更名稱。但其兼營之其他業務，不得使用與船舶運送業及海運承攬運送業相同名稱」。

   第 18 條 船務代理業經營業務如下：

   一、簽發客票或載貨證券，並得代收票款或運費。

   二、簽訂租船契約，並得代收租金。

   三、攬載客貨。

   四、辦理各項航政、商港手續。

   五、照料船舶、船員、旅客或貨物，並辦理船舶檢修事項。

   六、協助處理貨物理賠及受託有關法律或仲裁事項。

   七、辦理船舶建造、買賣、租傭、交船、接船及協助處理各種海事案件。

   八、處理其他經主管機關核定之有關委託船務代理事項。

   船務代理業所經營之代理業務，應以委託人名義為之，並以約定之範圍為限。

7. 「**海運承攬運送業管理規則**」，本規則依「航業法」第 43 條第 2 項規定訂定之。其中第 2 條：「經營海運承攬運送業之公司中英文名稱不得使用與船舶運送業、船務代理業及其他海運承攬運送業相同名稱」。

8. 「**貨櫃集散站經營業管理規則**」，本規則依「航業法第 48 條」規定訂定之。其中第 2 條：「貨櫃集散站經營業經營業務為貨櫃、櫃裝貨物之儲存、裝櫃、拆櫃、裝車、卸車及貨櫃貨物之集中、分散。

   貨櫃集散站經營業得兼營下列業務：

   一、進口、出口、轉口與保稅倉庫。

   二、其他經主管機關核准與貨櫃集散站有關之業務」。

   第 3 條　貨櫃集散站經營業，依其場站所在位置分類如下：

   一、港口貨櫃集散站：係設於港區範圍內之貨櫃集散站。

   二、內陸貨櫃集散站：係設於港區以外內陸地區之貨櫃集散站。

國內航業相關公會

中華民國輪船商業同業公會全國聯合會,簡稱全國船聯會,於民國36年7月3日在上海成立,為全國性商業團體之一。民國39年5月經香港播遷來臺,由部分理監事繼續行使職權,民國67年2月24日召開了來臺後首次會員代表大會,並補選缺額理監事,來共同推行會務。

資料來源:1. 中華民國輪船商業同業公會全國聯合會,http://www.nacs.org.tw/
　　　　　2. 台北市輪船商業同業公會全國聯合會,http://www.csaot.org.tw/01.html

Unit 6-2　船舶法

　　我國「船舶法」於中華民國 19 年 12 月 4 日國民政府制定公布全文 43 條；並自 20 年 7 月 1 日施行，最近修正爲中華民國 107 年 11 月 28 日總統華總一經字第 10700129031 號令修正公布。

　　船舶法計分十一章（通則；船舶國籍證書；船舶檢查；船舶丈量；船舶載重線；客船；遊艇；小船；驗船機構及驗船師；罰則；附則）共 120 條文。

一、主要修訂條文

　　爲確保船舶航行及人命安全，落實船舶國籍證書、檢查、丈量、載重線及設備之管理，特制定本法（第 1 條）。本法之主管機關爲交通部，其業務由航政機關辦理（第 2 條）。

　　第 3 條 本法用詞，定義如下：

1. **船舶**（Ship）：指裝載人員或貨物在水面或水中且可移動之水上載具，包含客船、貨船、漁船、特種用途船、遊艇及小船。

> ※ 107 年增訂，爲因應船舶管理實務之需要，明確船舶分類，爰增訂第一款船舶定義，包含客船、貨船、漁船、特種用途船、遊艇及小船，並按船舶種類分別明定其定義。並於第九款至第十四款新增載客小船、乘員、乘客、特種人員、豁免及等效之定義，俾利實務執行。

2. **客船**（Passenger Ship）：指非小船且乘客定額超過十二人，主要以運送乘客爲目的之船舶。
3. **貨船**（Cargo Ship）：指非客船或小船，以載運貨物爲目的之船舶。
4. **特種用途船**（Vessel of Special Purpose）：指從事特定任務之船舶。

> ※ 107 年修訂，第四款所稱特種用途船，包括研究船、訓練船、水產加工船、拖船、救難船、起重船、布纜船、勘測船、潛水支援船及布管船等。

5. **遊艇**（Yacht）：指專供娛樂，不以從事客、貨運送或漁業爲目的，以機械爲主動力或輔助動力之船舶。
6. **自用遊艇**（Private Yacht）：指專供船舶所有人自用或無償借予他人從事娛樂活動之遊艇。
7. **非自用遊艇**（Non-private Yacht）：指整船出租或以其他有償方式提供可得特定之人，從事娛樂活動之遊艇。

> ※107年修訂，非自用遊艇為非供船舶所有人專用之遊艇，一般包含整船出租或俱樂部型態兩種經營模式，整船出租係由法人所擁有，提供承租人進行遊艇娛樂活動，至俱樂部型態意指採招收會員制之經營方式，考量現行條文所稱俱樂部型態未臻明確，故修正為以其他有償方式提供可得特定之人，俾與客船及載客小船主要以運送不特定第三人之乘客有所區別。

8. **小船**（Small Ship）：指總噸位未滿五十之非動力船舶，或總噸位未滿二十之動力船舶。
9. **載客小船**（Passenger Small Ship）：指主要以運送乘客為目的之小船。
10. **乘員**（Member Capacity）：指船上全部搭載之人員。
11. **乘客**（Passenger）：指下列以外在船上之人員：
    (1)船長、駕駛、引水人及其他受僱用由船長或駕駛指揮服務於船上之人員。
    (2)船長或駕駛有義務救助之遇難人員。
    (3)非法上船之人員。
    (4)在船上執行公權力或公務之人員。
    (5)非以載客營利為目的，經航政機關核准上船之船東代表、船舶維修、檢驗、押貨等人員或離島地區非提供載客用途船舶之附搭人員。
    (6)特種人員。
12. **特種人員**（Special Personnel）：指在特種用途船上執行與該船舶有關之特種人員，不包括乘客、船員及執行公權力之海岸巡防機關人員。

> ※107年修訂，是特種人員定義，主要係配合第四款之特種用途船。特種人員係指該等船舶因特殊作業任務所需要之特別人員，不包括船舶正常航行、操縱和維護，或提供乘客服務需求之人員及乘客。另因特種用途船之船舶構造及設備應依特種人員人數分級規劃，超過六十人部分需符合客船規定。

13. **豁免**（Exemption）：指船舶因特殊情況，主管機關或航政機關於符合安全條件或措施下，得免除適用本法之規定。
14. **等效**（Equivalent）：指主管機關或航政機關得准許船舶採用經試驗或其他方法確定性能之材料、裝具、設備或零組件等，其功效應與相關規定要求程度同等有效。

第 25 條　船舶有下列情形之一者，其所有人應向船舶所在地航政機關申請施行特別檢查：

一、新船建造。

二、自國外輸入。

三、船身經修改或換裝推進機器。

四、變更使用目的或型式。

五、特別檢查有效期間屆滿。

船舶經特別檢查合格後，航政機關應核發或換發船舶檢查證書，其有效期間以五年為限。但客船、貨船船齡超過二十年者，核發、換發船舶檢查證書之有效期間不得超過二年。

※107 年修訂，參考我國於港口國管制東京備忘錄（Tokyo MOU）列入「高風險船舶」之平均船齡約為二十點二九年，另日韓等亞洲鄰近國家加強船舶檢查之船齡規定為二十年，爰擇定以二十年作為加強管理之門檻。為強化船齡屆滿二十年之船舶安全管理，爰於第二項增訂船舶船齡超過二十年者，核發、換發船舶檢查證書頻率之但書規定，以增進客船、貨船航行安全。

第 30 條　適用國際公約之船舶，應依各項國際公約之規定施行檢查，並具備公約規定之證書。客、貨船船齡超過二十年者，應於相關國際公約證書有效期間內執行第二或第三週年相當期日，施行等同於換發證書之檢查。

※107 年修訂，為強化船舶安全管理，爰於第二項增訂客、貨船船齡屆滿二十年者，應提升檢查強度之規定，此處所指國際公約包括海上人命安全國際公約及載重線國際公約等規定。參考我國於港口國管制東京備忘錄（Tokyo MOU）列入「高風險船舶」之平均船齡約為二十點二九年，另日韓等亞洲鄰近國家加強船舶檢查之船齡規定為二十年，爰擇定以二十年作為加強管理之門檻。

第 30-1 條　下列船舶之所有人或承擔其安全營運與防止污染管理責任之機構，應於生效日起建立安全營運與防止污染管理制度，並取得航政機關核發之評鑑合格證書：

一、總噸位一百以上或乘客定額超過一百五十人以上之客船。

二、總噸位五百以上之貨船。

三、其他經主管機關公告適用之船舶。

前項規定所稱生效日，於第一款及第二款規定之船舶，為本法中華民國 107

年 11 月 6 日修正之條文施行日起一年；第三款規定之船舶，爲主管機關公告後一年。

安全營運與防止污染管理制度之內容、評鑑、豁免及等效、證書之申請、核發、補發、換發、註銷、撤銷或繳銷、評鑑費、證書費之收取、證書有效期間及其他應遵行事項之規則，由主管機關定之。

船舶具備主管機關委託之驗船機構核發國際船舶安全管理章程評鑑合格證明文件者，視爲已依前項所定規則之評鑑合格，免再發相關證書。

> ※ 107 年增訂，依據海上人命安全國際公約安全管理章程（ISM Code），並參酌鄰近國家對於國內航線船舶安全管理制度、國內航商之特性，建立船舶安全營運與防止污染管理制度，以符合國際海事組織法律文件履行章程（III Code）之精神，爰增訂第一項規定。

考量部分特種用途船（如研究船及訓練船）有建立安全管理制度之必要性，屆時將就其船舶適航條件，由主管機關檢討納入本條適用船舶之範圍另行公告之，爰增訂第一項第三款規定。

配合第一項規定船舶所有人或承擔其安全營運與防止污染管理責任之機構，應於「生效日」起建立安全營運與防止污染管理制度，爰於第二項明定生效日之涵義，以資明確。

國際海事組織（IMO）資料顯示人爲因素占海難原因超過百分之八十之比例，因此，國際海事組織在 1993 年 11 月通過 ISM Code，強制會員國遵行，以降低人爲因素造成之海難事故。

參考過去大型海事事故（如世越號、歌詩達協和號等）船難主因係船員人爲疏失，本條「安全營運與防止污染管理制度」與前述 ISM Code 接軌，可防範不適用國際公約船舶之人爲失誤，加強船舶航行安全，減少海難發生。

爲使安全營運與防止污染管理制度之推動順利，航政機關已擬定「船舶安全營運與防止污染管理（NSM）制度規劃與推動方案」，就本案之推動時程、權責分工、教育訓練、輔導業整等事項提出具體規劃方案，先推出輔導計畫，逐步推行，並於第三項授權主管機關訂定安全營運與防止污染管理制度應遵行事項之規則。

第四項明定船舶具備主管機關委託之驗船機構核發之國際船舶安全管理章程評鑑合格證明文件，視爲取得評鑑合格之規定。

第 57 條　貨船應由船舶所有人或船長向航政機關申請檢查合格，取得貨船搭客證書後，始得兼搭載乘客；其乘客定額、乘客房艙、貨船搭客證書核發、換（補）發、註銷、撤銷或繳銷、檢查、收費與管理及其他應遵行事項之規則，由主管機關定之。

> ※ 107 年修訂，依據海上人命安全國際公約規定，「客船」指載運乘客超過
> 十二人之船舶，而「貨船」指不屬於客船之任何船舶，「貨船」載運乘
> 客未超過十二人無須額外申請檢查，惟我國因部分離島地區交通不便，
> 爲規範緊急醫療或家人陪同運送大體等情形時，爰明定貨船應經檢查合
> 格，取得證書後，始得兼載乘客。

二、船舶法相關規定

1. 「**船舶標誌設置規則**」，本規則依「船舶法」第 10 條第 4 項規定訂定。第 2 條：「中華民國船舶應具備下列各款標誌：
   一、船名。
   二、船籍港名或小船註冊地名。
   三、船舶號數或小船編號。
   四、載重線標誌及吃水尺度。但依本法第 51 條所定規則、第 60 條及第 80 條第 1 項但書規定，免勘劃載重線或吃水尺度者，不在此限。
   五、法令所規定之其他標誌」。

2. 「**船舶國籍證書核發規則**」，本規則依船舶法第 22 條規定訂定。第 2 條：「中華民國船舶應由船舶所有人向航政機關爲所有權之登記，並申請核發船舶國籍證書」。

3. 「**船舶檢查規則**」，本規則依船舶法第 23 條第 4 項及第 33 條第 3 項規定訂定之。第 3 條：「船舶應分別施行特別檢查、定期檢查、臨時檢查。航行國際航線適用國際公約規定之船舶應依海上人命安全國際公約、防止船舶污染國際公約、船舶有害防污系統管制國際公約、海上避碰規則國際公約、海事勞工公約、特種用途船舶安全章程及其議定書、修正案規定施行檢查」。

4. 「**船舶設備規則**」，本規則依船舶法第 24 條規定訂定之。第 2 條：「船舶之設備及其屬具，除高速船、遊艇及小船外，依本規則規定」。
   第 5 條 本規則所稱各種航線之定義如左：
   一、**國際航線**：指船舶航行於我國港口與外國港口間，或外國各港口間之航線，而不屬於短程國際航線者。
   二、**短程國際航線**：指船舶航行於某一國際航線上，其距離可供乘客與船員安全著陸之港口或地點不逾二百浬；自離開本國發航港至外國目的港或自外國發航港至本國目的港，或兩外國目的港間，其距離不逾六百浬者。
   三、**外海航線**：指船舶航行於本國外海、沿海或附屬島嶼間之航線，而不屬於沿海航線者。
   四、**沿海航線**：指船舶航行於本國沿海或附屬島嶼間之航線，其距離海岸

不逾三十浬者。

五、**內水航線**：指船舶航行於本國江河湖泊以及其他內陸水道或港區內之航線，而不屬於短程內水航線者。

六、**短程內水航線**：指船舶航行於某一核定之內水航線上，其航程自最初發航港至最後目的港不逾一百浬者。

5.「**船舶安全營運與防止污染管理規則**」，本規則依船舶法第 30-1 條第 3 項規定訂定之。

第 2 條 本規則用詞，定義如下：

一、**安全營運及防止污染管理制度**：指安全管理機構為確保船舶航行、人命安全及防止船舶污染所施行之組織化及文件化制度。

二、**安全管理機構**：指船舶所有人或承擔其安全營運與防止污染管理責任之法人組織。

三、**符合證書**：指安全管理機構依安全管理制度運作，經航政機關評鑑合格後，所核發之證書。

四、**船舶安全管理證書**：指安全管理機構及船舶依安全管理制度運作，經航政機關評鑑合格後，所核發予船舶之證書。

五、**週年日**：指符合證書及船舶安全管理證書屆滿期限相當期日。

6.「**船舶散裝固體貨物裝載規則**」，本規則依船舶法第 33 條第 3 項規定訂定之。第 2 條：「本規則適用於裝載大量散裝固體貨物在海上航行之貨船」。

7.「**化學液體船構造與設備規則**」，本規則依船舶法第 33 條第 3 項規定訂定之。

8.「**液化氣體船構造與設備規則**」，本規則依船舶法第 33 條第 3 項規定訂定之。

9.「**船舶危險品裝載規則**」，本規則依船舶法第 34 條第 2 項規定訂定之。第 2 條：「船舶除遊艇及小船外，其危險品之裝卸及載運應依本規則規定。航行國際航線船舶之分類、識別、聯合國規格包裝物、包裝規則、標記、標示、標牌、運輸文件、儲存隔離、裝卸處理、緊急應變、運具設施、人員訓練管理、通報及保安，應符合國際海運危險品章程及其修正案、防止船舶污染國際公約附錄三防止海上載運包裝型式有害物質污染規則及其修正案規定」。

10.「**船舶防火構造規則**」，本規則依船舶法第 35 條規定訂定之。第 3 條：「船舶之防火構造除遊艇、小船及高速船外，依本規則規定。國際水域之船舶並應依海上人命安全國際公約、2008 年特種用途船舶安全章程、耐火試驗程序國際章程、消防安全系統國際章程及其修正案、相關條約或協定之規定」。

11.「**船舶艙區劃分規則**」，本規則依船舶法第 36 條規定訂定。

12.「**水翼船管理規則**」，本規則依船舶法第 37 條規定訂定。第 2 條：本規則

用詞，釋義如左：

一、**水翼船**：指裝設有水翼，航行時可賴水翼所產生之提昇力，使船身自水面昇起而行駛之特種船舶。

二、**水翼客船**：指搭載乘客超過十二人之水翼船。

三、**水翼非客船**：指不屬於水翼客船之其他水翼船。

四、**靠泊站**：指水翼船在正常航行情況下所停靠之任一港口碼頭。

五、**避難站**：指在緊急情況下，水翼船得以靠泊供乘客船員安全登陸，並可將其疏運至安全地點之處所。

13.「**氣墊船管理規則**」，本規則依船舶法第 37 條規定訂定。第 2 條：本規則用詞釋義如下：

一、**氣墊船**：指利用船艇內連續不斷鼓風所形成之空氣墊，對其下方水面所產生有效反作用力，使船身自水面昇起，藉噴氣、空氣螺槳、水下螺槳或其他經航政機關認可之推進方式在水面航行之特種船舶。該船舶以一個或數個空氣墊自水面昇起航行或駐停時，應至少能支持其本身滿載負荷百分之七十五之重量。

二、**氣墊客船**：指搭載乘客超過十二人之氣墊船。

三、**氣墊非客船**：指不屬於氣墊客船之其他氣墊船。

四、**靠泊站**：指氣墊船在正常營運情況下所停靠之任一港口、碼頭、海灘、登陸斜道或其他地點。但不包括緊急情況下所停泊之處所。

14.「**高速船管理規則**」，本規則依船舶法第 37 條規定訂定。第 2 條：「高速船指依高速船安全國際章程及其修正案設計、建造，且船舶航行時最大船速在參點柒乘以設計水線時排水體積（立方公尺）之零點一六六七次方以上，以每秒公尺計（公尺／秒）之船舶」。

15.「**船舶丈量規則**」，本規則依船舶法第 44 條規定訂定。

16.「**船舶載重線勘劃規則**」，本規則依船舶法第 51 條規定訂定之。第 3 條：「船舶載重線爲船舶最高吃水線，船舶航行時，其載重不得超過該線」。

17.「**客船管理規則**」，本規則依船舶法第 56 條規定訂定之。第 2 條：「本規則所稱客船，指非小船且乘客定額超過十二人之船舶」。

18.「**貨船搭客管理規則**」，本規則依船舶法第 57 條規定訂定。第 3 條：「總噸位一百五十以上貨船始得兼搭載乘客；貨船兼搭載乘客不得超過十二人；全船人數不得超過貨船搭客證書記載之安全設備可容載人數」。

19.「**遊艇管理規則**」，本規則依船舶法第 71 條第 2 項規定訂定。第 2 條：本規則用詞，定義如下：

一、**動力帆船**：指以風力爲主要推進動力，並以機械爲輔助動力之遊艇。

二、**整船出租之遊艇**：指遊艇業者所擁有，提供具備遊艇駕駛資格之承租人進行遊艇娛樂活動之遊艇。

三、**驗證機構**：指財團法人中國驗船中心及其他具備遊艇適航性認證能力

且經主管機關認可並公告之國內外機構。

20.「**驗船師執業證書核發規則**」，本規則依船舶法第 88 條規定訂定。

21.「**小船管理規則**」，本規則依船舶法第 83 條第 1 項規定訂定。第 2 條：「本規則所稱小船，指總噸位未滿五十之非動力船舶，或總噸位未滿二十之動力船舶。非動力船舶裝有可移動之推進機械者，視同動力船舶」。

22.「**小船檢查丈量規則**」，本規則依船舶法第 83 條第 2 項規定訂定。

23.「**海事評議規則**」，本規則依船舶法第 101-1 條第 6 項規定訂定之。第 2 條：「海事（Maritime Accident）：指船舶沉沒、碰撞、觸礁或其他意外事故」。

 財團法人中國驗船中心

鑒於船舶檢驗與航行安全息息相關，世界各航運大國均設立本國驗船機構以執行船舶之嚴格檢驗，我航運業、保險業及造船業各界有識之士，為求航業蓬勃發展，幾經磋商籌劃，始於民國40年2月15日在臺北市成立「中國驗船協會」，簡稱CR。復於民國67年7月1日接受民間捐助，改組並更名為「財團法人中國驗船中心」。民國103年5月2日，為提供更完整之服務，調整英文名稱為CR Classification Society。

該中心為一民間純技術性，不以營利為目的之服務事業機構，其目標為提供優良之技術、高度之效率與熱忱之服務。組織型態及工作內涵，一如世界各大驗船機構，其服務工作據點遍及世界各重要港口，為船東、造船廠及機材製造廠商提供最便捷之服務。目前入級船舶近四百一十五艘約五百萬總噸。

資料來源：財團法人中國驗船中心
https://www.crclass.org/

Unit 6-3 船員法

我國「船員法」是中華民國88年6月23三日總統（88）華總（一）義字第8800142 720號令制定公布全文93條；並自公布日起施行，最近修正條文是中華民國110年4月28日總統華總一義字第11000038721號令修正公布。

船員法計分八章（總則；船員之資格、執業與培訓；船員僱用；勞動條件與福利；船長；航行安全與海難處理（遊艇與動力小船之駕駛及助手）；罰則；附則）共93條文。

一、主要修訂條文

船員法是為保障船員權益，維護船員身心健康，加強船員培訓及調和勞雇關係，促進航業發展；並加強遊艇駕駛與動力小船駕駛之培訓及管理，以推動遊艇活動發展，特制定本法（第1條）。

第2條　本法用詞，定義如下：

1. **船舶**（Ship）：指在水面或水中供航行之船舶。
2. **遊艇**（Yacht）：指專供娛樂，不以從事客、貨運送或漁業為目的，以機械為主動力或輔助動力之船舶。
3. **動力小船**（Power-driven Small Ship）：指裝有機械用以航行，且總噸位未滿二十之動力船舶。
4. **雇用人**（Employer）：指船舶所有權人及其他有權僱用船員之人。

> ※本法第2條第4款所稱其他有權僱用船員之人，指下列人員：
> 一、受船舶所有權人委託經營、操作船舶之人。
> 二、以光船出租等方式取得船舶使用權之人。
> 三、代理船舶所有權人與船員簽訂僱傭契約之人。

5. **船員**（Seafarer）：指船長及海員。
6. **船長**（Master）：指受雇用人僱用，主管船舶一切事務之人員。
7. **海員**（Seaman）：指受雇用人僱用，由船長指揮服務於船舶上之人員。
8. **甲級船員**（Officer）：指持有主管機關核發適任證書之航行員、輪機員、船舶電信人員及其他經主管機關認可之船員。
9. **乙級船員**（Rating）：指甲級船員以外經主管機關認可之船員。
10. **實習生**（Cadet）：指上船實習甲級船員職務之人員。
11. **見習生**（Trainee）：指上船見習乙級船員職務之人員。
12. **薪資**（Wage）：指船員於正常工作時間內所獲得之報酬。

13. 津貼（Allowance）：指船員薪資以外之航行補貼、固定加班費及其他名義之經常性給付。
14. 薪津（Wages and Allowances）：包括薪資及津貼，薪資應占薪津總數額百分之五十以上。
15. 特別獎金（Special Bonuses）：包括特別工作而獲得之報酬、非固定加班費、年終獎金及因雇用人營運上獲利而發給之獎金。
16. 平均薪資（Average Wage）：指船員在船最後三個月薪資總額除以三所得之數額；工作未滿三個月者，以工作期間所得薪資總額除以工作期間總日數，乘以三十所得之數額。
17. 平均薪津（Average Wage and Allowance）：指船員在船最後三個月薪資及津貼總額除以三所得之數額；工作未滿三個月者，以工作期間所得薪資及津貼總額除以工作期間總日數，乘以三十所得之數額。
18. 遊艇駕駛（Yacht Master）：指駕駛遊艇之人員。
19. 動力小船駕駛（Power-driven Small Ship Master）：指駕駛動力小船之人員。
20. 助手（Assistant）：指隨船協助遊艇或動力小船駕駛處理相關事務之人員。

第 5 條　船員應年滿十六歲。船長應為中華民國國民。

第 6 條　船員資格應符合航海人員訓練、發證及當值標準國際公約與其他各項國際公約規定，並經航海人員考試及格或船員訓練檢覈合格。

> ※本法第 6 條第 1 項所稱航海人員訓練、發證及當值標準國際公約與其他各項國際公約，指經國際海事組織公布生效之 1978 年航海人員訓練、發證及當值標準國際公約、2006 年海事勞工公約、1974 年海上人命安全國際公約、防止船舶污染國際公約及其相關附則、附錄、修正案、決議案、議定書等文件。

外國人申請在中華民國籍船舶擔任船員之資格，亦同。前項船員訓練、檢覈、證書核發之申請、廢止、外國人之受訓人數比率與其他相關事項辦法，由主管機關定之。違反槍砲彈藥刀械管制條例、懲治走私條例或毒品危害防制條例之罪，經判決有期徒刑六個月以上確定者，不得擔任船員。

第 8 條　船員應經體格檢查合格，並依規定領有船員服務手冊，始得在船上服務。

已在船上服務之船員，應接受定期健康檢查；經檢查不合格或拒不接受檢查者，不得在船上服務。前項船員健康檢查費用，由雇用人負擔。船員體格檢查及健康檢查，應由符合規定條件之醫療機構或本事業單位所設置醫療單位為之；其檢查紀錄應予保存。

　　船員體格檢查、健康檢查及醫療機構應符合之條件等相關事項之辦法，由主管機關會同中央勞動及衛生福利主管機關定之。

　　第 12 條 雇用人僱用船員，應簽訂書面僱傭契約，送請航政機關備查後，受僱船員始得在船上服務。僱傭契約終止時，亦同。

　　第 17 條 雇用人應訂定船員工作守則，報請航政機關備查。船員應遵守雇用人在其業務監督範圍內所為之指示。

　　第 18 條 上級船員就其監督範圍內所發命令，下級船員有服從之義務。但有意見時，得陳述之。船員非經許可，不得擅自離船。

　　第 26 條 船員之報酬包含薪津及特別獎金。雇用人不得預扣船員報酬作為賠償費用。

※船舶於海上航行，或因天候因素、機械故障、損壞或因管理上的疏失，造成船體機器等發生毀損、須施救或沉沒事件或與他船碰撞之海上事故。雇用人面臨之船舶營運風險，應視實際經營情形以及風險大小，以保險之方式承擔風險。為避免雇用人以船員疏失，造成船舶或營運之損失等為由，預扣船員報酬作為賠償費用，影響船員生計，爰參照勞動基準法第 26 條之體例增訂第二項。

　　第 29 條 雇用人僱用懷孕中或分娩後未滿八週之女性船員在船工作，應參採醫師綜合評估其體格檢查結果之建議，並提供必要之母性健康保護措施。女性船員在船舶航行中判明懷孕，應由雇用人提供必要之母性健康保護措施後，從事較輕便及對航行安全有必要之工作；雇用人不得減少其原本得領受之各項報酬。

※一、基於聯合國 1979 年消除對婦女一切形式歧視公約（以下簡稱
　　CEDAW 公約）第 11 條第 1 點 f 款有關婦女「在工作條件方面享有
　　健康和安全保障，包括保障生育機能的權利」，並考量海運業實務
　　特殊性及潛在危險性，修正原條文第一項規定雇用人僱用懷孕中或
　　分娩後未滿 8 週之女性船員，除依本法第 8 條規定應經體格檢查合
　　格外，尚須參採醫師綜合評估其體格檢查結果之建議及提供適當之
　　保護措施，始得在船工作，以落實母性保護精神及兼顧女性工作權。
　二、女性船員倘於航行中懷孕，參照勞動基準法第 51 條及船員法施行細
　　則第 7 條規定，修正原條文第二項規定，規範雇用人提供必要之母
　　性健康防護措施後，改調懷孕女性船員從事較輕便及對航行安全有
　　必要之工作，且雇用人不得減少其原本得領受之各項報酬。

　　第 31 條　雇用人不得使未滿 18 歲之船員從事有危險性或有害性之工作。雇
用人使有下列情形之一之女性船員，從事有危險性或有害性之工作，應經醫師
適性評估建議，並提供必要之健康及安全防護措施：
　一、懷孕中。
　二、分娩後一年以內。
　　前項危險性或有害性工作之認定標準，由主管機關定之。
　　雇用人應將女性船員因懷孕、分娩或其他因素自行離開職場之人數及比率等
相關統計資料，按月報請航政機關備查。
　　第 42 條　船員非因執行職務而受傷或患病已逾 16 週者，雇用人得停止醫療
費用之負擔。

※依 MLC 2006 公約標準 A4.2.2 規定，修正延長雇用人得停止醫療費用之
　負擔之期限至 16 週。

　　第 58 條　船舶之指揮，由船長負責；船長為執行職務，有命令與管理在船海
員及在船上其他人員之權。船長為維護船舶安全，保障他人生命或身體，對於
船上可能發生之危害，得為必要處置。
　　第 73 條　船舶有急迫危險時，船長應盡力採取必要之措施，救助人命、船舶
及貨載。
　　船長在航行中不論遇何危險，非經諮詢各重要海員之意見，不得放棄船
舶。但船長有最後決定權。放棄船舶時，船長應盡力將旅客、海員、船舶文
書、郵件、金錢及貴重物救出。船長違反第一項、第二項規定者，就自己所採
措施負其責任。

第 75 條 船長於不甚危害船舶、海員、旅客之範圍內，對於淹沒或其他危難之人，應盡力救助。

第 75-1 條 遊艇及動力小船駕駛須年滿 18 歲，其最高年齡，除本法另有規定者外，不受限制。營業用動力小船駕駛之最高年齡不得超過 65 歲。但合於體格檢查標準且於最近一年內未有違反航行安全而受處分紀錄者，得延長至年滿 68 歲止。助手須年滿 16 歲，最高年齡不受限制。但營業用動力小船駕駛之年齡超過 65 歲者，其助手年齡不得超過 65 歲。

第 87 條 船員隨船前往戰區，應依船員之意願，並簽同意書；其危險津貼、保險、傷害、失能及死亡給付，由勞雇有關組織協議，報經航政機關核定後實施。船員隨船前往受海盜或非法武力威脅高風險海域，倘雇用人未依航業法規定僱用私人武裝保全人員，應告知船員並依其意願。

二、船員法相關規定

1. 「**船員訓練檢覈及申請核發證書辦法**」，本辦法依船員法第 6 條第 2 項規定訂定之。
2. 「**船員體格健康檢查及醫療機構指定辦法**」，本辦法依船員法第 8 條第 5 項規定訂定之。船員應依本辦法在上船服務前接受體格檢查，在上船服務後接受定期健康檢查。雇用人不得僱用未檢具依本辦法所定體格（健康）檢查證明書（如附表）證明其體格適於船上工作之船員。船員體格檢查發現其體格不適於從事船上工作時，不得僱用。船員經健康檢查發現其健康非因執行職務而致傷病，不能適應原有工作者，雇用人得予資遣。
3. 「**船員訓練專業機構管理規則**」，本規則依船員法第 10-1 條第 1 項規定訂定。本規則所稱專業機構，指經航政機關委託辦理船員各項訓練之國內船員訓練機構。前項專業機構應具備以下資格：
   一、符合航海人員訓練發證及當值標準國際公約之認證資格。
   二、通過國際標準組織品質管理標準系統 ISO9001 品質標準之認證資格。
4. 「**外國雇用人僱用中華民國船員許可辦法**」，本辦法依船員法第 25 條規定訂定之。外國雇用人申請僱用中華民國船員，依本辦法規定辦理。
5. 「**外國籍船員僱用許可及管理規則**」，本規則依船員法第 25-1 條規定訂定之。本規則稱外國籍船員，指受船舶所有人或船舶營運人僱用之非中華民國籍海員。外國籍船員之資格、職責、管理及獎懲，本規則未規定者，比照本國籍船員依有關法令辦理。
6. 「**船員服務規則**」，本規則依船員法第 25-2 條規定訂定之。本規則所稱國外擅自離船船員，指船員在國外無故棄職離船或逾假不返者。船員應持有航政機關核發之船員服務手冊。
7. 「**船員薪資岸薪及加班費最低標準**」，本標準依船員法第 27 條第 1 項規定訂定之。本標準所用名詞定義如下：

一、薪資：指船員於正常工作時間內所獲得之報酬。

二、岸薪：指船員於簽訂僱傭契約後，在岸上等候派船及雇用人選派船員參加訓練或考試期間，雇用人應發給之薪資。

三、加班費：指船員每週工作總時數超過 44 小時，雇用人應依超過之時數加發給該船員相對之報酬。

8.「未滿十八歲及女性船員從事危險性或有害性工作認定標準」，本標準係依船員法第 31 條第 2 項之規定訂定之。本標準所稱危險性或有害性係指船員從事作業活動及其他職業上原因所引起之船員疾病、傷害、殘廢或死亡。

9.「航行船舶船員最低安全配置標準」，本標準依船員法第 70-1 條第 2 項規定訂定之。船舶船員員額配置，依本標準規定辦理，本標準未規定者，依其他相關法令辦理。軍事建制之艦艇、海岸巡防機關之艦艇及漁船，不適用本標準。

10.「遊艇與動力小船駕駛管理規則」，本規則依船員法第 75-6 條規定訂定之。本規則用詞定義如下：

一、遊艇駕駛執照：指駕駛遊艇之許可憑證。

二、自用動力小船駕駛執照：指駕駛自用動力小船之許可憑證。

三、營業用動力小船駕駛執照：指駕駛營業用動力小船之許可憑證。

四、一等遊艇駕駛：指持有一等遊艇駕駛執照，駕駛全長二十四公尺以上遊艇之人員。

五、二等遊艇駕駛：指持有二等遊艇駕駛執照，駕駛全長未滿二十四公尺遊艇之人員。

六、營業用動力小船駕駛：指持有營業用動力小船駕駛執照，以從事客貨運送而受報酬為營業之動力小船駕駛。

七、二等遊艇與自用動力小船駕駛學習證：指遊艇與動力小船學習駕駛之許可憑證。

八、遊艇與動力小船駕駛訓練機構：指經主管機關許可之遊艇與動力小船駕駛訓練機構。

11.「船員申請許可核發證照收費標準」，本標準依船員法第 91 條規定訂定之。依船員法申請許可、核發證照之審查費、證照費依本標準規定辦理。本標準未規定者，依其他相關法規規定辦理。

12.「船員法施行細則」，本細則依船員法第 92 條規定訂定之。

國內相關公會

中華民國船長公會

前身為「中華民國船長協會」。船長協會於民國47年4月27日正式成立。後續經爭取並經內政部核可更名,中華民國船長公會於民國50年7月8日正武成立。

中華海員總工會

第二次世界大戰結束,才正式在上海成立並召開第一屆全國會員代表大會。復播遷至臺灣,且於38年12月5日宣告復會,撤銷原臺灣分會之名稱,另改設基隆、高雄兩個分會,重建服務架構,進而清查會籍、改選全國會員代表大會。

資料來源:1. 中華民國船長公會,http://www.mastermariner.org.tw/index.php
　　　　　2. 中華海員總工會,http://www.ncsu.org.tw/aboutus1.php

第7章
定期航運業務

Unit 7-1 定期航運概述

定期航運（Liner Shipping or Liner Service）是指由定期進行海運運輸企業依事先制定的船期表，在選定安排的航線上以既定的彎靠港順序，進行各港之間的客貨運輸，一般的討論專指貨船營運業務。傳統的定期航運是以什雜貨為運輸對象，貨物的種類及包裝形式不一，港口的裝卸效率不高，今日隨貨櫃運輸的興起，以及結合複合運輸方式，定期航運經營也以貨櫃船營運為絕大多數。

「固定」是定期航運的基本營運特點，其固定的船期、固定的航線、固定的彎靠港及一段時期相對固定的運價。我國「航業法」第 19 條規定：「船舶運送業刊登招攬客貨廣告，應載明公司名稱、船名、航行港口及船舶運送業許可證字號；其經營固定航線者，並應載明航線及船期」。同法第 22 條規定：「船舶運送業經營固定航線之客、貨運價表，應報請航政機關備查，並以電信網路、新聞紙或雜誌等公開方式公開其運價資訊；經營固定客運航線者，應另於營業處所公開其運價資訊」。貨主可以根據船公司公布的船期表及運費表來確定其商業合約的運輸時間。

定期航運另一個特性是服務的「公共性」，「航業法」第 25 條規定：「為維護國家安全，增進公共利益，促進航業發展及維持航運秩序之需要，主管機關得採取必要之措施或通知船舶運送業採取必要之配合措施」。定期航運服務的對象是多數非特定對象的貨主，託運的貨量不是很大，在運輸契的談判往往權責是不對等，可能影響國際貿易的發展，因此在國內法規及國際貨物運輸公約等，會規定運送人的最低應盡義務。

定期航運的分類依運送貨物的種類可分為：

1. 雜貨定期航運：定期航運是以雜貨運輸開始發展，運送的貨物以什雜貨為主，還可以運送一些重件貨、散貨等特殊貨物，港口裝卸效率較差，較容易耽誤船期。

2. 貨櫃定期航運：是以貨櫃為運輸單元的定期運輸方式，從 20 世紀 50 年代自美國開始海運貨櫃運輸模式，由於裝卸快速且方便、機械作業程度高，便於與其他運輸工具銜接，目前大多是貨櫃定期運輸。

定期航運的發展趨勢[註1]

1. **以自有船到控制船的轉變**：在船舶運能方面，從自購營運船舶到控制船舶運能方向轉變，如果完全依靠發展自有船隊來規模大型化和船齡年輕化，需要耗費大量資金及時間，透過航線聯營、共同派船、艙位互租或互換等方式，科增加營運的彈性。
2. **兼併與重組的興起**：為了削減成本和提高服務品質，進行大規模的業務聯營與公司兼併，產生航業集團和大型跨國公司。其中航運公司的聯營就是順應船舶大型化的趨勢，在提供全球服務的範圍，透過艙位的互租協議、碼頭共用等方式，將各航線運能合理最大化使用，又降低營運成本。

> **※航業法第 35 條**
> 船舶運送業在中華民國經營業務，有簽訂國際航運協議者，應將國際航運協議之名稱、內容及會員名錄，申請航政機關核轉主管機關認可。國際航運協議變更時，亦同。
> 國際航運協議以協商運費、票價為其內容者，其運價表應由前項協議簽訂者之一代為申請航政機關備查。
> 前項運價表應容許船舶運送業自由決定其運費、票價。

3. **船舶大型化趨勢**：20 世紀 90 年代以來，為因應全球化經濟發展需要，船舶大型化成為定期航運貨櫃船運能大幅提升的推力，船公司為了提升效率及降低成本，紛紛引進超大型貨櫃船隊，也提高中小型船公司的經營門檻及困境。
4. **單一海上運輸走向全程物流**：定期航運在全球化趨勢的推動下，貨主對運送人的服務要求愈來愈高，服務的競爭也愈激烈，定期航運公司的角色也從單一海上運輸向綜合物流發展，為了招攬客戶也由船公司自行成立專業的物流公司。現在衡量定期航運公司的主要指標不僅是船舶總運能，也包括其綜合物流處理能力。

[註1]　殷明、王學鋒，《班輪運輸理論與實務》，上海交通大學出版社，上海，2011 年。

世界第一個定期航運公司

美國的黑球航運公司（Black Ball Line）是公認定其航運史上第一家定期航運公司，1817年10月下旬在紐約各報刊都刊登該公司在紐約與英國利物浦之間進行定期航行的廣告，被認為是最早的船期表。黑球航運公司在1818年1月1日開始以四艘貨船正式營運此一航線，正式展開世界上首次定期航運的業務。

資料來源：Black Ball Line (trans-Atlantic packet)
　　　　　https://en.wikipedia.org/wiki/Black_Ball_Line_(trans-Atlantic_packet)

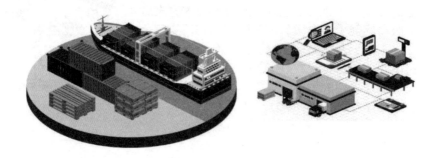

有「詞」一說

【定期船（Liner）】：以貨櫃船、客船為主，航行固定航線及彎靠港口，並固定於發航前對外公告船期表招攬客貨，船公司大多以自有船舶營運，以運送貨櫃貨、什雜貨為主。

【不定期船（Tramp）】：以各式貨船為主，無固定航線、無固定船期表，船東以出租船舶給運送人收取租金，運送人進行承攬貨物運送以收取運費為報酬，運送貨物主要是以乾散貨、雜貨、液體貨為主。

Unit 7-2 航線與船期表

海上航線是船舶根據不同水域、潮流、港灣、風向及水深等自然和社會經濟、政治條件，為達到最大營運效益所選定的航行路線。

一、海上航線的形成因素[註2]

1. **航線的安全性**：首先要考慮到自然條件，暗礁、風向、潮汐及水深，關係到船舶及客貨安全，這是首要考慮因素。
2. **貨源的穩定性**：航線上的貨源是否充足及，來回貨運量是否平衡，貨物的種類及發展趨勢、航運市場供需及競爭情勢。

3. **港口條件**：指航線兩端及沿途港口位置、氣候、港灣水域條件、作業設施、內陸運輸條件，以及船舶補給充足等。
4. **技術因素**：航線要符合最經濟、最合理、最迅速的原則，可以縮短航行距離、節省時間與燃料。
5. **沿途國家的法令、政策、關稅**：沿途國家、港口的關務法令、經濟發展及航運政策等對航線的形成和選擇產生影響，航線能否產生收益是會影響航運業的決策。

我國「航業法」第 3 條對航線的定義：

1. **航線**：指以船舶經營客貨運送所航行之路線。
2. **國內航線**：指以船舶航行於本國港口間或特定水域內，經營客貨運送之路線。
3. **國際航線**：指以船舶航行於本國港口與外國港口間或外國港口間，經營客貨運送之路線。
4. **固定航線**：指利用船舶航行於港口間或特定水域內，具有固定航班，經營客貨運送之路線。

另「客船管理規則」第 6～7 條及 9～11 條對航線的定義為：

第 6 條　本規則所稱**國際航線**（International Route），指船舶航行於我國港口與外國港間，或外國各港口間之航線，而不屬於短程國際航線者。

第 7 條　本規則所稱**短程國際航線**（Shorter International Route），指船舶航行於某一國際航線上，其距離可供乘客與船員安全著陸之港口或地點不逾二百浬；自離開本國發航港至外國目的港，或自外國發航港至本國目的港，或兩外國目的港間，其距離不逾六百浬者。

[註2]　張良衛、王學鋒，《國際海運》，中國商務出版社，北京，2007 年。

第 9 條　本規則所稱**外海航線**（Outer Sea Route），指船舶航行於本國外海、或附屬島嶼間之航線，而不屬於沿海航線者。

第 10 條　本規則所稱**沿海航線**（Coastal Route），指船舶航行於本國沿海或附屬島嶼間之航線上，其距離海岸不逾三十浬者。

第 11 條　本規則所稱**內水航線**（Inland Route），指船舶航行於本國江河湖泊以及其他內陸水道或港區內之航線。

二、定期航運船期表

船期表（Liner Schedule）是定期航運公司營運的一項重要工作，調派的船舶都是按照預先公布的船期來營運，投入的船舶通常設備較新也較航行快速，能準時將貨物運送至目的地。船期表可以提供貨物承攬業延攬航線上各處貨物，也能與競爭者服務品質有所區別，可以在船舶預定到港時間（Estimated Time of Arrival, ETA）和預訂離港時間（Estimated Time of Departure, ETD）的間隔上，進行貨物承攬及港口裝卸作業的安排。船期表主要內容包括航線、船名、航次編號、出發港、彎靠港及終點港，到達及離開各港的時間，其他有關注意事項（如貨物結關時間、交提貨碼頭地點等），通常船期表訊息會公告在船公司網站或刊登在報刊雜誌的廣告頁，如國內的中華日報、台灣新生報航運版、航貿週刊等。

三、國內有關船期之法規規定

1. 航業法第 13 條
   船舶運送業經營固定航線，應依登記之航線及船期表，從事客貨運送。
2. 航業法第 19 條
   船舶運送業刊登招攬客貨廣告，應載明公司名稱、船名、航行港口及船舶運送業許可證字號；其經營固定航線者，並應載明航線及船期。

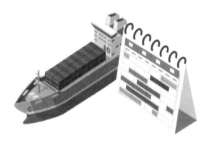

3. 船務代理業管理規則第 16 條
   船務代理業代理之委託人經營固定航線或增加行駛固定航線，應檢附運價表及最近一個月以上之船期表，申請航政機關辦理登記。
4. 船舶運送業管理規則第 12 條
   經營固定航線之船舶運送業，應於營運前填具申請書並檢附營運計畫、船舶國籍證書及船期表等向航政機關辦理航線登記。

高明貨櫃碼頭股份有限公司Long Term 船期查詢

〈資料顯示〉

〈分頁(Pages)〉〉〉 第一頁(First) 前一頁(Prev) 下一頁(Next) 末頁(Last) 頁次(Pages): 1/2頁 25筆/頁 共30筆(Total)

VSL_NAME	COMMON_VOY	REGISTRATION	SERVICE_LANE	ETB	ETD	ATB	ATD	BERTH
YM WARMTH	029E / 029E	10UCT3	EC4 / EC4	2021-10-24 22:00	2021-10-26 04:00	2021-10-24 22:40	2021-10-26 11:42	P109
DONG FANG SHUN	1790J / 1790W	10XBC1	FDR / FDR	2021-10-26 08:30	2021-10-26 13:00	2021-10-26 06:15	2021-10-26 12:40	P108
DONG FANG XING	1000X / 1010W	10XB06	FDR / FDR	2021-10-26 11:00	2021-10-26 18:00	2021-10-26 10:40		P108
YM CREDIBILITY	284N / 284S	10UCVD	TSE / TSE	2021-10-26 16:30	2021-10-27 03:00			P109
YM CREDIBILITY	036N / 040S	10UCWI	TPE / TPE	2021-10-26 19:00	2021-10-27 04:00			P111
YM SUCCESS	159S / 159S	10UCWQ	CAT / CAT	2021-10-27 00:00	2021-10-28 01:00			P108
HYUNDAI RESPECT	028N / 027E	10UCAM	KC1 / KC1	2021-10-27 05:00	2021-10-27 06:00			P110
UNI-ACTIVE	0510-662N / 0511-663S	10XB03	KCS / KCS	2021-10-27 06:00	2021-10-27 12:00			P111
HONG KONG EXPRESS	035E / 035E	10UCWY	FE3 / FE3	2021-10-27 08:00	2021-10-28 08:00			P109
TOKYO TOWER	0131-047N / 0131-047N	10XBS3	JCH / JCH	2021-10-27 14:00	2021-10-27 20:00			P111
YM WORLD	032E / 032E	10UCXF	MD3 / MD3	2021-10-28 11:00	2021-10-29 03:00			P109
YM INITIATIVE	285S / 285S	10UCUE	TSE / TSE	2021-10-28 12:00	2021-10-28 22:00			P108
COSCO SHIPPING AQUARIUS	011W / 018E	10UCSK	PVCS / PVCS	2021-10-28 23:00	2021-10-30 11:00			P108
YM UPSURGENCE	049E / 049E	10UCSK	PS4 / PS4	2021-10-29 10:00	2021-10-29 20:00			P108
AFIF	018E / 019W	10UCWA	MD2 / MD2	2021-10-29 15:00	2021-10-30 12:00			P109
YM WEALTH	158N / 158N	10UCXL	CAT / CAT	2021-10-29 23:00	2021-10-30 15:00			P108
YM INTELLIGENT	184S / 185N	10UCYM	TCX / TCX	2021-10-30 13:00	2021-10-30 20:00			P111
EVER LEGACY	0078-049E / 0078-049E	10XBAJ	TPA / TPA	2021-10-30 17:00	2021-11-01 06:00			P108
LINAH	019E / 020W	10UCYA	MD2 / MD2	2021-10-30 19:00	2021-10-31 15:00			P109
APL SANTIAGO	0GX27E1WA / 0GX27E1WA	10UCYL	GGB / GGB	2021-10-30 19:00	2021-10-31 04:00			P110
AL MURAIBA	018E / 019W	10UCXE	MD2 / MD2	2021-10-31 06:00	2021-11-01 02:00			P110
NORDARSTEL	011S / 011S	10UCY8	JVH / JVH	2021-10-31 07:00	2021-10-31 17:00			P111
SEASPAN YANGTZE	017W / 017W	10UCD44	PN3 / PN3	2021-10-31 17:00	2021-11-01 09:00			P109
GREEN WAVE	016N / 016N	10UCZ0	JVH / JVH	2021-10-31 19:00	2021-11-01 05:00			P111
RESURGENCE	026S / 026N	10UCY8	JTX / JTX	2021-11-01 04:00	2021-11-01 10:00			P110

The above schedule is for reference only and subject to change.

左側選項：
〈資料輸入〉
請輸選查詢方式及資料
1. 中英文系の預查檢索方式查詢
2. 船名 經緯查詢/船源一使用
 標準查詢→列式查詢
 標準查詢→標準查詢資料
3. 資料排序
 由大/由小/依序
4. 每頁展示25筆/增值項
 〈分頁〉查詢展多資料

○ 前一週查詢 (Last Week)
○ 今日查詢 (Today)
● 一週內查詢 (Week)
○ 二週內查詢 (2 Weeks)
○ 四週內查詢 (4 Weeks)
○ 六週內查詢 (6 Weeks)
○ 船名/船號 (Vsl Name/TW Register)

查詢船名 (Vsl Name)

查詢船號 (TW Register)

〈查詢〉〈Query〉
〈清空船名/船號〉〈Clear〉

四、編制船期表注意事項

1. 避免與使用同一船席的其他船舶在同一時間到達港口。
2. 使船舶到港後能銜接港口裝卸作業開工時間，不使碼頭作業工人與車機有等待閒置時段，並能與其他運輸工具的聯運能夠配合。
3. 盡量避免在連續假期及例假日到港，以減少船舶停止作業滯留港口的時間。
4. 對船舶在各航段航行或港口作業時間是當預留緩衝時間，以因應外界條件變化，遠洋航線由於航程長、彎靠港口多、航程海象變化複雜，船公司較難掌握可能情況，這是船舶使用率與準點率的權衡問題。
5. 若有些船舶須利用港口潮汐水位高時航行，要預留等候潮位時間。

船期準點率（Schedule Reliability）

定期航運公司的船期準點率是服務品質的外在績效表現之一，通常會受到供應端（艙位供給、貨櫃調度、碼頭調度）、需求端（季節需求、災難是件後需求恢復）及常態作業環境（港口作業時間、拖卡車司機數量）等因素的影響。

貨櫃航運公司在船期的安排上要預留調整彈性，要控制船舶數量、艙位的供給、碼頭作業、船舶航行速度等，而目的港的滯港現象（等候進港、港口罷工……）發生時，必須進行變更鄰近港口卸貨作業，以減少後續船期繼續延誤現象發生。

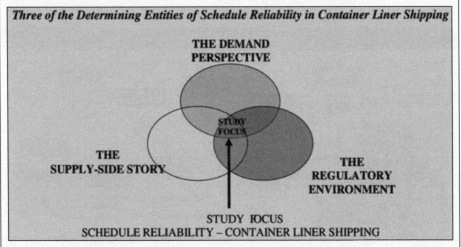

Three of the Determining Entities of Schedule Reliability in Container Liner Shipping

THE DEMAND PERSPECTIVE

STUDY FOCUS

THE SUPPLY-SIDE STORY

THE REGULATORY ENVIRONMENT

STUDY FOCUS
SCHEDULE RELIABILITY – CONTAINER LINER SHIPPING

資料來源：Delivery schedule reliability in the international container liner shipping service: implication for research
https://www.researchgate.net/figure/Three-of-the-Determining-Entities-of-Schedule-Reliability-in-the-Container-Liner-Shipping_fig1_265009061

Unit 7-3 定期航運運費

運價（Freight Rate）是航運市場的重要觀察指標，取決於船舶運能供給與市場需求的平衡關係。運價高低不僅是影響航運業收入的主要來源，也是海運承攬運送業所關心的焦點，運價的漲跌取決於市場的當時的供需關係。

我國「民法」第622條規定：「稱運送人者，謂以運送物品或旅客為營業而受運費之人」。運費（Freight）是船舶運送人依據合約將託運人的貨物運送到指定地收取的報酬。運費的計算主要是依據運輸距離、貨物特性及其他特殊輔助服務等而決定其承運的單位費用。

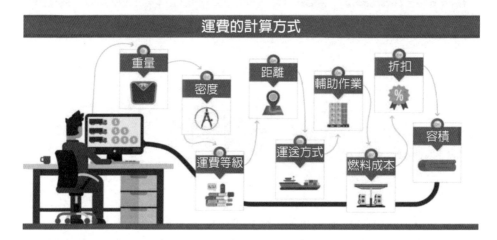

運價表（Freight Tariff）是船公司公布運價的方式，除了運價、運價規則、運送人及託運人應遵守規定內容，運價表有時還會附有貨品分級費率。運輸合約的各項費用收取，結算的依據與港口的特殊要求相配合，並隨市場情況變化而變化，所以在運價表上會對相關細節作出詳細規定。

我國「航業法」第22條：船舶運送業經營國內、國際固定航線客貨運送，應依前條第一項備查之運價表收取運費。但運送雙方訂有優惠運價者，不在此限。船舶運送業對乘客或託運人不得有不合理之差別待遇。

另「船舶運送業管理規則」第18條：船舶運送業經營固定航線船舶之客、貨運費表，應報請航政機關備查。前項運價表應包括各種附加費、計費方式、運輸條件及運輸章則。參加運費同盟或聯營組織之船舶運送業，其運價表得由該運費同盟或聯營組織或其在中華民國境內之機構集體申報。

一、運價表常見型式

1. 等級運價表：其中的運價是依貨品等級來確定，這是依照貨品的負擔能力來定價，首先是根據貨品價格，將貨品分為若干等級，再確定在不同航線或港口之間的不同等級運價，同一等級的貨品在同一航線或港口間運送是使用相同的運價。這種運價表會附有貨品分級表（Scale of Commodity Classification）及該貨品在某航線貨抵達港口的等級運價表（Scale of Rates）。

2. 列名運價表：運價是根據貨品名稱來確定，對不同貨品在不同航線逐一確定運價，也稱單項運價，依照貨品名稱及航線編製的運價表也稱為貨品運價表（Commodity Freight Rate Tariff），根據貨品的種類確定基本費率，也是依據貨品負擔運費能力定價原則。

3. 航線運價表：運價不分距離的長短，只是依照航線的不同明確訂定運價，相對應的是「遞遠遞減」的價格型式，因為運輸成本是固定成本加變動成本構成，因距離愈遠則單位運輸成本中的固定成本應降低。實務上會將貨品分級表進行某種組合混用。航線費率表通常包含航線的直靠港、運價等級、運價等級所對應的費率，以航線上貨品的平均運送距離代替實際運送距離，以訂定航線直靠港的均一費率，在逐一為各級貨品訂定運價。

二、運費計算步驟[註3]

1. 選擇相關的運價本；
2. 根據貨物名稱，在貨物分級表中查到運費計算標準（Basis）和等級（Class）；
3. 在等級費率表的基本費率部分，找到相應的航線、啟運港、目的港，按等級查到基本運價；
4. 從附加費部分查出所有應收（付）的附加費項目和數額（或百分比）及貨幣種類；
5. 根據基本運價和附加費算出實際運價；
6. 運費＝運價 × 運費噸。

三、運費的支付方式

根據支付時間的不同，運費可分為預付運費、到付運費及部分預付加部分到付等方式。採用何種方式是依據貿易慣例及運輸合約的內容，在採用 FOB（Free On Board）交易方式，通常是買方支付運費，因此採取運費到付方式；

[註3]　海運運費相關知識
　　　　https://www.b2bers.com/big5/guide/trans/ship/080.html

採用 CIF（Cost Insurance and Freight）交易方式，通常是賣方支付運費，因此運費就採用預付方式。

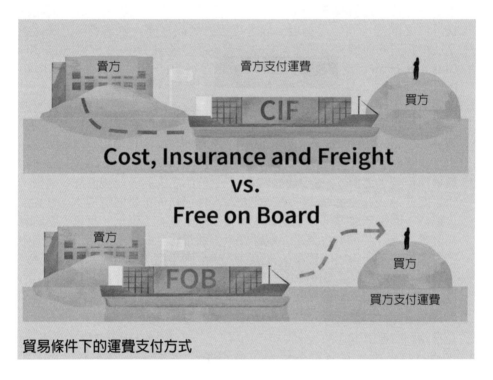

貿易條件下的運費支付方式

　　定期航運的運費包括基本運費（Basic Freight）和附加費（Surcharge or Additional）兩部分，基本運費是對任何一種貨品計收的運費；基本運費是反映成本定價原則，主要是各項成本支出，船舶的折舊或租金、燃油、修理費、港口費用、管理費及職工薪水等。

　　附加費是根據貨品種類或不同的服務內容，視不同情況而附加的運費，運送過程中有時會有一些特殊貨物，因每個港口條件不同或貨物需要再轉運、加靠非基本港等導致成本增加，是運送人為維持一定的收益，因應不穩定情況所增加額外服務的成本支出，也可以是當發生臨時情況下而附加收的運費，透過這種方式要求託運人合理分擔有關費用的訂價原則。

主要海運附加費（Surcharge）

1. **燃油附加費**（Bunker Surcharge or Bunker Adjustment Factor, B.A.F.）：在燃油價格突然上漲時加收。
2. **貨幣貶值附加費**（Devaluation Surcharge or Currency Adjustment Factor, C.A.F.）：在貨幣貶值，船方為使實際收入不致減少，按基本運價的一定百分比加收的附加費。
3. **轉船附加費**（Transhipment Surcharge）：凡運往非基本港的貨物，需轉船運往目的港，船方收取的附加費，其中包括轉船費和第二行程運費。
4. **直航附加費**（Direct Additional）：當運往非基本港的貨物達到一定的貨量，船公司可安排直航該港而不轉船時所加收的附加費。
5. **超重附加費**（Heavy Lift Additional）超長附加費（Long Length Additional）和超大附加費（Surcharge of Bulky Cargo）：當一件貨物的毛重或長度或體積超過或達到運價本規定的數值時加收的附加費。
6. **港口附加費**（Port Additional or Port Surcharge）：有些港口由於設備條件差或裝卸效率低以及其他原因，船公司加收的附加費。
7. **港口擁擠附加費**（Port Congestion Surcharge）：有些港口由於擁擠，船舶停泊時間增加而加收的附加費。
8. **選港附加費**（Optional Surcharge）：貨主託運時尚未確定具體卸貨港口，要求在預先提出的兩個或兩個以上港口中選擇某一港卸貨，船方加收的附加費。
9. **變更卸貨港附加費**（Alternation of Destination Port Additional）：貨主要求改變貨物原來規定的港口，在有關當局（如海關）准許，船方又同意的情況下所加收的附加費。
10. **繞航附加費**（Deviation Surcharge）：由於正常航道受阻不能通行，船舶必須繞道才能將貨物運至目的港時，船方所加收的附加費。
11. **旺季附加費**（Peak Season Surcharge）：貨櫃運輸業在每年運輸旺季加收的費用。

資料來源：Types of Shipping Surcharges: A Guide
　　　　　https://shipware.com/blog/types-of-shipping-surcharges/

Unit 7-4 貨運業務程序

在定期航運的貨櫃運輸業務中，貨櫃（Container）是很重要的貨物裝載容器及運費計算單位，如果貨櫃是由運送人提供，稱為運送人自有櫃（Carrier Owned Container, COC），如果貨櫃是由託運人自備，稱為貨主自有櫃（Shipper Owned Container, SOC）。對於一般貿易商大多使用 COC 可以免除購買、保養、保管及空櫃調撥問題，但如果貨物的最終目的地是較為有管理風險的地區，或內裝貨物易造成貨櫃損毀，運送人會要求託運人自備貨櫃。COC 與 SOC 在處理貨物索賠過程的性質與地位也是不同，COC 往往被視為運輸工具或其一部分，SOC 則被視為貨物的一部分。

海上貨櫃運輸是將多件貨物併集成一個運輸單元，使用船舶等運輸工具進行貨物運輸的方式，貨櫃運輸與一般雜貨運輸除在港口作為貨物交接及倉儲的地點，還可在港口以外的地點設立貨物交接、存放的貨站。

我國「貨櫃集散站經營業管理規則」第 2 條：貨櫃集散站經營業經營業務為貨櫃、櫃裝貨物之儲存、裝櫃、拆櫃、裝車、卸車及貨櫃貨物之集中、分散。貨櫃集散站經營業得兼營下列業務：
1. 進口、出口、轉口與保稅倉庫。
2. 其他經主管機關核准與貨櫃集散站有關之業務。

同規則的第 3 條：貨櫃集散站經營業，依其場站所在位置分類如下：
1. **港口貨櫃集散站**：係設於港區範圍內之貨櫃集散站。
2. **內陸貨櫃集散站**：係設於港區以外內陸地區之貨櫃集散站。

另「海關管理貨櫃集散站辦法」第 2 條：本辦法所稱貨櫃，指供裝運進出口貨物或轉運、轉口貨物特備之容器，其構造與規格及應有之標誌與號碼，悉依國際貨櫃報關公約之規定。

貨櫃內裝有貨物者，稱實貨櫃；未裝有貨物者，稱空貨櫃；實貨櫃內所裝運之進口、轉運、轉口貨物如屬同一收貨人，或出口、轉口貨物如屬同一發貨人者，為整裝貨櫃；其進口、轉運、轉口貨物如屬不同一收貨人或出口、轉口貨物不屬同一發貨人者，為合裝貨櫃。

前項所稱同一收貨人，應以進口貨物艙單記載者為準；所稱同一發貨人，應以出口貨物艙單記載者為準。

本辦法所稱「貨櫃集散站」指經海關完成登記專供貨櫃及櫃裝貨物集散倉儲之場地。所稱「多國貨櫃（物）集併通關作業」（Multi-country Cargo Consolidation, MCC），海運載運入境之貨櫃（物），進儲海關核准之集散站

轉口倉庫或轉口倉間，在未改變該貨物之原包裝型態（不拆及包件），辦理併櫃作業及申報轉運出口之通關程序。

一、貨櫃貨物的處理流通方式

1. **整櫃貨**（Full Container Loaded Cargo, FCL）：是由託運人負責裝櫃和計數，填寫裝運單及加封條的貨櫃貨，通常只有一個發貨人及收貨人。
2. **併櫃貨**（Less than Container Loaded Cargo, LCL）：是由運送人的貨櫃集散站負責貨櫃裝櫃及計數，填寫裝運單及加封條的貨櫃貨，每一票貨物的數量不多，通常會涉及多個發貨人及多個收貨人。

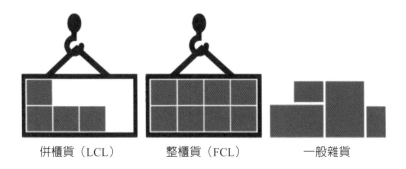

併櫃貨（LCL）　　　整櫃貨（FCL）　　　一般雜貨

二、貨櫃貨物的交接地點

1. **貨櫃場**（Container Yard, CY），是交接空櫃及保管重櫃的地點，也是貨櫃進行換裝其他運輸工具場所。
2. **貨櫃集散站**（Container Freight Station, CFS），是併櫃貨進行貨物併櫃或拆櫃配送的貨站場所。
3. 貨主所在地或約定場所，即一般稱為「戶對戶」運輸（Door to Door）。
4. 特殊情況如約定船邊進行交提貨方式（Ship's Hook/Tackle）。

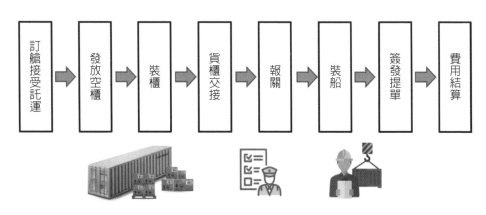

訂艙接受託運 → 發放空櫃 → 裝櫃 → 貨櫃交接 → 報關 → 裝船 → 簽發提單 → 費用結算

三、貨櫃出口貨運程序

訂艙（Booking）是出口商或託運人根據貿易合約或信用狀的規定，在貨物託運之前一段時間，填寫訂艙單（Shipping Order, S/O or Booking Note, B/N）向船公司或代理人申請艙位。

發放空櫃，在整櫃運輸時空櫃由託運人到貨櫃碼頭櫃場領取，併裝櫃運輸則由貨櫃集散站負責領取。託運人至貨櫃碼頭櫃場領取空櫃時，雙方辦理空櫃交接及填寫貨櫃交接單（Equipment Interchange Receipt, EIR）。貨櫃交接單是在空櫃欲離開貨櫃管制站前，由貨櫃場管制站人員與拖車司機會同就貨櫃內外表面做檢查後簽字。基本上，空櫃提領出場，即代表貨櫃完好，否則不應該被提領。

四、貨櫃進口貨運程序

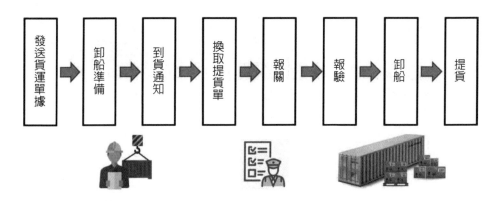

當船到港時由船公司或代理人發出到貨通知書（Arrival Notice），通知收貨人或代理人準備提貨，收貨人依到貨通知書與提單（Bill of Lading, B/L）換取提貨單。

貨櫃租賃（Container Leasing）

貨櫃租賃業務興起於20世紀60年，由於貨櫃租賃可使船公司減少因貨櫃閒置而發生管理費用的支出，可減少因存放時間的自然損耗，也可避免因流向不平衡而發生的空櫃運輸問題。一般情況是船公司要考慮貨櫃租賃的需求問題，有些大貨主或國際貨運代理充當無船公共運送人（Non-Vessel Operating Common Carrier, NVOCC）時，也會涉及貨櫃租賃業務。

貨櫃租賃方式

協議	租賃時間	維護及修理	運送地點
主要租賃	可變動	租賃公司	限制性
長期租賃	5-8 年	承租人	特別限制
短期租賃	大於 6 個月	承租人	特別限制
單程租賃	可變動	承租人	運送人要求

前 10 大貨櫃租賃公司

1. TRITON International	6. CAI International
2. Florens Container Leasing	7. Beacon Intermodal
3. Textainer Group	8. Touax Container Solutions
4. Seaco Global	9. Blue Sky Intermodal
5. Seacube Containers	10. CARU Containers

資料來源：Top 10 Container Leasing Companies | Market Overview
https://container-xchange.com/blog/top-10-container-leasing-companies/

常見的海運貨櫃種類

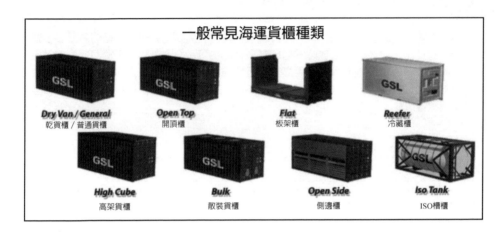

1. 普通貨櫃，也被稱爲乾貨櫃。這些貨櫃是完全封閉的，具有堅固的頂棚，側壁和地板，可防止部件受到侵蝕和防風雨。乾貨櫃是最常見的貨櫃，大多數用於裝載普通貨物。
2. 開頂貨櫃，具有可完全移除的敞篷式頂部。這適用於超高且無法輕易通過門裝載的貨物，例如高大的機械或其他重型／笨重的製成品。
3. 板架貨櫃，具有可折疊的側面，可以折疊成一個扁平的架子。端壁穩定，可以固定貨物，因此非常適合運輸超大型貨物，例如重型機械，軌道車輛，大捲軸和建築材料。
4. 冷凍貨櫃，用於裝運對溫度敏感的易腐貨物，例如肉、水果和蔬菜。這種貨櫃類型依靠外部電源來保持及調節溫度。
5. 高頂貨櫃，結構與普通貨櫃相似，但高約 1 英呎。這些貨櫃的尺寸爲 40 英呎，有時爲開頂帆布櫃，用於需要稍大容積的貨物。
6. 散裝貨櫃，用於運輸笨重的散裝貨物，如工業原物料。
7. 側開式貨櫃，與常規的通用運輸貨櫃非常相似，唯一的不同是門在側面亦可完全打開。此功能提供了更大的空間和通道，令裝卸物料更爲容易。
8. ISO 槽式貨櫃或罐車，由堅固的鋼或其他防腐蝕材料製成，用於運輸和長期保護液體材料。

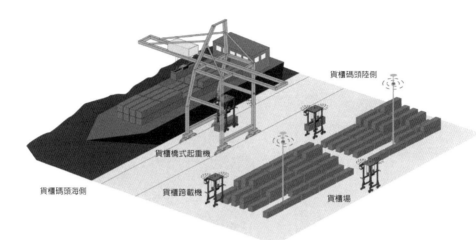

貨櫃碼頭陸側

貨櫃橋式起重機

貨櫃碼頭海側　　貨櫃跨載機　　　　　　　貨櫃場

港口貨櫃碼頭（Container Terminal）

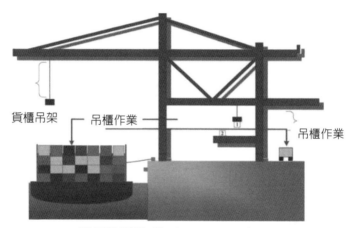

貨櫃吊架　　吊櫃作業　　　　　　　　　　　吊櫃作業

港口岸邊作業（Quay Side）

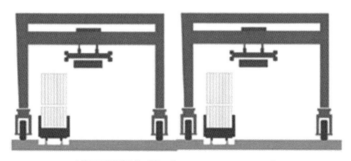

港口櫃場作業（Container Yard）

港口物流的內容

Port + Logistics
Transportation
& Warehousing

港口

運輸

倉儲

戶對戶運輸（Door to Door service）

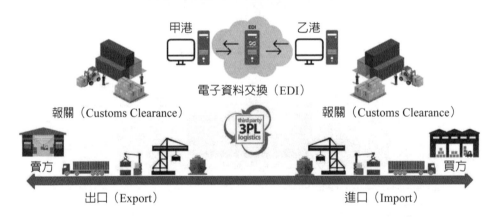

甲港　　　　　　乙港

EDI

電子資料交換（EDI）

報關（Customs Clearance）　　　　　　報關（Customs Clearance）

3PL
third party logistics

賣方　　　　　　　　　　　　　　　　　買方

出口（Export）　　　　　　進口（Import）

第8章
載貨證券

Unit 8-1 載貨證券作用

　　「載貨證券」一詞是我國「海商法」的名稱，在「民法」上稱為「提單」，航運英文稱為 Bill of Lading，係運送人或船長於貨物裝載後，因託運人之請求，所發給訂明運送事項與運送條款，而持有人得以為憑受領貨物之有價證券。

一、我國涉及載貨證券有關法規

1. 「海商法」第 53 條
　　運送人或船長於貨物裝載後，因託運人之請求，應發給載貨證券。
　　「海商法」第 60 條
　　民法第 627 條至第 630 條關於提單之規定，於載貨證券準用之。
　　以船舶之全部或一部供運送為目的之運送契約另行簽發載貨證券者，運送人與託運人以外載貨證券持有人間之關係，依載貨證券之記載。

　　※民法
　　第 627 條
　　提單填發後，運送人與提單持有人間，關於運送事項，依其提單之記載。
　　第 628 條
　　提單縱為記名式，仍得以背書移轉於他人。但提單上有禁止背書之記載者，不在此限。
　　第 629 條
　　交付提單於有受領物品權利之人時，其交付就物品所有權移轉之關係，與物品之交付有同一之效力。
　　第 630 條
　　受貨人請求交付運送物時，應將提單交還。

---

2. 「航業法」第 20 條
　　船舶運送業簽發載貨證券或客票，應先將載貨證券或客票之樣本報請航政機關備查後，始得為之；變更時，亦同。
3. 「船舶運送業管理規則」第 15 條
　　船舶運送業與其他船舶運送業合作營運，應檢具合作營運契約書或當事人聯衛之證明文件及船舶國籍證書，報請航政機關登記後，始得攬貨並簽發載明合作營運船舶名稱之載貨證券。

4. 「船務代理業管理規則」第 19 條

　　船務代理業代理之委託人如與其他業者合作營運，應檢具合作營運契約或當事人聯銜之證明文件，及有關船舶國籍證書影本，報請航政機關審核登記後，始得攬貨並簽發載明合作營運船舶名稱之載貨證券。

5. 「涉外民事法律適用法」第 43 條

　　因載貨證券而生之法律關係，依該載貨證券所記載應適用之法律；載貨證券未記載應適用之法律時，依關係最切地之法律。

　　對載貨證券所記載之貨物，數人分別依載貨證券及直接對該貨物主張物權時，其優先次序，依該貨物之物權所應適用之法律。

　　因倉單或提單而生之法律關係所應適用之法律，準用前二項關於載貨證券之規定。

※**海商法第 54 條**

載貨證券，應載明下列各款事項，由運送人或船長簽名：

一、船舶名稱。

二、託運人之姓名或名稱。

三、依照託運人書面通知貨物名稱、件數或重量，或其包裝之種類、個數及標誌。

四、裝載港及卸貨港。

五、運費交付。

六、載貨證券之份數。

七、填發之年月日。

前項第三款之通知事項，如與所收貨物之實際情況有顯著跡象，疑其不相符合，或無法核對時，運送人或船長得在載貨證券內載明其事由或不予載明。

載貨證券依第一項第三款為記載者，推定運送人依其記載為運送。

二、載貨證券之作用

1. 海上貨物運送權利與義務之證明：運送人與託運人（Shipper）及收貨人（Consignee），就其運送內容達成協議，其運送契約成立，後來所簽發之載貨證券應記載海商法第 54 條所規定之內容，為運送契約重要之證明文件。

2. 貨物所有權之有價證券：載貨證券持有人憑載貨證券有權要求運送人提交貨物，為一物權憑證（Evidence）。

3. 運送人收到承運貨物並已裝船之證明文件：運送人或船長簽發載貨證券，表明已收受載貨證券所記載之貨物之正式收據（Receipt）。

提貨單、小提單（D/O）

「提貨單」（Delivery Order, D/O），俗稱小提單。為保障船公司收取應得之勞務收入，法律上賦予船公司優先處置所載運貨物之權力（優先留置權）。任何人欲提領或處置該貨物前，必須先付清運送費。因此收貨人須將B/L正本及運送費繳清後，船公司始將D/O交予收貨人，憑以提領貨物。

一項國際交易，在最終取得貨品前，均係就提單所載貨品內容，進行貨物物權的移轉，因此可謂之為單據式的交易。提單所記載之貨品才是交易之目的，至於其他如運輸、保險、報關等，則係因著貨物交易而產生，因此提單是國際貿易最重要的單據。惟「提單」不能直接從字面解釋為提貨的單據，因為實務上最後提貨係憑「小提單」或「提貨單」（Delivery Order, D/O）。

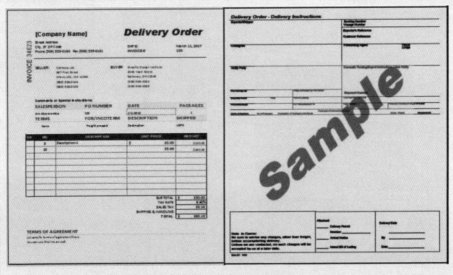

資料及圖片來源：定期航運貨櫃運輸教學實務教學網站、網路
http://ind.ntou.edu.tw/~elearning/about-do.html

有「詞」一說

【貨櫃（Container）】：所稱貨櫃，指供裝運進出口貨物或轉運、轉口貨物特備之容器，其構造與規格及應有之標誌與號碼，悉依國際貨櫃報關公約之規定。（海關管理貨櫃集散站辦法第二條第一項）。

【實貨櫃（Full container）】：貨櫃內裝有貨物者。

【空貨櫃（Empty container）】：未裝有貨物者。

【整裝貨櫃（Full container load, FCL）】：實貨櫃內所裝運之進口、轉運、轉口貨物如屬同一收貨人，或出口、轉口貨物如屬同一發貨人者。

【合裝貨櫃（Less than container load, LCL）】：其進口、轉運、轉口貨物如屬不同一收貨人或出口、轉口貨物不屬同一發貨人者。（海關管理貨櫃集散站辦法第二條第二項）。

Unit 8-2 載貨證券種類

根據國際貿易的發展，除最初的海運提單外，產生許多涉及國際海上運輸的提單，根據不同的標準可以有不同種類的提單（即我國「海商法」的載貨證券）。

提單（載貨證券）常見種類[註1]

1. 按承運方式分類：
   (1) **直達提單**（Direct B/L）：同一艘及同一運送人、自裝船港直接運達目的港的提單。
   (2) **轉船提單**（Transshipment B/L）：貨物經由不同運送人及不同船舶，再運送至目的港，不僅買賣雙方事前約定，提單上會加註「在某港轉船運往某處」字樣。
   (3) **聯運提單**（Through B/L）：貨物由兩個或以上之運送人，以不同或相同的運輸方式配合，自裝貨地運送至目的地的分段運送所簽發之提單，其運送責任可分割亦可單一。
2. 按收貨人分類：
   (1) **記名提單**（Straight B/L）：託運人指定收貨人之提單，提單上有絕對提貨權利之所有人姓名及地址，除特別聲明外仍可背書轉讓。
   (2) **不記名提單**（Open B/L）：收貨人欄空白，任何人可以憑提單提貨，不需經過背書轉讓手續。
   (3) **指示提單**（Order B/L）：運送人或代理人應託運人之請求，簽發約定交貨於提單上所記載之提單持有人。
3. 按貨物外表狀況分類：
   (1) **清潔提單**（Clean B/L）：運送人在接受貨物時，需觀察外表狀況是否如託運人所報相符，或外表情況良好，未在提單上加註任何附註及限制，或未載明貨物及包裝有缺陷者。
   (2) **不清潔提單**（Foul B/L）：指運送人在提單上加註有貨物及包裝狀況不良等形容字樣，在目的港交貨時，在這些加註範圍內的損害，運送人可免除或減輕賠償責任。
4. 按提單條款繁簡分類
   (1) **繁式提單**（Long Form B/L）：將全部運輸契約條款與約定事項均詳細印刷或打字在提單上，為一般所通用。

[註1] 13 Types of Bill of Lading
https://www.marketing91.com/types-of-bill-of-lading/

(2) **簡式提單**（Short Form B/L）：相對於繁式提單而言，沒有印刷運送人與提單關係人權利、義務條款，僅註明繁式提單之條款全部適用。

5. 按貨物是否已裝船分類

(1) **裝船提單**（On Board B/L）：貨物已全數裝載入貨艙後，應託運人之請求所簽發之提單。

(2) **準備收貨提單**（Received for Shipment B/L）：貨物在到港前或裝船前，先交付船方或其代理人的倉棧，裝船前所簽發之提單。

6. 按船舶經營方式分類

(1) **定期航運提單**（Liner B/L）：在定期航運方式下由運送人或其代理人簽發的貨物提單。

(2) **租船提單**（Charter Party B/L）：在租船運輸中，承租人在貨物裝船後要求出租人或船長簽發的提單，是出租人或船長根據租船契約簽發的提單。

7. 按提單換發情況不同分類

(1) **交換提單**（Switch B/L）：是在直達運輸的條件下，應託運人要求，運送人同意在約定的中途港口憑裝船港簽發的提單，再換發以該中途港口為起運港的提單。

(2) **交接提單**（Memo B/L）：由於貨物轉船或轉運等其他原因，在不同運送人之間簽發的不可轉讓，不是物權憑證的單據，只是區分責任及方便交接。

8. 按提單簽發人不同分類

(1) **船公司提單**（B/L Issued by A Shipping Company）：由船公司或載貨船的船長所簽發，在定期船運輸通常為整櫃貨所簽發。

(2) **複合運輸提單**（Multimodal Transport B/L）：是一種聯運方式，由複合運輸運送人依契約運用兩種以上運輸方式進行跨國的貨物運送，由複合運輸業者所簽發提單，主要由海運區段的運送人簽發。

(3) **無船公共運送人提單**（NVOCC B/L）：在貨櫃定期運輸，通常為併櫃貨所簽發之提單，作業是在貨櫃集散站的倉庫完成併櫃及拆櫃，又稱為庫對庫提單（House B/L）。

(4) **承攬業提單**（Forwarder's B/L）：貨物承攬業（Freight Forward）所簽發的貨運提單。

9. 按是否記載貨物裝於艙面為分類

(1) **艙面貨提單**（On Deck B/L）：將貨物積載於船舶露天甲板的位置，並在提單上記載有「On Deck」字樣的提單。

(2) **艙內貨提單**（Under Deck B/L）：將貨物積載於船舶主甲板以下的艙內，並在提單上記載有「Under Deck」字樣的提單，一般貨櫃運輸是不會記載艙面或艙內字樣。

10.按運費支付情況分類

(1)**運費預付提單**（Freight Prepaid B/L）：運送人在簽發提單時，已記載運費已付的提單，在 CIF 及 CFR 的貿易條件下是由賣方負責運費，提單上會註明「運費已付」字樣。

(2)**運費到付提單**（Freight to Collect B/L）：運送人在簽發提單時，已記載運費到付的提單，收貨人需先支付運費後才能提貨。

(3)**最低運費提單**（Minimum B/L）：是運送人對每一提單項下的貨物按最低運費標準收取運費所簽發提單。

11.按裝貨單號與提單號多少不同分類

(1)**合併提單**（Omnibus B/L）：應託運人要求，承運人將屬於同一船舶裝運的相同港口、相同貨主的兩票或以上貨物合併而簽發的一套提單。

(2)**分提單**（Separate B/L）：應託運人要求，承運人將屬於同一裝貨單下貨物分開，並各別簽發的提單。

12.按簽發提單的時間分類

(1)**預借提單**（Advanced B/L）：由於信用狀即將屆期失效，而貨物尚未裝船或未裝船完畢，託運人為能夠及時結匯，要求運送人或其代理人預先簽發已裝船清潔提單。

(2)**倒簽提單**（Anti-dated B/L）：是在裝船完畢以後，應託運人要求，由運送人或其代理人以早於實際裝船完成的日期所簽發提單。

(3)**順簽提單**（Post-dated B/L）：是在裝船完畢以後，運送人或其代理人應託運人要求，以晚於實際裝船完成的日期所簽發提單。

13.按提單的表現形式分類

(1)**書面提單**（Paper B/L）：即傳統的書面印刷或打字的提單，可以方便背書轉讓第三者。

(2)**電子提單**（Electronic B/L）：是電子資料交換（EDI）與提單相結合的一種型式，雙方在計算機網路交換電子訊息。

信用狀統一慣例

「信用狀統一慣例」（Uniform Rules for Documentary Credits）係國際商會（International Chamber of Commerce, ICC）為了統一信用狀（Letter of Credit, L/C）之處理方式、習慣、文字解釋，規範信用狀內各關係人之間的權利義務關係。UCP500自1993年修正施行以來，迄2007年已歷經13、14年，國際商會針對貿易與金融環境變遷，因應電子商務時代來臨，顧及銀行、運送及保險業發展，乃積極蒐羅各方意見，俾以在現行的UCP500的基礎上進行修訂，最新版為2007年修訂本，國際商會第600號出版物（簡稱UCP600），其中條文規定涉及信用狀與多項海運提單的製作規定。

資料來源：International Chamber of Commerce
　　　　　https://iccwbo.org/

Unit 8-3 載貨證券內容

載貨證券（提單）之記載事項，可分為法定記載事項與任意記載事項兩種：

一、法定記載事項

(1)「民法」第 624 條第 2 項

託運單應記載左列事項，並由託運人簽名：

一、託運人之姓名及住址。

二、運送物之種類、品質、數量及其包皮之種類、個數及記號。

三、目的地。

四、受貨人之名號及住址。

五、託運單之填給地，及填給之年月日。

(2)「民法」第 625 條第 2 項

提單應記載左列事項，並由運送人簽名：

一、前條第二項所列第一款至第四款事項。

二、運費之數額及其支付人為託運人或為受貨人。

三、提單之填發地及填發之年月日。

(3)「海商法」第 54 條

載貨證券，應載明下列各款事項，由運送人或船長簽名：

一、船舶名稱。

二、託運人之姓名或名稱。

三、依照託運人書面通知之貨物名稱、件數或重量，或其包裝之種類、個數及標誌。

四、裝載港及卸貨港。

五、運費交付。

六、載貨證券之份數。

七、填發之年月日。

前項第三款之通知事項，如與所收貨物之實際情況有顯著跡象，疑其不相符合，或無法核對時，運送人或船長得在載貨證券內載明其事由或不予載明。

載貨證券依第一項第三款為記載者，推定運送人依其記載為運送。

現代貿易運輸過程甚為複雜，有海空聯運、海運聯運，為能確定運送人所付運送責任及發生糾紛時能獲得船籍國之法律保障，故應載明船舶名稱。以自己名義與運送人簽訂運輸契約，託運人可以要求簽發載貨證券，因載貨證券可以背書交付及轉讓，須查明原始託運人，故須登記姓名或名稱。

載貨證券以特定貨物交付為目的，故應記載貨物詳細情況，從貨物名稱知道

貨物種類以便安排裝載；件數及重量在於方便計算運費及安排艙位，標誌及包裝在了解貨物表面情況以便貨物交接。

> ※ **海商法第 55 條**
> 託運人對於交運貨物之名稱、數量，或其包裝之種類、個數及標誌之通知，應向運送人保證其正確無訛，其因通知不正確所發生或所致之一切毀損、滅失及費用，由託運人負賠償責任。
> 運送人不得以前項託運人應負賠償責任事由，對抗託運人以外之載貨證券持有人。

　　裝載港的登記在便於辦理貨物授受、賠償、買賣及保險等手續，卸貨港則涉及交貨地可能涉及不同運輸及貿易方式。運費交付方式涉及買賣雙方的貿易契約條件，便於運送人在貨物交付時計收運費對象及方式。

　　載貨證券份數內需記載簽發份數，目的在使託運人、運送人、收貨人、銀行知道在貨證券份數，交付貨物時應取得全套份數，以免發生提貨糾紛。填發年月日可使載貨證券持有人知道貨物裝船日期是否與信用狀規定最後裝船日期相符，如不符則可以拒收貨物或提出賠償要求。在貨證券必須由運送人、船長或運送人的代理人簽名，才能發生法律效果，並負擔載貨證券所記載之義務。

> ※ **海商法第 74 條**
> 載貨證券之發給人，對於依載貨證券所記載應為之行為，均應負責。
> 前項發給人，對於貨物之各連續運送人之行為，應負保證之責。但各連續運送人，僅對於自己航程中所生之毀損滅失及遲到負其責任。

二、任意記載事項

　　凡不屬法定記載事項即為任意記載事項，是船公司為便於處理貨物運輸會另外加入。簽發載貨證券的地點，我國海商法並無簽發地點之規定，有時簽發地點不一定是裝貨港，有時簽發地點涉及雙方發生糾紛時法律管轄地，就船方利益宜記錄。

> ※ 海商法第 77 條
> 載貨證券所載之裝載港或卸貨港為中華民國港口者，其載貨證券所生之
> 法律關係依涉外民事法律適用法所定應適用法律。但依本法中華民國受
> 貨人或託運人保護較優者，應適用本法之規定。
>
> ※ 海商法第 78 條
> 裝貨港或卸貨港為中華民國港口者之載貨證券所生之爭議，得由我國裝
> 貨港或卸貨港或其他依法有管轄權之法院管轄。
> 前項載貨證券訂有仲裁條款者，經契約當事人同意後，得於我國進行仲
> 裁，不受載貨證券內仲裁地或仲裁規則記載之拘束。
> 前項規定視為當事人仲裁契約之一部。但當事人於爭議發生後另有書面
> 合意者，不在此限。

　　載貨證券雖非船貨雙方所簽訂之運輸契約，但在定期什貨船與不定期船的整
船（批）貨物交運簽訂傭船契約時，載貨證券成為一種證明及收據文件，主要
方便傭租船人或託運人轉讓押匯之用。運送人在載貨證券之各項印刷條款，大
多以自身利益為考量，故我國海商法與民法規定載貨證券（提單）記載條款、
條件或約定，如有偏頗則無效。

> ※ 海商法第 61 條
> 以件貨運送為目的之運送契約或載貨證券記載條款、條件或約定，以減
> 輕或免除運送人或船舶所有人，對於因過失或本章規定應履行之義務而
> 不履行，致有貨物毀損、滅失或遲到之責任者，其條款、條件或約定不
> 生效力。
>
> ※ 民法第 649 條
> 運送人交與託運人之提單或其他文件上，有免除或限制運送人責任之記
> 載者，除能證明託運人對於其責任之免除或限制明示同意外，不生效力。

信用狀（Letter of Credit, L/C）

我國「銀行法」第16條

本法稱信用狀，謂銀行受客戶之委任，通知並授權指定受益人，在其履行約定條件後，得依照一定款式，開發一定金額以內之匯票或其他憑證，由該行或其指定之代理銀行負責承兌或付款之文書。

信用狀是一項國際貿易慣例，對各種單據的要求等都作了統一的解釋和規定。

1. 提單表面註明已由具名的承運人、船長或其代理人簽發。

2. 提單須註明貨物已裝船或已裝具名船隻。

3. 提單須註明信用狀規定的裝貨港（Port of Loading）和卸貨港（Port of Discharge）。

基本海運交易程序

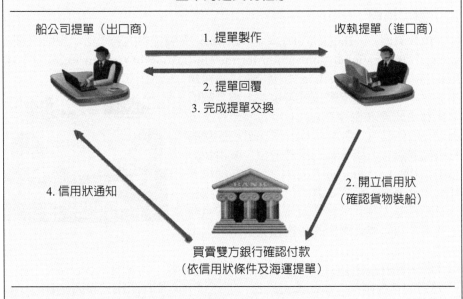

船公司提單（出口商）　　1. 提單製作　　收執提單（進口商）

2. 提單回覆

3. 完成提單交換

4. 信用狀通知

2. 開立信用狀（確認貨物裝船）

買賣雙方銀行確認付款（依信用狀條件及海運提單）

資料來源：《UCP500》下銀行對海運提單的需求
https://www.b2bers.com/big5/guide/trans/ship/077.html

Unit 8-4 有關國際法規

　　過去由於海上航行環境惡劣，進行海上貨物運輸是一項高風險行業，除了船舶事故造成海洋污染及船舶損失外，就是載運貨物的損失，就提單關係是貨物損失由誰來負擔的問題。在傳統航運關係中，船東如遇天災、公敵行為（戰爭、海盜）、貨物包裝不良、共同海損損失及船上火災，對於貨物損失是無須負擔責任，另運送人較易在運送契約中訂定其免責關係，相對於廣大託運人（貨主）是較無保障。每一個貿易商不敢對可能造成貨物損失的海運提單支付貨款，國際貿易也會受到嚴重的影響，因此訂定船東應盡義務及可免責權限的條款將有必要，因此各國代表陸續召集商議訂定各項規則，供各國作為各國國內立法的基礎。

一、海牙規則

　　「海牙規則」（Hague Rules）【註2】是「統一有關提單的若干法律規則的國際公約」（International Convention for the Unification of Certain Rules of Law Relating to Bills of Lading）的簡稱。在 1924 年於比利時布魯塞爾被正式簽定前，該公約的草案曾由國際法協會在 1921 年的海牙會議上批准，故俗稱為「海牙規則」。該公約的目的是限制運送人依據其締約優勢地位，濫用契約自由權利（Freedom of Contract）而在提單上任意加上運送人免責條款的行為，統一確立海上貨物承運人最低限度的義務和責任，避免海上運送人和託運人之間的貨物損失爭議，以平衡雙方的利益。

　　「海牙規則」於 1931 年 6 月 2 日生效，共 16 條，其主要內容包括：
1. 運送人承擔兩項基本的法定義務，即運送人必須在開航前和開航當時，謹慎處理，使船舶適航；運送人必須妥善地和謹慎地管理貨物。這兩項基本義務不得由提單中所列明的合約條款免除或減輕。
2. 承運人的 17 項免責事項，其中特別是運送人對船長、船員、引水人或運送人的僱用人員在駕駛船舶或管理船舶中的過失以及火災中的過失可以免責。
3. 運送人的貨物運輸責任期間為從貨物裝上船起至卸下船為止的期間。
4. 運送人的損害賠償責任限額為每件或每單位貨物不超過 100 英鎊。

【註2】　海牙規則，高點法律網
　　　　http://lawyer.get.com.tw/Dic/DictionaryDetail.aspx?iDT=55002

5. 託運人應保證其提供之貨物情況的說明正確。
6. 收貨人索賠的訴訟時效為一年，從貨物交付之日或應交付之日起算。
7. 本公約的各項規定適用於在任何締約國內簽發的一切提單。

二、維斯比規則

「維斯比規則」（Visby Rules）[註3] 是「修改統一有關提單的若干法律規則的國際公約議定書」（Protocol to Amend the International Convention for the Unification of Certain Rules of Law Relating to Bills of lading）的簡稱。因該議定書的準備工作在瑞典的維斯比完成而得名。此規則是「海牙規則」的後續修改和補充，故常與「海牙規則」一起，稱為「海牙─維斯比規則」，1968 年通過及於 1977 年 6 月 23 日生效。

維斯比規則（以及過去的英美法律）乃是基於下列前提而制定：運送人通常較託運人有較強之交涉能力，因此，基於保護託運人之利益，法律有必要對於運送人所應遵守之最低義務加以規定。「維斯比規則」共 17 條，但只有前 6 條才是實質性的規定，對「海牙規則」的第 3、4、9、10 條進行了修改。

根據公約第 10 條，無論船舶、運送人、託運人或其他相關人員之國籍為何，本公約各條款於下列情形之一者，適用於兩國港口間之任一載貨證券：
1. 載貨證券係在一締約國內所簽發者。
2. 運送係自任一締約國內港口出發者。
3. 依據契約規定或得由載貨證券證明本公約之條款或任何締約國之國內法對於該契約具有拘束力者。一旦有本公約之適用，則基於公約第 3 條第 8 項之規定，運送契約中任何減輕或免除運送人基於本公約所應負的最低責任之條款、條件或約定均屬無效。

三、漢堡規則

「漢堡規則」（Hamburg Rules）[註4] 是「聯合國海上貨物運輸公約」（United Nations Convention on the Carriage of Goods by Sea, 1978）的簡稱。於 1978 年 3 月 6 日至 31 日在德國漢堡舉行，由聯合國主持 78 國代表參加的海上貨物運輸大會討論通過，於 1992 年 11 月 1 日生效。「漢堡規則」共 7 個部分 34 條文，漢堡規則全面修改了海牙規則，其內容在較大程度上加重了運送人的責

[註3] 維斯比規則
https://www.itsfun.com.tw/%E7%B6%AD%E6%96%AF%E6%AF%94%E8%A6%8F%E5%89%87/wiki-8322036-2319806
[註4] 漢堡規則，植根法律網
http://www.rootlaw.com.tw

任，保護了託運人的利益，但海運大國均尚未加入該規則，因此還缺乏國際普遍接受性。

「漢堡規則」為一完整國際海上貨物運送公約。徹底修改「海牙規則」，在船貨雙方均衡承擔風險方面屬一大進步。「漢堡規則」除保留「維斯比規則」之修改內容外，並為基本性修改。

四、鹿特丹規則

「鹿特丹規則」（Rotterdam Rules）[註5]，全名為「聯合國全程或部分海上國際貨物運輸契約之公約」（UN Convention on Contracts for the International Carriage of Goods Wholly or Partly by Sea），彙整 1924 年「海牙規則」、1968 年「海牙─維斯比規則」及 1978 年「漢堡規則」，並將批量契約及電子運輸紀錄等融入，其能增進法律確定性，以提高國際貨物運輸效率和商業可預測性，「鹿特丹規則」有 18 章 96 個條文。

目前有「海牙規則」、「海牙─維斯比規則」與「漢堡規則」三個並存的國際公約，對海上運送契約內如有些規範不同，加上各國目前所制定的國內法不盡相同，使國際海運的引用法律分歧而易生爭議。這種法律分歧亦可能阻礙國際之間貨物的自由流通，增加國際貿易交易成本。鹿特丹規則之立法目的在解決三個已生效之國際海上運送公約對貨物運送義務及責任規範不同所生之困擾，並配合貨櫃運輸、電子商務、複合運輸、海運安全等議題之發展，制定統一規範。

訂艙

簽約

運送

鹿特丹規則擴大其適用範圍，主要表現在：
1. 法定責任期間擴大為海上運送與其他運送模式；
2. 運送人身分之辨識方式；
3. 除運送人外，將責任主體擴大至履約方、海運履約方，故海運、港口以及內陸各種模式的經營人的權利義務都包括在內，受該規則規範，不再以鉤對鉤（Tackle to Tackle）為限。

[註5] 張志清、林妲欣，《由鹿特丹規則論我國海商法貨物運送修正之方向》，航運季刊第二十一卷第四期，民國 101 年 12 月。

哈特法（Harter Act-Carriage of Goods by Sea）

早期英美的普通法對船東要求承擔的責任很大，但實際上船東可利用締約自由原則在運輸契約中加入對其有利的免責條款，對一般貨主形成極為不利的地位。19世紀末代表船方利益的英國堅持保留運輸合約中的締約自由原則之一貫適用，代表貨方利益的美國則主張立法來統一載貨證券（提單）的規定，美國強制推行國內對載貨證券（提單）的統一管制，讓船東應盡義務即可以享受免責的權限標準，後來的「海牙規則」即是以「哈特法」為藍本制定。

1893年2月13日由美國國會通過，主要內容包括：

1. 提單中如果有解除在美國與外國港口之間航行的船舶，其所有人等應承擔的合理裝載（Load）、積載（Stow）、保管（Keep）、照料（Care for）、運輸（Carry）或卸載交付（Discharge）貨物等事項上的疏忽或過失責任的協議無效；

2. 任何提單不得包含以任何方式減輕、減弱或免除船舶所有人謹慎處理、適當配備合格船員及供應品、使船舶適航和適貨載的義務，或船長等的謹慎處理、裝載、照料和卸載交貨義務的協議；

3. 如果船舶所有人已謹慎處理，使船舶在各方面處於適航狀態，並做到適員和適貨載，則其對因駕駛船舶或管理船舶中造成的損失或因海上風險、天災、公敵行為、司法扣押、海上救助人命及為此目的之繞航等造成的損失，以及因所載運貨物的內在缺陷、不適當包裝造成的損失，均不負責任。

資料來源：高點法律網
　　　　　http://lawyer.get.com.tw/Dic/DictionaryDetail.aspx?iDT=55176

港口運輸（Port Transportation service）

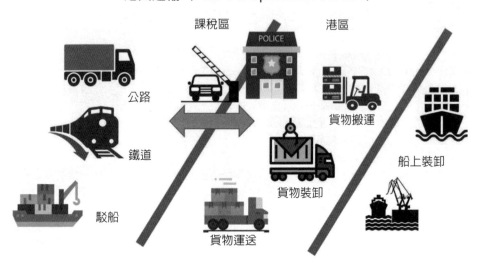

港口倉儲（Port Warehousing service）

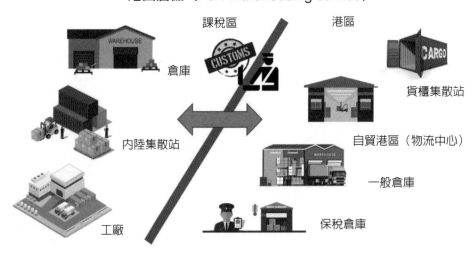

第9章
不定期航運業務

Unit 9-1 散雜貨運輸概述

　　現代航運市場起源於歐洲，其特徵是雜貨定期船運輸的產生，到19世紀中葉時，航運業仍依賴風帆船，沒有產生國際性雜貨船定期航線，也沒有國際性的船東所組成的航運組織。如果船舶要航行到一個特定港口，船東要刊登廣告，公布航行船舶名稱、目的港及運費率，從一個港口到另一個港口的貨物，不論是散貨或雜貨，都只能採用不定期船運輸。一直到1966年美國海陸公司開始發展跨大西洋的貨櫃運輸，隨著航海技術、裝卸作業的改進，貨櫃運輸已成為現代定期航運的主要運輸方式，許多雜貨也改用貨櫃裝載方式進行運送，現在不定期航運業務主要是以大宗乾散貨（Dry Bulk）及液體貨（Liquid Bulk Cargo）為主。

　　不定期航運業務主要是從事大噸位的貨物運送，從事不定期船運輸，如擁有大量貨物的貨主通常會擁有自己的船隊來完成自己的貨物運送，如台塑、中鋼、中油公司等。如果貨主有長期穩定的貨物運送需求，又無意願或能力經營自有船隊時，必須透過航運市場交易，與船東簽訂一個長期的期租租賃契約。

　　在航運市場上，大多數託運人只有種類單一的貨物需要運送，而且像農產品的貨物因季節性因素，市場的波動很大，因此海運運輸需求很難預測，因此很多國家採用航運交易所的方式來進行市場詢價、船舶租賃交易。不定期航運業務是航運市場一個非常重要的單元，不定期船以從事散貨運輸與散貨運輸有關的業務為主，使用的船型主要有乾散貨船、油輪及多用途船（半貨櫃輪、駛上駛下輪）等。

散貨及油輪運輸船舶分類[註1]

1. **好望角型**（Capesize），散裝或油輪的載重噸（Deadweight Tonnage, DWT）在150,000噸，運送煤及鐵礦砂，由於吃水太深不能通過運河，只能經非洲南端好望角航行印度洋與大西洋的區域。
2. **巴拿馬型**（Panamax），船舶因巴拿馬運河命名，Panamax船型因運河有船閘限制，不能超過船長294.13公尺（965英呎）、船寬32.31公尺（106英呎），以及吃水12.04 m(39.5英呎)，約為60,000～80,000DWT。
3. **輕便極限型**（Supramax），載重噸在50,000～60,000 DWT，適合小型碼頭缺少設備的港口，船上甲板有自備起重吊桿。
4. **輕便型**（Handysize），載重噸在35,000～50,000 DWT，船型約船長150～200公尺（490～655英呎），吃水10公尺（33英呎），有5個貨艙及船

[註1] 楊靳，《國際航運經濟學》，人民交通出版社股份有限公司，北京，2014年。

上甲板有 4 支起重能力爲 30 噸的吊桿。

5. 阿芙拉型（Aframax），指船舶的原油載重噸（DWT）在 80,000～120,000 噸，可以靠泊世界主要港口碼頭作業，AFRA 是 Average Freight Rate Assessment 的縮寫簡稱，AFRA 是在 1954 年由荷蘭殼牌石油（Shell Oil）所創的標準合約名詞。用於南美到北美、俄羅斯經黑海到北歐、東南亞到遠東的出口原油航線。

6. 蘇伊士型（Suezmax），船舶是以蘇伊士運河爲名，載重噸（DWT）在 120,000～200,000 噸，受限現在運河的限制，典型 Suezmax 船型船長 275 公尺（900 英呎）、船寬 48 公尺（157 英呎）以及吃水 16.2 公尺（53 英呎），約爲 150,000 DWT。

大型油輪（Very Large Crude Carriers, VLCC）和超大型油輪（Ultra Large Crude Carriers, ULCC），這兩種船舶型態是目前世界上最大的營運貨船，其載重量可超過 250,000 噸（DWT），這些巨型船舶可在單一航次運送大量原油[註2]。

7. VLCC 的船舶規格在 180,000～320,000 DWT，能夠通過埃及的蘇伊士運河，並廣泛使用在北海、地中海及西非之間的區域。VLCC 的船舶長度可達 470 公尺（1,540 英呎），船舶寬度可達 60 公尺（200 英呎），以及吃水深達 20 公尺（66 英呎）。不過標準船型大約是船長在 300 到 330 公尺，船寬 58 公尺和深度 31 公尺。但也受到所航行港口的碼頭及航道條件限制。

8. ULCC 是世界最巨大的船舶，其船舶規格位於 320,000 到 500,000 DWT，由於它有超巨大的尺寸，只能靠泊在專有的客製化碼頭，因此只有少數的港口能接納此型船舶，此型船舶主要使用在長程航線，如波斯灣到歐洲、亞洲及北美。ULCC 目前所建造的最大尺寸是船長 415 公尺、船寬 63 公尺及吃水 35 公尺。

[註2] What are Very Large Crude Carrier (VLCC) and Ultra Large Crude Carrier (ULCC)? https://www.marineinsight.com/types-of-ships/what-are-very-large-crude-carrier-vlcc-and-ultra-large-crude-carrier-ulcc/

國際海事固體散裝貨物章程（IMSBC）

「散裝固體貨物安全實用章程」（Code of Safe Practice for Solid Bulk Cargoes, BC Code）是聯合國海事組織1965年為促進除散裝穀物以外的散裝固體貨物的海上運輸安全而訂，後於2008年國際海事組織海上安全委員會以MSC.265(85)決議案修正通過「國際海事固體散裝貨物章程」（International Maritime Solid Bulk Cargoes Code, IMSBC），並經修訂後的SOLAS 1974公約第6及第7章引用成為強制性規定，並已取代「散裝固體貨物安全實用章程」，於2011年1月1日起強制實施，適用於SOLAS 1974公約第7章定義的散裝固體貨物的所有國際航線船舶。

「國際海事固體散裝貨物章程」透過介紹散裝固體貨物運輸的一般建議，敘述250多種典型散裝固體貨物的物理／化學特性及安全運輸的特殊要求，貨物特性指標的測試方法，供海運主管機關、船東、託運人及船長等，對於海上安全積載和運輸方面的標準於指引。我國亦有訂定「船舶散裝固體貨物裝載規則」，適用於裝載大量散裝固體貨物在海上航行之貨船。

資料來源：Bulk Carrier Safety
https://www.imo.org/en/OurWork/Safety/Pages/BulkCarriers.aspx

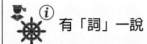有「詞」一說

【棧板（Pallet）】：墊板、貨架最早是出現在19世紀20年代，20世紀在堆高機及拖卡車出現後開始大量應用，二次大戰期間廣泛應用在軍事後勤運輸，也是貨櫃及雜貨進行集合裝卸作業的重要貨物儲放工具，今日因應環保要求，從木質棧板到循環使用材質之各式規格的棧板。

海運貨櫃貨　　　　　　　貨物棧板

木質棧板　　　　　紙質棧板　　　　　塑膠棧板

Unit 9-2 傭租船合約種類

　　傭租船業務為船舶所有人經營不定期業務之主要方式，以洽訂傭租船合約為手段。所謂傭租船合約為船舶所有人或運送人透過其代理人或經紀人與傭船人以議定費率及條件，按約定航程將船艙之全部或一部分裝運傭船人所託運之貨物；或按約定時間將船舶全部艙位供傭船人運送貨物；或將船舶置於租船人占有之下逕行營運，按約定時間收取傭船費或租金，經協商而簽訂之書面文件均屬之。

　　我國「海商法」第 38 條規定：貨物運送契約為下列二種：

1. 以件貨之運送為目的者。
2. 以船舶之全部或一部供運送為目的者。

　　另「海商法」第 39 條規定：以船舶之全部或一部供運送為目的之運送契約，應以書面為之。

　　傭租船合約（Charter Party, C/P）主要分為三種，論程傭船（Trip or Voyage Charter Party）、論時傭船（Time Charter Party）及光船租賃（Demise or Bareboat Party）。

論程傭船	論時傭船	光船租賃
1. 使用船舶方式		
使用船舶艙位一部分或全部，為貨物運送合約。	使用船舶艙位全部，配備使用船員，為一種貨物運送合約。	佔用支配船舶全部，為船舶租賃合約。
2. 營運方式		
船東直接營運。	船東管理船舶，傭船人負責營運。	租船人管理營運。
3. 使用時間		
以航程為時間條件，另以裝卸時間限制傭船人使用時間。	以一定時間為傭船期間，傭船期間自 1 個月至 3～5 年不等。	以一定時間為租船期間，租用期間為 3～5 年或以上。
4. 船員僱用		
船東僱用船員，傭船人無權干涉。	船東僱用船員，傭船人可請求更換船員。	租船人雇用船員，船東有權並可請求更換船員。
5. 運費收入		
以貨物噸量及運價相乘之積，或以約定總金額計收運費。	以夏季載重噸位乘以每月每噸傭船基價，或以每日傭船費乘傭船天數（半月或一月）計收傭船費。	以夏季載重噸位乘以每月每噸租金計收租金。

論程傭船	論時傭船	光船租賃
6. 費用負擔		
裝卸費用及一些費用由雙方協議外，所有船舶管理及營運費用由船東負擔。	船舶管理費用（固定成本）由船東負擔，營運成本（變動成本）由傭船人負擔。	除船舶折舊、購船利息及船舶保險外，一切船舶管理成及營運成本由租船人負擔。
7. 載貨證券（提單）責任		
運送人或船長簽發，負擔貨運責任。	傭船人為運送人，載貨證券為船長簽發，船舶所有人負擔貨運責任。 傭船人簽發則由傭船人負責，船東應負責船舶的海值及貨物照料責任。	租船人為運送人，負責簽發載貨證券及負擔貨運責任，並維持船舶的海值。
8. 航行地區及命令		
船東選擇並命令。	由傭船人選擇及指示，但合約中有一定地區限制。	由租船人選擇及指示，但合約中有一定地區限制。
9. 裝運貨物		
大多在合約中會列明貨物名稱。	未列明貨物，但註明不准裝運之貨名。	未列明貨物，但註明不准裝運之貨名。

1. **論程傭船合約**（Voyage Charter Party）

　　論程傭船合約是以一定航程爲範圍，所謂一定航程有單程（Single Trip）、往返航程（Round Trip），亦有連續數航程（Consecutive Trip），論程傭船合約通常由經紀人爲媒介，有時船貨方各自委託經紀人，有時爲同一經紀人，此種專業介紹傭租船合約稱爲傭船經紀人（Chartering Broke），受大貨主經常委託代爲尋找合適船舶的經紀人爲傭船代理人（Chartering Agent）。

　　論程傭船契約係由傭船人與運送人（船東或傭租傳人）雙方之經紀人洽妥後簽名分送契約當事人保存。一般論程傭船契約內容條款極多，簽約並不能將所有內容逐項討論列入，故多採用公認標準型契約（Standard C/P Form），內容不限於固定貨類或航線，可適用於各種貨種，只需將協議之船名、運費、貨名、裝卸港、裝卸期間、延滯費、快速費、取消合約日期等條件及修改條款分別列入。

2. **論時傭船合約**（Time Charter Party）

　　論時傭船合約即在約定期間將船舶全部艙位供傭船人從事貨運經營，船方按其收取傭船費爲報酬，傭船人有時運送自己的貨物，以便控制船期使原物料不致中斷。大多數爲航業經營者利用論時傭船以應臨時繁忙的定期或不定期業務，亦有論時傭船的經紀人將艙位再行轉租第三者以賺取運費差額。傭船人將論時傭船之船舶再行轉傭者（Sub-Charter）多爲什貨運送合約、航次包船合

約、論程傭船合約貨短期論時傭船合約。

論時傭船之船方應將船舶一切配備完整、僱妥全部船員，並注意船舶應具有充分適航能力，在約定時間及地點移交於傭船人。該船之折舊、保險及利息等與船員薪水，以及修理、船用品與營運固定成本由船方負擔；而傭船人除應付傭船費外，並需負擔燃料、淡水、港埠等營運變動成本。論時傭船的契約之洽商與論程傭船契約相同，都經由經紀人仲介，雙方對契約條件獲得同意後即可簽訂契約。

論時傭船之船東應注意之事項為：

(1) 選擇信用可靠之傭船人，如大規模企業或擁有船舶之船東。

(2) 注意傭船期間傭船人營運情況，必要時應收回船舶。

(3) 注意航速、耗油量、存油量及油價的約定。

3. 光船租賃合約（Demise or Bareboat Party）

光船租賃合約，出租人必為船舶所有人，即船東將未配置船員的空船交由租船人管理下從事營運，租船人暫時成為所有人，負責船上一切管理與營運責任，包括配備船員、供應伙食、修理、燃料、稅捐及其他營運費用，船東僅負責交船時，船舶具由適航性及配備適當之設施，而其他租船人或傭船人不得以空船方式出租。

大規模之企業如煉油、煉鋼企業投資建造船舶，為避免營運管理，以空船出租方式與有經驗的航運業代為營運管理，再以論時傭船方式租回供專運自有的貨物，以控制原料及運價，以降低生產成本。

※海商法

第 39 條 以船舶之全部或一部供運送為目的之運送契約，應以書面為之。

第 42 條 運送人所供給之船舶有瑕疵，不能達運送契約之目的時，託運人得解除契約。

第 62 條 運送人或船舶所有人於發航前及發航時，對於下列事項，應為必要之注意及措置：

一、使船舶有安全航行之能力。

二、配置船舶相當船員、設備及供應。

三、使貨艙、冷藏室及其他供載運貨物部分適合於受載、運送與保存。

船舶於發航後因突失航行能力所致之毀損或滅失，運送人不負賠償責任。

運送人或船舶所有人為免除前項責任之主張，應負舉證之責。

船舶一般出租種類

油輪傭租船合約

　　油輪經營早期由石油公司自行造船經營，近年則因船舶噸位日趨大型化發展，管理也愈嚴格致營運日漸困難，多由獨立之油輪公司訂造船舶，以長期傭租合約方式提供石油公司運送原油。石油公司可以免去營運及管理的風險，油輪公司則專業經營船舶。

　　油輪公司先與石油公司簽訂長期傭租船合約，再將該合約跟銀行抵押借款，作為訂金向造船公司訂造分期償付之巨型油輪，船舶造好後有長期穩定的運費收入，可分期償付造船款項，另可獲取營運收益。油輪傭租船合約亦可分為論程、論時及空船租賃等三種合約方式。

散裝貨船契約常見名詞

1. **港口**（Port），意指任何可供船舶裝、卸之地點或地區。包括但不限於船席（Berths）、碼頭（Wharves）、錨地（Anchorages）、浮筒（Buoys）、離岸設施（Offshore Facilities），亦包括非必依法、非必財務相關、非必屬於同一行政管轄之地區，不論距離遠近，只要船舶被指定等候靠泊之地點。
2. **船席**（Berth），指船舶裝、卸貨物之特定地點。包括但不限於任何碼頭（Wharf）、錨地（Anchorage）、離岸設施（Offshore Facility），或任何用於裝、卸之地點。
3. **安全船席**（Safe Berths）、**安全港口**（Safe Ports），係指一般正常情況下，類似船舶均能安全泊靠作業，但惡劣天候或其他不可抗力使船舶泊靠安全疑慮時，非傭租船人擔保在內。

4. **船東毋需負責裝卸貨作業**（Free In and Out, FIO；Free In and Out, Spout Trimmed, FIOST），船舶所有人不負擔有關裝卸的所有費用，裝卸費、平艙費和堆艙費全部由傭租船人負擔。

5. **延滯費**（Demurrage），傭租船人未能在約定的裝卸時間內將貨物裝卸完畢，延長船舶在港停泊時間，因而延長航程時間而相對減少船舶所有人的營運收入。對於這種損失，船舶所有人會要求傭租船人一筆賠償金即是延滯費。

6. **快速費**（Despatch），傭租船人應依契約約定裝貨時間儘速完成裝貨，並取得船長簽發載貨證券（提單），若船舶縮短或節省滯港時間，船舶所有人所給付傭租船人之獎勵金。

7. **罷工條款**（General Strike Clause），是船舶所有人為了在港口爆發罷工或停工時，免於對罷工或停工時所造成的後果負擔責任。

8. **裝、卸時間**（Laytime），意指船舶所有人、承租人雙方同意裝、卸貨之期間，該期間內船舶所有人應使船舶在不致發生額外費用情形下，能夠裝、卸貨物。

9. **船舶通過檢疫**（Vessel being in free pratique），指船舶已配合港口之衛生機關要求完成檢疫作業。

商船之海值與船級

海值（或稱適航性、耐航力）（Seaworthiness）是指船舶的安全航行能力，可適宜於預定航線之航行，如船舶的構造、航行設備、船員素質等條件規範，以保障客貨的運送安全。

我國「海商法」第62條第一項亦有類似規定：運送人或船舶所有人於發航前及發航時，對於下列事項，應為必要之注意及措置：

一、使船舶有安全航行之能力。

二、配置船舶相當船員、設備及供應。

三、使貨艙、冷藏室及其他供載運貨物部分適合於受載、運送與保存。

船級（Classification of Ship）是船舶的構造與設備應保持一定水準，係指驗船協會對船東所委託對新訂商船或修理船舶予以監造或監修之等級標準，並經檢驗合格後簽發船級證書，稱為「入級」，為船舶具備海值之重要條件。

我國「船舶法」、「船舶登記法」及「船舶檢查規則」均規定船舶新造、輸入、檢查、初次登記，應另具備主管機關委託之驗船機構核發之船級證書。

資料來源：陳敏生，《海運經營》，文笙書局，臺北，民國 86 年。

Unit 9-3 傭租船風險管理

傭租船風險[註3]是船舶所有人當提供船舶全部或一部分供他人承租營運使用，可能因各種人為管理不當或天然災害因素等造成危害所導致的損失機率。風險（Risks）可以說是未來結果的不確定，船舶租賃是一項複雜的經濟活動，通常投資金額大、租賃週期長，船

船舶租賃對船東及承租人的種種風險

東資金實力、船舶用途、船舶租賃期限長短、航運市場價格波動等，都需要仔細考量盡可能採取避險的動作以減少可能發生損失的幅度。

風險管理的基本方法

理想的風險管理，事先已排定優先次序，可以優先處理引發最大損失及發生機率最高的事件，其次再處理風險相對較低的事件。風險管理過程一般分為四個階段：風險辨別（Identification）、風險評估（Evaluation）、風險控制（Control）和規避（Avoid），只有對風險的類型及原因有正確的認識，才能對風險的大小作出較準確的評估，對風險有了正確的認識及評估後，才有效針對風險源提出防範的措施。

風險管理不當時的可能損失（Loss）方式：

1. **財務風險**（Financial Risks）：例如船舶融資利率、貨物損失被索賠等。
2. **營運風險**（Operational Risks）：例如船舶調度、船員罷工等。
3. **周邊環境風險**（Perimeter Risks）：包括海上的氣候異常變化及地區性的政經變化、軍事衝突。
4. **策略風險**（Strategic Risks）：包括營運管理方式的巨大改變或對外商業信譽的損害等。

[註3] Chartering a Vessel-What Are the Risks?
https://ezinearticles.com/?Chartering-a-Vessel---What-Are-the-Risks?&id=1310571

風險減緩的方式[註4]

風險管理的方法一般包括：接受風險（Accept）、規避風險（Avoid）、轉移風險（Transfer）、減少風險（Reduce）等。

1. **接受風險**：企業自己能夠接受（承擔）的風險及在營運過程中不可避免的風險，在對風險損失進行充分評估後，先期提預備方案對可能損失預作準備。
2. **規避風險**：任何風險管理首要考慮應是規避風險，避免顯而易見的事件或環境，例如拒絕信用不佳的交易對象、政經環境不穩定的地區等。
3. **轉移風險**：企業以一定的代價，透過保險、信用擔保、租賃營運、聯營等方式，將風險轉移給他人共同分擔，以避免巨大的災難性風險發生。
4. **減少風險**：建少風險主要有兩種意義，一是控制風險因素，減少風險的發生；二是控制風險發生的機率及降低風險損失程度。

   減少風險的常用方法有：
   (1) 市場資料蒐集分析以進行準確的預測，例如匯率、運費水準、油價等。
   (2) 對決策進行多方案選擇及備案準備，例如船型、時間長短、傭租方式等。
   (3) 與政府有關部門溝通及獲取訊息，例如立法建議、政策限制、升降利率等。
   (4) 投資建造或租賃船舶前，充分蒐集與分析經貿及航運市場訊息。

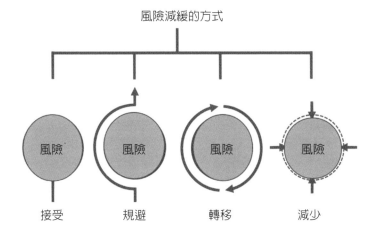

風險減緩的方式

接受　　　規避　　　轉移　　　減少

[註4]　Risk Mitigation
https://cyberhoot.com/cybrary/risk-mitigation-term/

船舶傭租的一般風險[註5]

1. 船舶所有人的風險

在船舶租賃的過程中，由於航運企業受市場行情和季節變化等因素影響，航運市場的運能供給與需求受世界貿易發展息息相關，因此船舶收入會隨航運市場的變化而大起大落具有不確定，一旦船舶傭租人出現收益不如預期或資金周轉不靈，船舶所有人便會面臨一定的資產保全風險。

2. 船舶傭租人的風險

傭租人面臨的風險主要是船舶所有人（或造船廠）的違約行為造成承租人的損失、主要方面是：

(1) 船舶所有人資金不足，無法按造船合約（買賣合約）向造船廠（出售的船公司）支付船舶款項，造成拒絕或延遲交船，使承租人受到營運損失。

(2) 造船廠由於生產或技術能力，無法按時將船舶交付承租人營運使用。

(3) 出售的船舶由於海事糾紛，不能按時將船舶交付承租人營運使用。

3. 金融風險

(1) 匯率風險：外匯市場的經常性變動是匯率風險產生的原因，匯率的變動是由於外匯市場上的各種貨幣的供需關係決定。船舶租賃大多涉及國際支付結算，通常需要多種貨幣，跨國交易的達成與實際結算時間不一致，使匯率變動產生一定的不可測的風險性，必須採取一定的預防措施。

(2) 利率風險：利率風險是由於利率變動致使借貸雙方收到經濟損失，由於船舶租賃業務中，船舶是高價值的動產，船舶所有人在取得船舶出租過程，也需要向第三方籌借資金這就面臨利率風險。有需多因素會決定或影響利率，主要包括國家利率政策、借貸資金供需狀況、物價水準和國際利率水準。

4. 新建船舶的風險

不僅包括船廠無法如期交船或按設計要求完成造船的技術風險，也包括造船廠履約的風險（營運資金不足）以及在建造中的船舶意外（火災、碰撞、地震）毀損的風險。未完工的船舶無法取得所有權登記，只能作為債權索取對象。

[註5] 譚向東，《船舶租賃實務》，中信出版集團，北京，2017 年。

商船保險（Merchant Ship Insurance）

商船保險是以各類商船、水上裝置及其碰撞則認為保險標的之保險，它是運輸工具保險中的主要險種，一般包括內河船舶保險和遠洋船舶保險。商船保險一般採用定期保險或航程保險，其特點是保險責任僅以水上為限，與貨物運輸保險可將責任擴展至內陸地區的某一倉庫不同。

由於船舶活動於海上，具有明顯的特殊風險，在實務運作中可以由出租人投保，並將保險分攤入各期租金，也可以由承租人以出租人名義投保並負擔保費。船舶保險金額的確定按船殼、機器、鍋爐或特種設備（如冷藏機）等保險標的在投保當時的市價及保險費的總額計算。保險費率應按船齡、船型、船舶種類、航行範圍、船級、免賠範圍、被保險人以往事故損紀錄而定。

資料來源：譚向東，《船舶租賃實務》，中信出版集團，北京，2017年。

Unit 9-4 傭租船程序

　　航運業是資金密集型行業，船舶海上高風險的特性是航運業籌集資金很大的門檻，訂購新船和購買新船都需要巨額資金，傭租船方式是航運業向船舶出租人再租賃船舶營運，並按期向其繳納租金，它是比傳統的貸款方式更爲經濟的一種財務性操作方式。

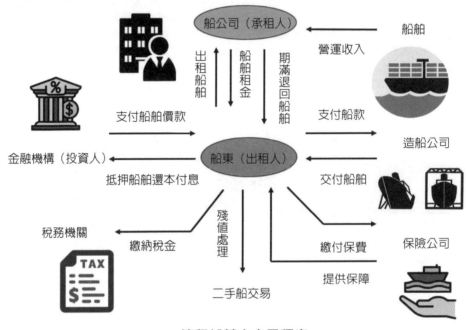

傭租船基本交易程序

　　傭租船程序與國際貿易貨品交易相似，有詢價（Enquiry）、報價、還價（Counter Offer）及反還價（Recounter Offer）、接受訂租（Acceptance）與簽署訂租成交書（Fixture Note）等程序（Chartering Procedure）。在傭租船市場上由需求船舶的租船人和提供船舶的船東通過租船經紀人（Chartering Broker）進行談判，最後成交簽訂契約[註6]。
1. 詢價是由承租人爲貨物尋求合適的船舶，以期望的條件透過租船經紀人在租船市場要求傭租船，詢價分爲一般詢價（General Inquiry）和特別詢價（Special Inquiry），一般詢價是爲了解市場情況，當對方發出更多報價時

[註6]　張良衛，《國際海上運輸》，北京大學出版社，北京，2017 年。

可獲得最佳選擇；特別詢價是對選定合適對象進行具體洽商，不再向租船市場公開。

2. 報價是船舶所有人從船舶經紀人得到承租人的詢價後，經過成本估算及參考市場行情，提出自己能提供的船舶及條件。報價的內容包括傭租船的主要條件，也構成合約的主要內容。報價的內容除對詢價的內容進行答覆及提出要求外，主要租金水準、傭租船範本及範本內容條款的修改、補充條款。

3. 還價是在一訂條件報價情況下，承租人與船舶所有人之間對無共識的條件不斷進行協商增刪內容，在過程中會對新的市場行情、約定條件不斷進行新的報價及答覆，當雙方最後意見趨於一致並決定成交，船舶所有人要列舉合約的必要條款及雙方協商的條款加以明確化，協商的承諾事項會有一定有效期限，承租人必須在有限期限內提出答覆。

4. 接受訂租即承租人同意船舶所有人報價及在有效期內的所列條件和承諾，除雙方另有約定外，合約即告成立。最後一次還價的全部內容被接受，是傭租船業務成交的象徵，各種洽租條件對雙方都有法律的約束力。

5. 根據國際上的慣例，接受訂租後，船舶所有人應根據雙方約定的主要條件、撰寫訂租成交書後，由雙方當事人簽訂訂租成交書。訂租成交書無統一的格式，但其內容應詳細列出船舶所有人和承租人協議的主要條款。

租船經紀人

　　租船經紀人（Chartering Broker）[註7]是在租船業務中代表船舶所人或承租人協商傭租船業務的仲介。傭租船合約由租船經紀人根據合約規定要件及承諾代為辦理簽約。

　　租船經紀人掌握有關航運市場供需情況的訊息，了解租船市場行情的波動並具有租船的專業知識。它可以同時或各別接受船舶所有人或承租人的委託，並運用自己所掌握的知識及訊息，對雙方進行交易條件及合約條款進行指導，盡力促成交易成立後收取佣金（Commission）。

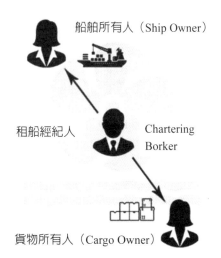

船舶所有人（Ship Owner）

租船經紀人　Chartering Borker

貨物所有人（Cargo Owner）

[註7]　Difference between a shipbroker and ship charterer
https://www.shippingandfreightresource.com/shipbroker-and-ship-charterer/

傭租船市場

　　傭租船是透過租船市場（Chartering Market）進行，由不定期船供給和需求相結合所形成的航運交易市場，在此市場上的船舶所有人是供給方，承租人是船舶的需求方。按船舶類型可以分爲乾貨船市場及液散貨船市場，乾貨船市場可分爲乾散貨船市場、雜貨船市場、貨櫃船市場、駛上駛下船市場、特種用途船市場；液貨船市場可分爲油船市場、液化氣船市場及化學品船市場。

傭租船市場的功用

1. 租船市場專門提供船舶所有人和承租人各種租船業務的機會，透過航運市場媒介，船貨雙方可以找到合適的合作對象。
2. 世界各地區的船貨供需不平衡，透過航運市場的交易調節，使世界貿易量與船舶運能協調，促成經濟發展及航運業攬貨運送的機會。
3. 爲船舶所有人和承租人提供租船市場的訊息資料。透過航運報紙、雜誌、市場報告等方式發表行情動態及趨勢。

https://www.balticexchange.com/en/index.html

New York Shipping Exchange
https://nyshex.com/

Shanghai Shipping Exchange
https://see.net.cn/

波羅的海（倫敦）、紐約、上海航運交易所

船舶經紀人（Ship Broker）

1. **船東經紀人**（Ship Owner Broker）：是協助船東或船舶管理人（例如論時傭船）在按其要求條件下，尋求承租人以獲得有收益的船舶運輸合約。
2. **租船人經紀**（Charterer Broker/Cargo Broker）：協助委託人替貨物找到最有效率的運輸船舶或是最合理價格的合適船舶，以進行貨物運送。
3. **競爭型經紀**（Competitive Broker）：此種經紀的角色有時是船東代理，有時是租船代理，替船東爭取高租金及貨物運送免責條件，但替承租人要爭取較低租金及貨物運送的保障。
4. **油輪經紀**（Tanker Broker）：此種經紀人專門從事有關能源運輸部分的特種船舶代理業務。
5. **船舶交易經紀**（Sale and Purchase Broker, SNP Broker）：進行協助委託人購買或出售新船及二手船的交易程序，以獲取報酬。

船東、船舶經紀、承租人

資料來源：SHIP BROKER
https://www.maritimeinfo.org/en/Maritime-Directory/ship-broker

港口物流倉庫管理

港口物流倉庫管理

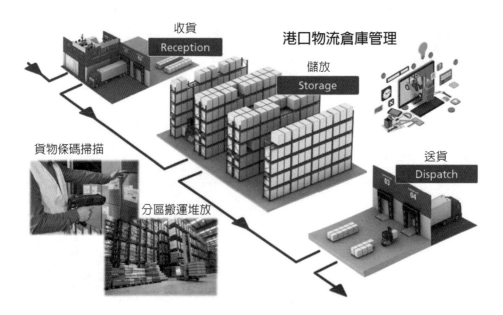

第10章
船舶貿易及融資

Unit 10-1 購造船概述

　　經營海運業首先須取得營運工具，取得方法有購買現成船及訂造新船。一般新組成之船公司如財力不足多以購買現成船投入營運，待市場經營穩定再進行訂造新船。今日通訊發達、船舶市場訊息傳播快速，倫敦、紐約、香港、東京等航運市場有眾多船舶經紀人進行媒介，使現成船的交易成為海運商業活動重要的一環。

　　至於新造船為資金雄厚及市場經營穩固的船公司，有計畫的進行汰舊換新及船隊擴充，這是發展業務的方法，但新船投資回收期長達十數年以上，必須有長期經營的企圖心。新造新船的方式有航運業針對本身主觀的條件如資金、營運規模等，客觀條件如航線貨源需求，就船舶性能、噸位基本條件，委託造船廠或船舶設計公司進行設計後建造，但造船成本會較高。另一方式是訂造造船廠已設計完成大量建造的定型新船，因大量建造可降低造船成本。

購買現成船程序
1. 探詢現有市場買賣情況
2. 選擇合適船舶
3. 洽商交易條件
4. 船舶現況勘查
5. 簽訂操約並進塢檢驗
6. 向主管機關申請
7. 正式簽約
8. 申請結匯及保證
9. 準備交接船
10. 正式登輪接船

建造新船程序
1. 擬定造船計畫
2. 船舶設計
3. 模型試驗
4. 編列預算及招標
5. 向主管機關申請
6. 簽訂造船契約
7. 設立船東監工代表
8. 船舶材料檢驗
9. 安放船舶龍骨
10. 監造
11. 下水典禮
12. 試航
13. 驗收檢查
14. 首航典禮

　　航運業在造新船的過程中有三個重要的儀式分述如下：
1. **安放龍骨典禮**（Keel Laying of The Vessel）：在正式開工之日為示隆重，由造船廠邀請船東、驗船協會、銀行、保險公司、政府代表及有關來賓到場，按當地習慣風俗舉行安放龍骨典禮以茲紀念。
2. **下水典禮**（A Launching Ceremony）：船身及機器安裝完成，由造船廠邀請船東、驗船協會、銀行、保險公司、政府代表及有關來賓到場，邀請女士命名及讚頌詞、擲瓶，放水入塢或入海，進行最後艤裝修飾。

3. 首航典禮（Maiden Voyage）：船東為擴大宣傳以廣招攬，多在首航之日舉行招待會邀請各界來賓參觀船舶設備，首航經過沿途停靠港口，亦舉行類似招待會以增加招攬貨物託運機會。

影響新造船舶船價因素[註1]

1. **造船廠條件**：主要在造船廠設施、人員素質及經營管理技術，其中設施包括設備、場地與工藝裝備。
2. **船舶種類和性能**：船舶種類和性能的不同，其原材料用量、設備配套、技術複雜程度、施工安裝及測試難度的差異，使成本與船價有較大的差距。
3. **航區、入級和船籍**：各國的通航設備及驗船協會對船舶要求不同，各船籍國也有其本身的船舶設備規範，不同的船籍決定船舶不同的入級檢驗方式，這些方式將造成船價的差異。
4. **船舶自動化程度**：自動化要求程度不同，其設備配套成本、安裝及測試費用均不同，如無人機艙、可變螺距螺旋槳及其他自動化裝置。
5. **鋼材利用率和預處理**：在造船成本中，主船體與上層建築的鋼材費占22%～34%，而每提高 1% 的鋼材利用率，約可降低船價 0.2%～0.3%。
6. **焊料和塗料**：焊料包括焊條、焊絲與焊劑，塗料包括底漆、防污漆、面漆、水艙漆、油艙漆、甲板漆等。
7. **設備廠商的選定**：配套設備費用占造船本約 45% 或更高，在一定技術條下，設備商的選定對建造成本與船價極為重要。
8. **備件及供應品**：屬於主機、發電機組、鍋爐、各種輔助機械與設備維修的零部件，而供應品是在交船時所需的各種物料，在簽約時需列出各項清單則為合約附件。
9. **工時和勞務費**：船舶產品的特點是批量小、人工作業多、工序的交叉及干擾多，外場的作業量大，易受氣候環境的影響，如何估計造船工時及人工費用就較困難。
10. **交船期限及交船地點**：一般船東及造船廠不希望交船日期延遲造成經濟損失，因此在合約談判時須將各種可能交船延遲情況，以及相應責任及處理方式明確規定，以免爭議及造成糾紛。

[註1] 朱墨、張仁頤，《國際船舶貿易》，上海交通大學出版社，上海，2011 年。

11. **目標利潤**：造船廠的制定利潤的大小直接影響船價高低。
12. **市場環境**：市場環境主要反應在市場行情和競爭，船舶行情和船價是世界航運的需求、國際經濟情勢、各主要工業國財政情況密切相關，除此船價還和外匯匯率變動有關。
13. **付款方式及付款條件**：船舶建造的貨款多是以一定的比例和商定的時間支付，不同比例和支付時間將導致成本的不同，一般分期支付階段分為簽約、安放龍骨、上船臺、下水、試航測試及交船。

船舶建築及交易步驟（圖例）

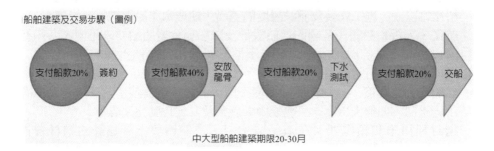

中大型船舶建築期限20-30月

14. **匯率**：建造船舶交船前將進行貨幣結算，折算匯率的浮動後，將導致船價在簽訂合約與履約完工的結算有差額產生，在船舶報價時應可考慮並分析此一可能差額。
15. **保險**：船舶報價時，保險費用也包括在船價的一部分，保險的類別、範圍和內容的不同，其支付的費用也不相同。
    (1) 保險的起迄日期：可開始於船舶安龍骨也可始於上船臺，終止期一般訂於交船日，即所有權移交之日終止。
    (2) 保險的範圍：包括船舶及已安裝或已到廠的供應品、全部機械、材料設備、儀器及艤裝配件。
    (3) 保險價值：應為最終的合約金額，及以船舶建成價格進行投保。
    (4) 保險賠償的應用：保險的船舶不論出於何種原因受損，建造的船廠應將獲得的保險金用於修理，以達到驗船協會的要求。若達到船舶的全部損失情況，應協商終止合約或重新建造（合約條件重新調整）。
16. **報價有效期**：船舶報價應注意有效期，有效期不宜過長，若在報價期內有匯率變動、通貨膨脹、金融借貸市場變化等情況，更會縮短有效期。若船東要求延長報價的有效期，造船廠提出的報價會按當時的情況提出上述因素的變動金額。

全球主要造船市場

船舶貿易包括有新造船、二手船交易和處理舊船等三類主要交易，訂造新船是國際航運業運能供給的來源，二手船是改變運能結構的重要方式，而拆解舊船可以消化航運市場老舊船舶，並提供船舶材料的回收與再利用。

航運業造新船的主要原因是：擴充整體運能、更新船隊、為發展特殊運輸而購置專用船舶，另外是投資者訂造新船再長期出租，以賺取差價。

在全球化的船舶市場中，船舶出口的比例呈現上升的趨勢，全球造船基地已轉移到中國大陸、南韓及日本，中國大陸以貨櫃輪、南韓以特種船（LNG船）、日本以高工藝船舶為特色，在全球化的船舶市場中，各造船廠都需要符合國際機構和驗船協會所制定的關於船舶技術、安全及環保等方面的規範和要求。

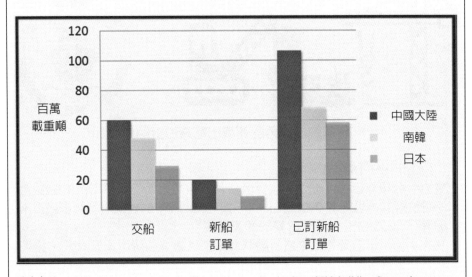

圖片來源：Fuzzy Expert System for the Competitiveness Evaluation of Shipbuilding Companies
https://www.researchgate.net/figure/Three-major-indicators-of-the-worlds-shipbuilding-market-share-in-2012-Data-from-China_fig1_274662525

Unit 10-2 二手船買賣

二手船（Second Hand Vessel）是指經過一段時間的營運使用後，由原船東將其轉手出售給新船東繼續投入營運的舊船。

當航運市場處於景氣時，海運運費價格相對較高，船東將船舶投入會有利可圖，船東會把一些接近使用年限或應報廢船舶，整修後延長其使用其繼續營運，因此對船舶市場的二手船供給會較少。若是航運市場不景氣，船東會將一些未到報廢年限的船舶或閒置船舶提前處置，出售給拆船廠作為廢船進行拆解，以減緩船舶運能供給過剩的情況。

船舶檢修再營運或出售廢船拆解

二手船市場的可能買賣原因：
1. 賣方：公司經營狀況不良急需資金周轉；租約到期不準備出租；船齡老舊不符法規或市場需求；船型競爭力不如其他船型；噸位大小不符市場需求；船隊平均船齡老化；公司改變經營策略。
2. 買方：急需船舶營運但是造新船時間太久；新造船資金負擔太大；募集或借貸資金有困難；二手船市場價格偏低，及時購入等待船價上漲時再出售。

影響二手船價格的因素[註2]

買方購買二手船是要繼續使用進行營運，所以在購買前須考慮船齡、設備性能及狀態，能否在其剩餘使用年限內，其營運收益＋殘值能大於購買與營運費用，即購置的二手船營運能夠獲得利潤。
1. **船舶基本性能要素和主要設備狀況**：原始或改裝後的船舶狀況，決定了船舶的適航性、經濟性、可靠性及營運的競爭力。
2. **二手船的船齡**：船齡涉及二手船的剩餘使用年限長短，直接決定該船投入

[註2] 朱墨、張仁頤，《國際船舶貿易》，上海交通大學出版社，上海，2011 年。

再營運後的保險費、維護費、燃料費及適航保證等，這是船舶營運成本的主要成分。

※ **船舶法**

第 15-1 條

自國外輸入現成船，除法規另有規定者外，應於輸入前檢附買賣意向書或契約書、船舶規範、船舶證明及權責機關同意等相關文件，向航政機關申請核定。

自國外輸入之現成船或使用目的變更者，其船齡不得超過允許輸入之年限。輸入現成船年限表，由主管機關公告之。

第一項之船舶證明指船舶國籍證書。但船舶不適用該國船舶法規，致無船舶國籍證書者，得以造船廠之建造證明文件替代。

---

3. **船舶檢驗證書的有效期限**：配合國際海事組織及政府航政機關的規定。船舶每隔一段期間應取得驗船協會與航政機關的有效證書，船舶檢修的程度及費用、時間等，都會影響船舶的使用期限。
4. **船舶的營運環境**：船舶行駛的區域、裝載貨物種類、航行距離及次數、維修檢查等，都會影響船舶的設備狀況，進而影響其轉售後續營運及保養成本。
5. **船舶的管理水準**：船公司如有較好的船舶管理制度及船員對船舶管理水準，其船舶因維護良好擁有較好的使用狀態，轉手會有較好的市場價格。
6. **二手船的供需情況**：全球海運的貨量和運能之間的平衡關係，也市影響國際船舶市場上二手船價格的主要因素。

※ **船舶檢查規則**

第 3 條

船舶應分別施行特別檢查、定期檢查、臨時檢查。

航行國際航線適用國際公約規定之船舶應依海上人命安全國際公約、防止船舶污染國際公約、船舶有害防污系統管制國際公約、海上避碰規則國際公約、海事勞工公約、特種用途船舶安全章程及其議定書、修正案規定施行檢查。

第 4 條

船舶經特別檢查後，應以其特別檢查完成日為準，於每屆滿一年之前後三個月內施行定期檢查。

二手船估價貿易平臺

Vessels Value（VV）是2011年成立的船舶交易仲介線上平臺，提供二手船交易訊息，資料庫內的船型包括：散貨船、油輪、貨櫃船、液化天然氣船、液化石油氣船、小型油輪、小型散貨船、汽車運輸船、冷藏船、海工作業船、豪華遊艇、郵輪、駛上駛下船，估價功能為船舶、船隊及船運公司提供準確而公正的線上即時估值。

1. 資料庫：通過篩選海量商業資訊（新造船、租船以及二手船交易資訊）和技術規格，檢索VV資料庫中的船舶和交易記錄。
2. 定位：先進的船舶定位和AIS追蹤服務，即時查看船舶當前及歷史航線（谷歌地圖用戶體驗更佳）。
3. 貿易：提供船隊的貨量海浬需求和貿易資訊，包括單一船舶的貿易活動，宏觀貨量海浬需求以及船位清單資訊。

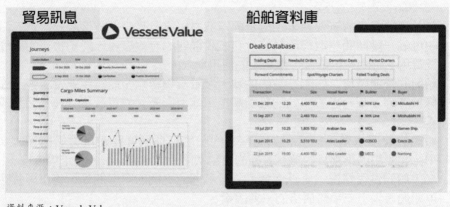

資料來源：Vessels Value
　　　　　https://www.vesselsvalue.com/cn

有「詞」一說

二手船買賣業務流程

在國際船舶市場中，其交易主要方式可分為：上市交易、不上市交易、公開拍賣出售和公開招標出售，按照國際船舶市場的慣例，一般二手船交易都會通過船舶經紀人作為仲介來進行，成為買賣雙方的橋樑。

1. 買賣雙方建立買賣契約，雙方經討論確認交易條件後簽署契約。
2. 買方支付保證金，供賣方進行船員離船、解除現有租約等提前準備工作。
3. 買方檢查船級社紀錄並上船檢查，在賣方許可下進行對船舶情況的審閱。
4. 買方派船員上船熟悉操作，以便能盡早投入營運。
5. 賣方準備交船工作，準備實體文件及安排交船時間與地點。
6. 買方安排接船作業，準備辦理船籍國登記及安排銀行貸款事項。
7. 潛水員或進乾船塢檢查水下部分及船底，確認船體維護及保險責任。
8. 賣方遞交準備交船通知書，以便買方貸款銀行準備付款。
9. 買賣雙方交接船舶，包括船舶實質交接及法律文件上的交接。
10. 買方接船後辦理船籍登記、保險及營運準備等工作。

資料來源：朱墨、張仁頤，《國際船舶貿易》，上海交通大學出版社，上海，2011 年。

Unit 10-3 廢船買賣

造船業的工作是提供新造船舶，當船舶老舊不能再營運時，透過廢船（Demolition Vessel）買賣由拆船廠購買並拆解，這兩種行業在航運經濟角色並不一樣。造船業是重工業，製造並銷售大型和複雜功能的商船，需要大量的資金和高技術的工業水準；拆船業主要在發展中的國家，是勞動力密集的行業，利用簡單的工具與碼頭場地，進行船體的切割與拆解，但也因氣爆及漏油等因素，易造成工安問題與海洋環境的污染。

廢船買賣也稱為拆船買賣，大多分布於發展中國家，船舶拆解後的廢鋼材經加工出售給建築行業，在 20 世紀 80 年代，大部分的拆船廠位於臺灣及大陸地區、南韓，高雄港過去曾有兩座拆船專用碼頭，後因發生嚴重拆船工安事件及煉鋼廠成立後關閉。而後印度、孟加拉及巴基斯坦成為這個市場的主導者，拆船業的遷移性非常大，這種非常低階的行業集中於低人工成本的國家。

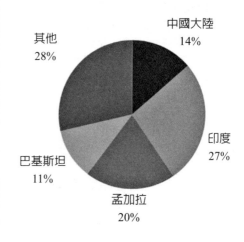

2017年船舶拆解船位置（船數比例）

中國大陸 14%
其他 28%
印度 27%
巴基斯坦 11%
孟加拉 20%

一艘新船從投入使用開始，無論如何維護保養，終會因設備耗損導致經濟功能變差需要新船來更換。因此船舶的壽命可分為[註3]：

1. **自然壽命**：指新船投入營運一段時間後，因有形的耗損使技術性能變差，而不能再使用所經過的時間。
2. **技術壽命**：一艘新船開始投入使用，因新技術發展或新規定限制，相較新船下使其喪失使用經濟價值的時間。
3. **經濟壽命**：一艘新船開始投入使用，參考國際貿易需求、經營管理能力、船舶營運收入及成本等，到無合理經濟價值的時間。

廢船買賣的需求者是拆船商，其購買廢船的目的是回收廢船的各類拆解原材料與可用的設備、有色金屬（銅、鉛、錫等），廢船的價格是受到幾個因素影響：

1. **船型**：在拆船市場某類型船舶數量愈多，表示該船型閒置量愈大，其價格就愈低。

[註3] 楊斳，《國際航運經濟學》，人民交通出版社股份有限公司，北京，2014 年。

2. **船舶的完整度**：船舶進入拆船市場是性能老舊，另外是因為船舶受損，價格依船體受損情況而定。
3. **船舶的鏽蝕程度**：船體鏽蝕程度關係廢鋼材的回收率，也是影響廢船價格的重要因素。
4. **船舶的清淨程度**：即廢船的油污狀況，它關係到拆解環境和費用以及工安問題。
5. **船舶裝備**：設備的種類及數量，這關係到拆解後再出售的經濟價值。

　　廢船的最終交船地點，對於拆船的市場價格有直接的影響，如果交船地點位於拆船廠及拆解材料的銷售地點，就可省大量的拖船費用及拆解材料的運費，廢船的價格就比較高。

　　就船舶而言，二手船和廢船並無明顯差別，但船東以長期的利益及市場競爭考量，把舊船報廢出售拆解，以減少二手船轉手後繼續投入營運，將給船東本身帶來新的競爭對手。因此會在廢船買賣中列入廢船銷售用途只限於拆解的要求條款，有些船東會要求買家／拆船商提供船舶開始解體及至拆解完畢的證明文件，或階段性派遣代表監督實際船舶拆解，並把此要求列入合約條款。

船舶材料循環使用[註4]

　　由廢船買賣的拆解過程因廢棄材料及油污染造成海洋環境污染問題，各國政府開始注重船舶環保材料及重新循環使用的可行性，從新船的設計製造、營運維護、拆解後材料的再循環使用，以減少過程中碳排放及油污染。

　　歐洲船東協會也將要求會員在新船的訂造、廢船的出售處理，對船舶使用環保材料及最終船體拆解現場的條件提出追蹤要求，並提出參考的標準。

[註4]　SHIP RECYCLING
　　　https://green-marine.org/certification/scope-and-criteria/waste-management-gme-copy/

廢鐵變黃金：從沉船打撈到拆船王國

二戰期間，大量船艦被炸毀或炸沉於基隆、高雄、馬公及左營港內外；而為防止美軍從港口登陸臺灣，日軍也自沉船艦於基隆與高雄港入口處，導致港口運輸機能完全癱瘓。這些主要從基隆、高雄、馬公與左營打撈上來的沉船，堪用者經修復後，繼續提供臺灣對外航運需求，嚴重鏽蝕或不堪使用者，經解體拆解後，以廢鐵出售給國內鋼鐵業者，提供國內復原需求孔急的鋼鐵原料。

戰後因應沉船打撈需求的拆船業者，培養不少熟練的拆船技術者，隨著1960年後國內經濟的起飛，臺灣拆船業進入拆解進口舊船時期，而專用碼頭的興建更是臺灣拆船業得以快速發展的關鍵，1975年高雄港大仁拆船專區與1978年大林拆船專區的興建完成，使得拆船量從1971年的90萬輕排水噸（LDT），大幅成長至1978年的390萬輕排水噸，拆船業稱霸世界，從而獲得「拆船王國」之美譽。

從沉船打撈開啟臺灣拆船新頁，到提供國家復原建設所需，以及在政府政策輔導獎勵與拆船碼頭專區興建設立下，一躍成為世界拆船業重心與龍頭，但最終仍不敵國際潮流與國內勞工、環保意識抬頭，以及政府政策的改變下，臺灣拆船業廢鐵變黃金的傳奇故事，以及稱霸世界多年的「拆船王國」頭銜，正式走入歷史。

資料來源：廢鐵變黃金：從沉船打撈到拆船王國，國家發展委員會檔案管理局
https://www.archives.gov.tw/ALohas/ALohasColumn.aspx?c=2348

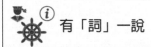 有「詞」一說

舊船報廢出售拆解的特別條款

航運公司在把舊船報廢出售時，通常會要求買方拆解舊船，以減少二手船轉手後繼續投入營運，將會給船東本身造成新的潛在競爭對手。從此一考量因素，在賣方／船東通常都要求在廢船買賣契約中列入「廢船銷售目的只限於拆解」的保證條款。有些賣方／船東會要求買方／拆解廠商提供廢船開始作業到拆解完成的有關證明文件，或在拆解過程中會階段性派員監督實際狀況，並把這些要求列為契約條款。

資料來源：朱墨、張仁頤，《國際船舶貿易》，上海交通大學出版社，上海，2011 年。

Unit 10-4 船舶融資

船舶融資（Ship Finance）是指航運企業依其資產與信用能力在金融市場融通船舶投資資金的行為。航運業是資金密集的行業之一，航運業要擴大船隊規模、提高國際競爭力，必須透過國際融資管道以便募集資金。船舶購置是航運企業最大的成本支出，船舶融資業務通常涉及金融機構，將購買二手船舶或建造新船所需要的資金借給公司或個人。

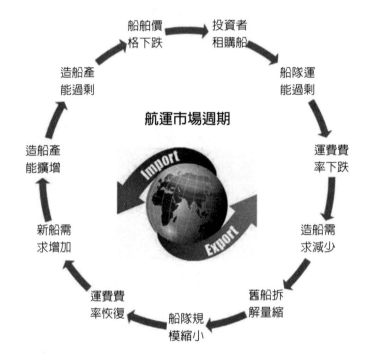

除了傳統的船舶抵押，金融機構還提供各種符合船東需要的服務，如售後回租、首次公開發行股票、發行債券、現金管理等【註5】。同時由於航運業也是經營風險較大，因此銀行業對借款人要求有可預期的具體收入，清晰的融資結構，高度的訊息揭露及明確的所有權狀況。但是航運業收益具有多變性、船舶是流動資產，船舶的價格在短期都可能大幅波動，這是船舶融資較大的問題。

【註5】 船舶融資，香港海運港口局
https://www.hkmpb.gov.hk/tc/ship-finance.html

一、建購船舶的原因

　　對於航運業建造或購買船舶是由於多種原因造成，可能是爲了全球不斷擴大的貿易增加新的運能，或者獲得更大的市場占有率，也或者是開闢新的貿易路線或發展運送特殊貨物的能力，其他的原因是取代老舊船舶或利用新技術。

　　購買船舶的第二種利益是有關非直接營運的投資者，投資者進行購買船舶作爲投資機會。這時的資本運作是貸款人透過投資者來完成資金募集建購船舶，或投資者透過各種方式將船舶包租或出租給航運業。

　　建購船舶的方案有：

1. 新造船；
2. 購買二手船；
3. 租船（傭時、傭程、光船）；
4. 合併；
5. 聯營；
6. 租賃（租櫃、艙位互租、互換）。

二、船舶融資的主要方式【註6】

　　船舶融資除融資租賃外，一般包括銀行貸款、稅務租賃、債券市場融資、股票市場融資等幾種主要方式。

1. **銀行貸款**：是最傳統及通用融資方式，即船東透過銀行貸款進行購置船舶，商業銀行的融資收入來源有二：
   一是融資利率與倫敦同業銀行拆借利率（London inter Bank Offered Rate, LIBOR）的利率差；
   二是安排相關融資手續所收取的手續費及管理費。
   (1) 商業銀行貸款：是常見的船舶融資方式，一般期限爲長於 1 年以上，採取固定或浮動利率的貸款，航運業以船舶爲抵押，或用其他財產或銀行擔保，向銀行取得一定船價比例之貸款用於支付造船款。由於船舶價值金額高、海上航行風險較高，一般商業銀行對船舶融資有較多限制。
   (2) 政策性貸款：是指從事國家政策性貸款業務的銀行所從事的長期政策貸款，這是一種國家政策爲了鼓勵國內外船東在本國造新船，提供帶有補貼性質的船舶貸款，其方式主要有造船貸款、信用擔保、利息補貼、加速折舊、稅收優惠和債務延期償還等。其中最普遍是政府指定一家銀行提供長期固定利率貸款，由政府補貼這種固定利率與市場利率的差額部分。

【註6】　譚向東，《船舶租賃實務》，中信出版集團，北京，2017 年。

※ 造船融資簡介

　　輸銀造船貸款業務，係為協助國內造船公司建造船舶、艦艇，及鼓勵國內外船東向我國訂購船舶或艦艇。主要貸款條件如下：

一、貸款對象：國內依法登記之船舶或艦艇製造廠商，國內外船東或買主。

二、貸款金額：最高不得超過船舶或艦艇建造合約價格之八成。

三、貸款期限：建造期間以兩年為限，交船後以十二年為限。

四、擔保：提供本行認可之國內外金融機構保證或經本行認可之擔保。

五、貸款幣別

　　1. 交船前之貸款：除用於國內各項開支者得貸款新臺幣外，以美元貸款為原則。

　　2. 交船後之貸款：以美元貸款為原則。

資料來源：中國輸出入銀行（臺灣）
　　　　　https://www.eximbank.com.tw/

2. **稅務租賃**：國際上船舶融資租賃往往與稅務優惠結合組成稅務租賃，稅務租賃讓資金借方能夠降低融資成本，這是一種利用國家的稅收優惠措施，延遲應繳納的稅款，透過這種最後階段繳納稅款取得資金運用的時間價值。

3. **債券市場融資**：債券是債務人為募集所需的資金而發行，約定在一定時間向債權人償還本息的一種負債憑證，船東透過債券市場募集資金，其方式有公司債券、高收益債券（High Yield Bond）、船舶證券化（Securitization）等，債券的利率會與發行公司的信用及規模相關，通常適用於大型的船公司。

4. **股票市場融資**：這是造船廠或航運業在證券市場公開發行股票以募集資金的方式，企業不但可以首次公開發行股票（Initial Public Offering, IPO）的方式募集資金，也能以增資的方式再次向市場公開募集資金，或是以特定目的來增資，如為購建新船需要而募集資金。

> ※ IPO
>
> IPO 是首次公開發行（英文全名 Initial Public Offering，簡稱 IPO），主要是企業透過證券交易市場首次公開發行股票以供投資者認購，以期募集用於企業發展資金的過程。在臺灣 IPO 證券交易市場主要指的就是上市、上櫃、興櫃及公開發行。當企業 IPO 首次公開發行募股完成以後，企業的股票就可以在公開市場上進行交易（上市股票在證券交易所；上櫃股票在櫃買中心）。
>
> 資料來源：嘉威聯合會計師事務所
> https://www.jwcpas.com.tw/publicationsBook3-show2.php?book3p_id=59

　　儘管航運市場波動反覆，但由於全球貿易的成長、區域經濟體市場、發展中國家需要透過貿易來支援其發展，因此海運業將持續擴大規模，更大型船舶及更多功能船舶需要更多資金投入。雖然銀行融資仍是航運業主要的融資來源，但今日金融市場可以提供替代性的融資方式，面對經營現金流及船舶價格高度變動的風險，風險管理成為每項投資決策的核心考量。

夾層融資（Mezzanine Financing）

「夾層融資」是介於風險性較低的債權與高風險的股權投資中間的一種融資業務。夾層投資也是私募股權資本市場（Private Equity Market）的一種投資形式，是傳統創業投資的演進和擴展。在歐美國家，有專門的夾層投資基金（Mezzanine Fund）。在實務操作上，就是銀行放款給企業，除了收取利息之外，雙方並約定在一定期間後，銀行可以將全部或一定比率的貸款，依約定價格轉換成股權投資，是一種附認股選擇權的融資方式，船東在擴張階段可以夾層融資用於新船的資本投入。

我國的法規對於商銀承做「夾層融資」規定嚴格，「銀行法」中對商業銀行的轉投資規定是嚴格控管，例如「銀行法」第74條就規定略以：投資必須逐案核准，商業銀行投資非金融相關事業，對每一事業之投資金額不得超過該被投資事業實收資本總額或已發行股份總數之百分之五。且不能參與投資企業經營。

資料來源：創業救星？談「夾層融資」與「天使基金」
https://www.eisland.com.tw/Main.php?stat=a_L8Bftxh

第11章
海運代理業務

Shipping Agents

Unit 11-1 船舶代理概述

國際航線上的船舶在世界各國港口之間進行客貨運輸時,當船舶所有人(運送人或承租人)的船舶在沒有設辦事機構的港口停留時,可能無法親自處理船舶手續及營運業務,所以就需要委託當地的代理行協助處理船舶及營運業務。我國「航業法」將船舶代理業務有分「船務代理業」及「海運承攬運送業」。

「航業法」第 3 條

1. 「船務代理業」(Shipping Agency):指受船舶運送業或其他有權委託人之委託,在約定授權範圍內,以委託人名義代為處理船舶客貨運送及其有關業務而受報酬為營業之事業。
2. 「海運承攬運送業」(Freight Forwarder):指以自己之名義,為他人之計算,使船舶運送業運送貨物而受報酬為營業之事業。

「航業法」第 37 條

船務代理業經營代理業務,應以委託人名義為之,並以約定之範圍為限。

「航業法」第 41 條

海運承攬運送業除船舶運送業兼營者外,不得光船承租船舶,運送其所承攬貨物。

「船務代理業管理規則」第 18 條

船務代理業經營業務如下:

1. 簽發客票或載貨證券,並得代收票款或運費。
2. 簽訂租船契約,並得代收租金。
3. 攬載客貨。
4. 辦理各項航政、商港手續。
5. 照料船舶、船員、旅客或貨物,並辦理船舶檢修事項。
6. 協助處理貨物理賠及受託有關法律或仲裁事項。
7. 辦理船舶建造、買賣、租傭、交船、接船及協助處理各種海事案件。
8. 處理其他經主管機關核定之有關委託船務代理事項。

船務代理業所經營之代理業務,應以委託人名義為之,並以約定之範圍為限。

「船務代理業管理規則」第 24 條

船務代理業應於開業後一個月內申請加入當地船務代理業公會。

※我國船務代理業公會
中華民國船務代理商業同業公會全國聯合會
台北市船務代理商業同業公會
台灣省船務代理商業同業公會聯合會
高雄市船務代理商業同業公會

「海運承攬運送業管理規則」第 15 條

海運承攬運送業應將簽發之提單或收貨憑證樣本送請航政機關備查。提單或收貨憑證變更時亦同。

前項之提單或收貨憑證應印製公司全名、地址及海運承攬運送業許可證字號。其提單或收貨憑證記載之船名、裝船日期,應於貨物裝船後,始得登載並簽發。

「海運承攬運送業管理規則」第 16 條

海運承攬運送業應將所經營之集運費率及向託運人或受貨人所收之手續費、服務費報請航政機關備查,變更時亦同。

船舶代理關係的成立,需要經過被代理人的船公司授權,以及作為代理人的船舶代理公司的同意。在船舶到達國外港口之前,船公司要在到達港口為自己的船舶選定在港期間處理委託項目的代理人,並根據到港的次數多寡確定代理關係的形式。

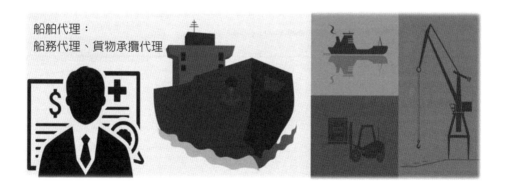

船舶代理:
船務代理、貨物承攬代理

世界船務代理公會（WWSA）

世界船務代理公會是2007年在比利時安特衛普由幾家船務代理公司成立，它是一個非營利組織，供同業交換市場資訊及對相關海運法規的意見。由於各國港口的法規並不相同，世界船務代理公會透過全球會員建立世界船務代理的資料庫，供會員查詢各地港口代理的相關規定訊息，透過會員的交換意見和討論，對海運相關法規提出較一致的規範，也可供各國港口的會員營運的參考。

世界船務代理公會也鼓勵會員彼此合作，加強與船東的溝通以增進業務發展的機會，透過跨區域的合作，讓船務代理業將營運業務伸展的各國港口，提供專業，具有標準績效的服務。

資料來源：World Wide Shipagencies Association (WWSA)
　　　　　https://www.wwsa.info/

有「詞」一說

船務代理與船舶代理（Ship Agents & Brokers）

1. 船務代理主要角色：為船東或租船人在港口之代表，經其授權委託處理船舶進出港口及在港各項作業（文件申請、船舶補給及保養、貨物承攬及裝卸、船員照護等）。

2. 船舶代理主要角色：擔任船東代表（Owners Brokers）進行船舶出售或租賃的交易協商、訂約；或為船舶租賃之代表（Charterers Brokers），為租船人或船東的利益進行協商租賃船舶事宜；或為獨立船舶代理人（Independent Brokers），在無收費基礎下為船東或傭租船人提供諮詢；另一買賣代表（Sale & Purchase Brokers），為新船或二手船買賣時，為賣賣一方處理交易服務。

資料來源：SHIP AGENTS & BROKERS
https://www.fonasba.com/ship-agents-and-brokers

Unit 11-2 代理種類及範圍

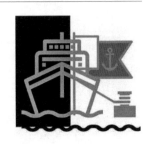

　　一個船舶所有人或船舶運送人，不論公司規模多大都無法在自己營運航線上所有港口設分支機構，因此委託當地港口的船舶代理[註1]便成爲最經濟和有效的方法。船舶代理是代理人接受船舶所有人（船公司）、船舶運送人或貨主的委託，在授權範圍內代表委託人辦理在港船舶的有關業務，提供在港船舶有關的法律與經濟活動的代理行爲。

　　設在各國港口的船舶代理機構或代理人，對於本港的規定、所在國的法律及習慣都相當熟悉，能夠協助船長安排和處理船舶在港的各項業務。由於船舶營運方式不同，營運業務涉及的當事人不盡相同，委託辦理的業務和要求也會有差異。

1. **定期航運的船舶代理人**：接受船舶所有人或運送人的委託，爲其船舶貨所載貨物辦理船舶進出港手續、安排港口作業、代收運費、代發提單等營運業務。

　　在定期航運中，船公司會在船舶停靠的港口委託港口總代理（General Agent），其權利和義務由雙方合約來訂定，總代理工作通常爲製作船期廣告、回覆貨主查詢、辦理訂艙（Booking）、收取運費、代爲製作單據、代簽提單、管理船舶及貨櫃事務，代表船公司向政府機關就營運業務提出交涉。

2. **不定期航運的代理**：接受船舶所有人、運送人、船舶承租人的委託，爲其辦理進出港手續、安排裝卸作業、其他船舶在港的相關服務事項。

　　船舶所有人或運送人的代理人稱爲船舶代理人（Ship's Agent），在租船運輸情況下，論程傭船方式的船舶日常營運由船東負責，而論時傭船方式則由租船營運人負責租期內的船舶日常營運。船舶所有人或運送人的代理人其受委託，辦理船舶進出港手續、安排拖船、引水、港口作業等。

3. **船務代理人**（Husbanding Agent）：出現在船東和運送人分別在港口委託代理人的情況下，船務代理人爲船舶代辦補充物料、修船和船員服務等業務，這些代理業務與船舶裝卸貨無關，船東自行再委託一個船務代理人處理自身的事務。

　　按船舶代理期間的長短，可另分爲長期代理和航次代理關係，船公司依船舶到達某一港口的次數程度，決定與代理人建立的代理關係。

[註1]　SHIPS' AGENTS

　　https://www.maritimeinfo.org/en/Maritime-Directory/ships-agents

1. 長期代理（Agency on Long-Term Basis）：船公司根據船舶營運需要，在有船經常前往靠泊的港口為本身選擇合適的代理人，負責授權範圍內的船舶在港業務，只要不發生違約終止的事項，代理關係就一直維持。

> ※ **船務代理業管理規則第 7 條**
> 外國籍船務代理業非經公司認許及辦理分公司登記者，其指派在中華民國境內之代表，不得對外營業。
> 第 23 條
> 船務代理業接受委託人委託代理業務，應經常調查其財務狀況、國際信譽及船舶性能，以維持正常營運及航運秩序。

2. 航次代理（Agency on Trip Basis）：對不經常到港的船舶，在每次到港前由船公司向代理人逐船逐次委託，請其辦理在港有關事務的代理關係，主要是租船或特殊情況下到港的船舶使用。凡與代理人無長期代理關係的船公司派船到港裝卸貨物、或因船員疾病就醫、船舶避難、船舶補給或修理等專程到港的外籍船舶均須逐航次辦理委託，船舶在港作業結束離港，其代理關係即結束。

> ※ **船務代理業管理規則第 14 條**
> 船務代理業有下列情形之一者，應檢具一航次業務登記申請書向航政機關辦理登記後始得代理：
> 一、臨時裝載大宗貨、卸貨者。
> 二、解體、修理、補給、訪問觀光及其他業務。

國際運送物流聯合協會（FIATA）

國際運送物流聯合協會（International Federation of Freight Forwarders Associations，FIATA）於1926年成立，是世界運輸領域最大的NGO及非營利組織，總部在瑞士蘇黎世，代表全球150個國家、4萬家貨運代理及物流相關企業，以及多達1,000萬貨運代理及物流從業人員，為全球國際貨物複式運送業的權威組織。在聯合國經濟與社會理事會、聯合國貿易與發展大會、聯合國歐洲經濟委員會及亞太經濟委員會中均扮演了顧問諮詢的角色。它同時也被許多政府及民間組織，如：國際商會（ICC）、國際航空運輸協會（IATA）、國際鐵路聯合會（UIC）、國際公路運輸聯合會（IRU）、世界海關組織（WCO）及世界貿易組織（WTO）等一致確認為國際貨運承攬業的代表。FIATA制定的承攬業標準貿易條款範本及發行的提單範本為全球150餘個會員國家所認定並被所屬的貨運承攬業者廣泛使用，對於運輸物流人才培訓更視為其基本任務之一，FIATA教育訓練的課程設計按各國運輸物流現況修改或增列課程內容。

資料來源：International Federation of Freight Forwarders Association
　　　　　https://fiata.org/

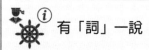 有「詞」一說

海關管理承攬業辦法

第2條

本辦法所稱承攬業，指交通主管機關核准之海運承攬運送業或航空貨運承攬業，並經依本辦法核准登記。

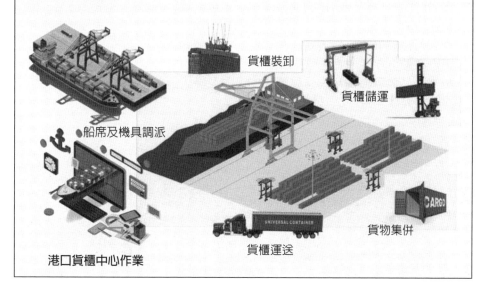

貨櫃裝卸

貨櫃儲運

船席及機具調派

貨櫃運送

貨物集併

港口貨櫃中心作業

Unit 11-3 海運承攬運送作業

海運承攬運送業的服務內容對貨主的功能【註2】：

1. **諮詢功能**：提供各種貨物進行運輸時，有關各種（國）規定及作業需求的諮詢建議。
2. **降低成本**：將各種運輸資源整合，進行跨國複合運輸，使貨物運輸成本降低。
3. **節省時間**：在無縫銜接的運輸安排下，可使貨物運輸時間盡量縮減，也就是運輸成本降低。
4. **便利運輸**：可以提供更廣泛和彈性的貨物運輸選擇方案，並可依貨主需要提供客製化方案，使運輸更為便利。
5. **提高產品競爭力**：貨物運輸時間的節省及降低運輸成本，可以降低貨物成本及提高競爭力。

海運承攬運送業的角色

美國海運法（The Shipping Act of 1984, United States of America）的規定：
CHAPTER 36--INTERNATIONAL OCEAN COMMERCE TRANSPORTATION
第 36 章第 1702 節 名詞定義（1702. Definitions）稱海運承攬運送業，謂在美國境內從事：

(19) "ocean freight forwarder" means a person in the United States that—
(A) 代託運人向公共運送人訂定艙位及安排貨物運送，以及
(A) dispatches shipments from the United States via common carriers and books or otherwise arranges space for those shipments on behalf of shippers; and

---

【註2】 曾俊鵬、廖玲珠，《海運承攬運送業理論與實務》，五南圖書出版公司，臺北，2021 年。

(B) 製作文件或執行與該貨物運送有關之作業。

(B) processes the documentation or performs related activities incident to those shipments.

依據上述美國海運法施行細則對海運承攬運送業訂定 13 項服務功能：

1. 安排運送貨物至港口。
2. 準備或製作出口申報文件。
3. 向船公司洽訂艙位。
4. 準備或製作交運單（Delivery Order, D/O）或碼頭收據（Dock Receipt）。
5. 代作提單（Bill of Loading, B/L）。
6. 代辦領事簽證。
7. 安排貨物存倉。
8. 代辦貨物保險。
9. 代辦貨物通關。
10. 視個別情況要求，發出貨通知給銀行、託運人或收貨人。
11. 代貨主處理運費或其他費用的支付、墊付事宜。
12. 運輸過程中的協調事項。
13. 對於貨物運送的相關事宜提供專業的諮詢。

海運承攬運送作業方式[註3]

步驟 1：在不同的國家對買方與賣方有不同的交易規定，雙方依據交易習慣及協議進行簽約，包括貨物的所有權轉移方式及風險管理事項，特別是運送方式及運送成本的買賣雙方的負擔方式（從工廠至港口、碼頭至船邊、海上運輸……等）。

步驟 2：貨物在工廠依標準進行標記及包裝。

步驟 3：進行運輸船舶艙位預定，這是貨物承攬業提供的各式服務之一，貨物承攬業並無實際進行貨物的船舶運送作業，但代表貨主進行選擇合適的運送方式進行艙位的預定。

步驟 4：貨物從賣方工廠的倉庫送至賣方所在港口的倉庫，等候船舶裝船作業（可由貨物承攬業進行協助）。

步驟 5：進行重要的海事及運輸保險（在裝船及運輸之前）。

步驟 6：貨物是以整裝櫃（FCL）或是併裝櫃（LCL）方式運輸，依貨物的數量及雙方交易要求而定（由交易雙方或貨物承攬業決定），再裝載至船上。

[註3] How International Ocean Freight Shipping Works?
https://www.dripcapital.com/resources/blog/ocean-freight-in-international-shipping

步驟7：當貨物已裝運至船上，由船舶運送人製發提單（載貨證券），依據託運人及運送的合約條款完成運輸文件的製作及發送給相關人士。

步驟8：在裝貨港進行貨物通關申報作業，進行貨物進行裝船作業。

步驟9：貨物進行運送的作業處理。

步驟10：當貨物運送到目的港時開始進行貨物通關作業，開始進行貨物的相關費用和稅捐的申報結算。

步驟11：最後將貨物從港口運送至買家指定位置（並進行必要的建議及協助）。

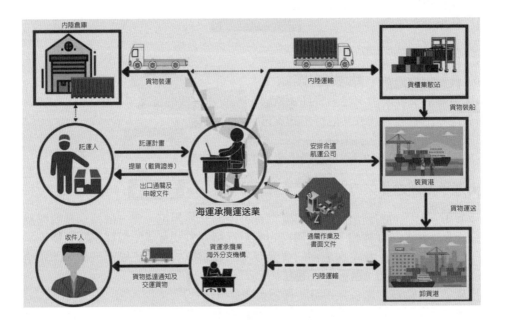

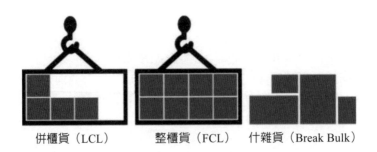

台北市海運承攬運送商業同業公會

以服務會員、協調同業關係，增進共同利益，擴展國際交流，促進本業發展為宗旨；並以致力於教育訓練、提升產業形象及執業水準為主要任務。1986年04月30日正式成立，初始會員數為114家，至2018年會員公司已達741家。1989年加入FIATA國際貨運代理聯盟成為組織會員。

各專案小組

為強化會務之推展，並提升服務品質，該會依功能性成立各專案小組如下：

公共關係組、教育訓練組、關務組、法規組、資訊組、後勤支援組。

資料來源：International Ocean Freight Forwarders & Logistics Association, Taiwan
　　　　　http://www.iofflat.com.tw/

整裝／併裝貨櫃

Unit 11-4 貨運代理業務

在國際貿易發展初期，運輸是貿易的衍生需求，隨著海上貿易的發展，逐漸發展成爲獨立的行業，由於資訊的不對稱，在貿易與運輸之間需要中間人，以爲便利貿易商查詢運輸訊息，選擇運送人及運輸工具，並安排規劃貨物運輸的相關手續。

從 20 世紀 60 年代貨櫃運輸興起，國際貨運代理開始代理貨櫃併裝貨物的業務，在這種提供服務的過程中，以不是代理人的傳統角色，實際上負起委託人（當事人）的功能，例如美國 1984 年就立法建立了「無船公共運送人」（Non-Vessel Operating Common Carrier, NVOCC）的制度。中國大陸也在 2001 年的「國際海運條例」引入無船運送人的觀念。

無船公共運送人之營運態樣，有類似我國海運承攬運送業不擁有船舶，不經營船舶，但以公開發行運價表、提單，以公共運送人之身分從事攬運貨物，及國外不擁有船舶但租船營運，公開發行運價表、載貨證券（提單），以公共運送人之身分從事攬運貨物之二種型態。我國航業法規範之海運承攬運送業：指以自己之名義，爲他人之計算，使船舶運送業運送貨物而受報酬之事業，目前海運承攬運送業租船營運之型態在臺灣是不被允許。1998 年「遠洋海運改革法」（The Ocean Shipping Reform Act of 1998）修正公布指出，無船公共運送人對海上公共運送人之 關係爲託運人。

「無船公共運送人」可以定義爲以運送人身分接受託運人的貨載，簽發自己的提單或其他運輸憑證，向託運人收取運費，透過定期船公司（實際運送人）完成國際海上貨物運輸，承擔運送人責任並依據法律規定設立的企業。

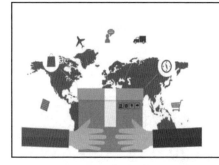

貨運代理的形態
- 空運貨物（飛機）
- 海運貨物（貨船）
- 軌道（火車）
- 道路（卡車）

無船公共運送人的特徵

1. **需符合市場營運資格條件**：如中國大陸規定應向交通主管部門辦理提單登記，並繳納保證金。美國在無船承運人管理方面根據美國 1998 年「遠洋海

運改革法」的規定，國際海運承攬運送業（Freight Forwarder）和無船公共運送人（NVOCC）均需向美國聯邦海事委員會（FMC）申請取得經營許可證，並交納保證金。

2. **在法律上地位不同**：依美國 1998 年「遠洋海運改革法」，無船公共運送人為「遠洋航運中間人」（Ocean Transportation Intermediaries, OTI），無船公共運送人為運送人，但海運承攬運送業、國際船務代理業僅為代理人。

3. **不擁有或不經營船舶，「無船」是充分條件**：這是無船公共運送人與船公司的基本差異，無船公共運送人對船舶無實質的占有或控制權，要透過船舶運送業完成運輸，表示無船公共運送人經營的主體是「運輸」，而不是「船舶」。

無船公共運送人與其他代理業的比較 [註4]

項目	無船公共運送人	海運承攬運送業	船務代理業
主要服務領域	定期運輸	定期運輸	定期、不定期運輸
法律地位	對貨主是運送人 對船公司是託運人	代理人	代理人
收入性質	運費（差價）	代理費或佣金	代理費或佣金
資金運用	較高	很少	極少
是否擁有船舶	無	無	無
自己的提單	有	無	無
自己的運價表	有	無	無
經營重點	以貨物拆併櫃為主	以貨物訂艙、交付為主	以船進出港及在港服務為主
委託人	貨主	貨主，如為訂艙代理者，則為船公司	船公司

[註4] 孫家慶、姚景芳，《國際貨運代理實務》，中國人民大學出版社，北京，2019 年。

無船公共運送人（Non-Vessel Operating Common Carrier, NVOCC）

「無船公共運送人」，原文源於1984年美國的「海運法」（The Shipping Act of 1984），原名為「Non-vessel Operating Common Carrier」，簡稱NVOCC，在該法公布之前，國際上並無「無船公共運送人」這樣的名稱。

「無船公共運送人」這個名詞的重點，其實在相對於傳統上有船的「公共運送人」（Common Carrier），而有船的「公共運送人」即海運法上的名稱是「海上公共運送人」（Ocean Common Carrier），在美國「海運法」上的定義，是「經營船舶之公共運送人」。承攬運送人自貨櫃運輸發展以來，早已具有運輸行程設計、運具安排、簽發提單的能力與規模，除了沒有船舶，不是「經營船舶之公共運送人」，其實已經有了「公共運送人」的實質身分。

資料來源：Here Is The Difference Between A NVOCC And A Freight Forwarder
https://www.xeneta.com/blog/difference-between-nvocc-freight-forwarder

第12章
航線規劃及船舶調度

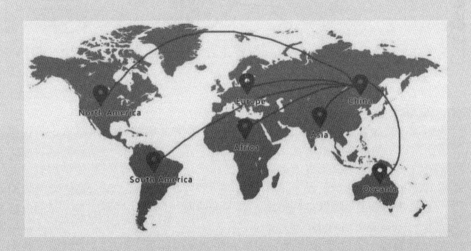

Unit 12-1 海上航線

　　海上航路（Shipping Route）是完成海上運輸的通道，是很多航海家探險勘查的成果，也是世界經濟發展與貿易的結果，海上航路的形成不僅受地理、水文條件的影響，同時也受區域政治、經濟的影響。

　　海上航線（Shipping Line）一般指船舶在兩個或多個港口間，從事海上旅客及貨物運輸的路線，航線由天然航道、人工運河、進出港航道、航路標識裝置組成，從航行區域可分為太平洋航線、大西洋航線、印度洋航線及環球航線。

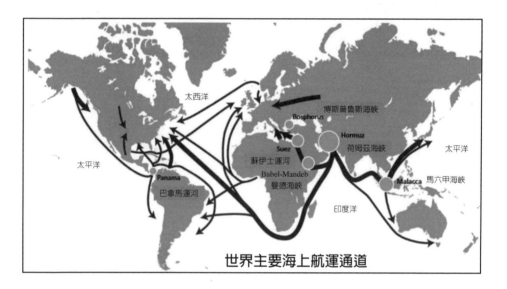

世界主要海上航運通道

一、全球主要海上航線[註1]

　　商船營運首重航線選擇與船舶調配，航線選擇、船舶調配如適當，將可獲取預期利益。選擇航線的方法因業務性質有所區別，定期航運業務先選定航線再配船舶，不定期航運則先有船舶再選航線。近年因造船的船噸能量過剩，使航運業競爭激烈、運費下跌，為挽救運價採取解體、停航、減少造船、減速航行、延長滯港時間、降低裝卸效率，其中減速航行可降低燃料成本，又稱為經濟航速（Economic Speed）。

1. 太平洋航線：此航線是美國、加拿大西海岸與遠東之間的主要航線，該航

[註1]　Major Shipping Routes of the World(By Commodities)
　　　 https://maxfreights.com/major-shipping-routes-of-the-world-by-commodities/

線經由中美洲的巴拿馬運河，可與美國東岸港口、西歐的北大西洋航線相接。

(1) 遠東：北美西海岸航線。

(2) 遠東：巴拿馬運河－加勒比海、北美東海岸航線。

(3) 遠東：南美西海岸航線。

(4) 遠東：東南亞及印度航線。

(5) 遠東：紐澳航線。

(6) 南太平洋航線（紐澳－北美東西岸）。

(7) 北美：東南亞航線。

(8) 美洲西海岸：近海航線。

2. **大西洋航線**：此航線是西歐、北美洲東岸之間的主要航線，並經地中海連接南歐及東歐，該航線可經蘇伊士運河連接印度洋航線。

(1) 西北歐、北美洲東岸航線。

(2) 西北歐、北美洲東岸：北美西海岸（加勒比海）航線。

(3) 西北歐、北美洲東岸：直布羅陀－地中海－蘇伊士運河－印度洋－亞太航線。

(4) 西北歐、地中海：南美東海岸航線。

(5) 西北歐、北美東海岸：西非－好望角－遠東航線。

(6) 南美東海岸：好望角－遠東航線。

3. **印度洋航線**：主要是波斯灣經西歐、北美及經東南亞至日韓航線，主要是超大型油輪的原油運輸路線。

(1) 波斯灣：好望角－西歐－北美航線。

(2) 波斯灣：東南亞－日本航線。

(3) 波斯灣：蘇伊士運河－地中海－西歐－北美航線。

4. **其他航線**：遠東經東南亞至非洲東岸、遠東經東南亞及、非洲南端好望角至非洲西岸及南美洲、澳洲與紐西蘭經地中海至西北歐、印度北部至歐洲航線。

二、海運航線型式

　　定期航運的航線特點是船舶依照對外公布的船期表彎靠固定的港口，無論貨物是否滿載，船舶必須準時開航，運費按固定的費率來計算。雖然船公司對航線或船期表會定期或不定期更動，仍會盡量維持其穩定性，其中固定的港口有啓運港、彎靠港及目的港之分，構成不同的航線組合，託運人與運送人之間的義務與權利以雙方的載貨證券（提單）上所列條款爲憑。

定期航線型式 [註2]

　　貨櫃定期航線是指至少在兩個港口間透過貨櫃船定期往返或環繞航行運送貨櫃貨物的航線，大部分的貨櫃輪航線是以定期航線形式營運，貨櫃輪航線常被視爲定期航線的代表。

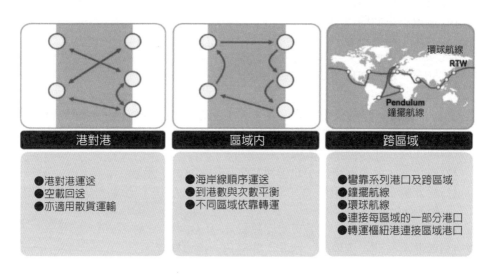

貨櫃輪航線特性

1. 航線往返程可以彎靠不同港口：各地區往返貨源不一，彈性調整以充分運用艙位。
2. 航線上船舶特性相近：投入船船性能及艙位相近，使各航次運能均衡。
3. 航線配船少：與雜貨船相較裝卸效率高，航線上船舶數量遠少於雜貨船。
4. 航線彎靠港分爲基本港、樞紐港與集貨港：基本港（Base Port）是定期要彎靠港口，樞紐港（Hub Port）是各種運輸方式匯集，方便貨物集中或疏散的地方，集貨港（Feeder Port）是貨量較小，透過支線運送貨物到樞紐港。
5. 航線彎靠少數港口：只彎靠少數樞紐港，再由集貨港或小型公司的支線將貨源集中到彎靠的樞紐港。

[註2]　Types of Maritime Routes, The Geography of Transport Systems
　　　https://transportgeography.org/contents/chapter5/maritime-transportation/maritime-routes-types/

鐘擺航線（Pendulum）、軸輻式航線（Hub and Spoke）

船舶從某中間地區的幾個港口開航，向東航行至東部地區幾個港口進行貨櫃裝卸，再從東部地區返回中間地區港口作業，再由中間地區港口航向西部地區港群進行貨櫃裝卸後，再返回中部地區港口，完成一個鐘擺週期。

軸輻式航線又稱為樞紐港與集貨港航線，是以艙位較大船舶航行於貨量大、地理位置較佳的主要港口（樞紐港），其他小型港口再用海運支線連接樞紐港，形成相互連接的運輸網路。

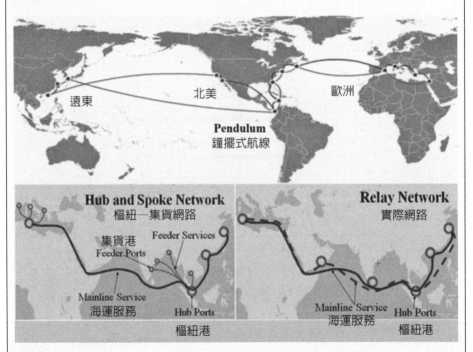

資料來源：1. Literature survey of network optimization in container liner shipping, https://link.springer.com/article/10.1007/s10696-013-9179-2

2. Transshipment hub port selection criteria by shipping lines: the case of hub ports around the bay of Bengal, https://link.springer.com/article/10.1186/s41072-018-0030-5

Unit 12-2 航線選擇

隨著國際貿易的發展，運輸貨品愈來愈多樣化，運輸要求也愈複雜，因此航線的選擇要配合各方的運輸目標也多元化。良好的運輸方案能夠實現經濟、便捷、安全及可靠等多個目標，但要明確目標的優先順序，還要根據貿易條款及貨物運送需求特性，通常高價貨物、季節性貨物首要目標是優質快捷，而低價貨物首要是追求低運費，對船期和運送品質的要求其次。

一般情況下，運輸時間和綜合費用是航線選擇的關鍵要素，當貨主面臨多個航線的選擇方案時，最佳方案是在運輸時間要求的前提下，綜合費用最小的航線。同時盡可能避開擁塞、冰封的港口，旺季避免出現艙位及貨櫃短缺、第三地轉運來不及的船公司，以降低不能按時送達的風險。

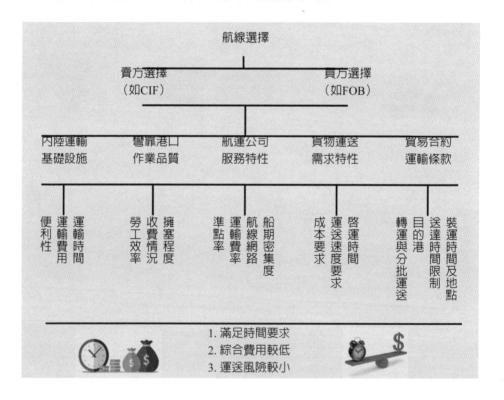

同一條航線由不同的船公司經營，運費的條件不同，如貨櫃型式、有效期、支付方式、重量限制、提單方式、艙位保證等，也會對價格有所影響。

航線是為狹義之航路，是航運業運送人在各種不同的航路中，就其具備之主客觀條件，為達到營利目的所選擇的航路。一條航線可以包括若干條航路，也

可能是某航路的部分航段，也可能是數個航路之若干部分所組成。

航路爲世界任何船舶航行而存在，航線則爲航運業運送人所自行決定的營運路線，其他公司並不一定要選擇同樣航線。航路爲海洋探險家長期探索而來，除重大地貌、海象氣候的改變，有長期利用的價值，航線則常因政治、經濟、貿易或經營者本身因素而取消或變動。

選擇航線的條件

航商選擇航線必須根據本身的條件（船舶種類、數量、運能、代理商等）及外部條件（貨源市場規模、競爭對手、港口條件、國際油價、政治穩定性等），如選擇不當則將造成信譽受損及利潤虧損，故需重視航線選擇之重要條件[註3]：

1. **各國間貿易之可能性**：天然資源不同、勞動力的差異及國際產業分工，構成國際貿易的基礎。
2. **港口間貿易貨運之動向**：是否有季節性、貨運爲單向或雙向、淡旺季貨量等。
3. **業務性質**：某一航線已有多少船舶營運、船期安排、性能及噸位、競爭情況、是否有運費同盟組織、應以哪些港口爲停靠港等。
4. **船舶類型**：投入船舶之類型與營運路線及貨物類別有關，行駛船舶之噸位、吃水、速度、貨艙層數、艙口數量、客運艙位、貨運設備，先調查航運需要以做爲建造或購買船舶之根據。
5. **港口情況**：在一航線之往返港口設備、船舶補給、油料價格、勞工條件、代理行之信用及當地治安情況等。
6. **法令、盟約及國家政策**：各國法令對外資航運業規定不同，對航運同盟、攬貨限制、營業稅率、國貨國運及反壟斷政策等，均應該調查蒐集。
7. **當時經濟條件及未來趨勢**：航運景氣與全球經濟、國際貿易具有密切關係，各國產業結構的改變、進出口產品的種類及各國貿易政策的動向，都會影響未來航運航線的結構。

[註3] 陳敏生，《海運經營》，文笙書局，臺北，民國86年。

巴拿馬運河拓寬後的全球海運航線改變

2014年10月15日巴拿馬運河拓寬工程經10年工程完工，過去運河最大許可5,000TEU極限型貨櫃輪通過，整建後的運河可供13,000TEU貨櫃輪通過，運河兩端連接太平洋與大西洋，提供美國西海岸到東海岸的運輸路徑新選擇。

過去遠東運送至美國東海岸的貨物，需先在美國西海岸港口卸貨，再經內陸運輸至美國東海岸港口，或遠東地區經蘇伊士運河至美國東海岸港口。巴拿馬運河過去受限於運河寬度，只允許5,000TEU的拿馬極限型貨櫃輪通過，拓寬後可供超巴拿馬極限型（13,000TEU）貨櫃輪通過，可因應貨櫃船舶大型化的趨勢。

由於大型貨櫃輪可以通過巴拿馬運河後，提供航商與貨主新的航線選擇，傳統美國東西岸港口的貨物運輸要依賴內陸鐵路運輸系統，航商及貨主新的航線選擇是從遠東來的貨櫃輪沿著太平洋港港口停靠後，再繞行巴拿馬運河至美國東海岸港口，不必受限內陸火車每列的運送能量限制，也改變美國東南部的物流運輸方式。

資料來源：Redrawing Global Shipping Routes: The Panama Canal Gets an Upgrade
https://www.bbh.com/us/en/insights/private-banking-insights/redrawing-global-shipping-routes-the-panama-canal-gets-upgrade.html

有「詞」一說

航線選擇步驟

1. 貨主自行選擇／委託貨運代理，依本身貨運規模或經濟成本考量。
2. 明確需求情形，本身貨物對航線班次及航行時間、作業配合要求等。
3. 確定航線選擇目標及主要影響因素，交易的運輸約定條件、船方收取的附加費用、艙位擁擠程度等。
4. 確定是否選擇貨運代理，考量自身託運規模或處理能力程度。
5. 查詢航線訊息，進行船公司的船期查詢及相關託運要求資料的比較。
6. 備選方案與評估決定，對多個方案進行綜合評估。

資料來源：唐麗敏，《徹底搞懂海運航線》，中國海關出版社，北京，2009 年。

Unit 12-3 航線配船

　　航線是船舶在水面航行路線的簡稱，即船舶在兩個或兩個以上港口之間從事客貨運輸的具體航行路線。航線設計主要包括航線型式的確定、船舶彎靠港的選擇。一般航線的起、迄兩端有許多港口可供選擇時，為減少船舶彎靠次數、縮短在港時間及節約港埠費用，通常根據貨物流向、港口裝卸效率進行選擇。航線確定後還要確定靠港順序及到港時間，而且還要考慮是否有適合船舶安全航行的自然條件。

　　船舶調度則是有計畫的規劃船舶投入作業，及時掌握船舶動態和處理船舶營運過程中的有關問題。調度工作根據業務內容可分為計畫調度和值班調度兩種。計畫調度的主要任務是編製年度（或階段性）航線的配船計畫、船舶運輸計畫、定期船舶航班表、船貨平衡與配載工作。值班調度是不分日夜掌握船舶運行的作業動態，並與有關港口的代理行進行聯繫，隨時注意及解決船舶所發生的問題。

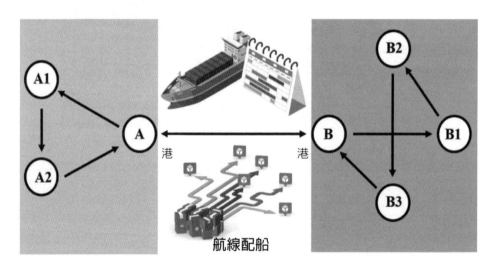

航線配船

　　船舶投資巨大，表示每單位時間的資本額分攤很大，船舶運用效率高低、營運經濟效益好壞、運輸安全及服務品質的優劣，都與船舶調度工作有關，船舶因維修、檢驗、貨載不足所造成的停泊閒置，都將增加船舶所有人的成本增加及收入的損失。

　　船舶運輸服務與一般貨物相比，顯著不同的是海運的運輸服務環境是點（港）、線（航段）、面（航路）多又變動性高，營運環境不可控的隨機變數常有發生，因此增加船舶調度的困難，運用計算機最佳化的運算方式，目前只是作為決策的參考。

　　不定期散裝貨輪及定期雜貨輪航線，因有託運人指定的目的港，承運的貨物數量及種類也較明確，航線的選擇及船舶較易事前作安排。貨櫃輪則爲定期定點航行，貨物運送數量、批次、往返流向也影響航線型式與投入船舶數量、種類。不管航線的選擇安排方式，航線上的航路選擇仍應注意船舶的適航安全性因素（航路水深、航道寬度、港口作業條件、當地政治穩定性等）。

貨櫃船定期航線型態分類

1. 點對點航線（Point to Point）
　　基本式連接 A、B 兩港進行往返運輸的航線，隨著船舶大型化，爲提高艙位的利用率，在點對點航線的基礎上，衍生兩端港口的支航線，爲傳統及近洋航線所採用。

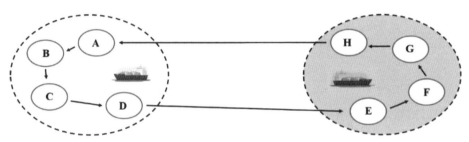

點對點航線（Point to Point）

2. 軸輻式航線（Hub and Spoke）
　　是以聯接兩樞紐港的主航線爲主，配合連接樞紐港與集貨港的支航線，所構成的運輸網路。樞紐港由噸位較大船舶航行貨量大、地理位置較佳之少數港口，非樞紐港由支線航線將貨物運往樞紐港進行集中轉運，爲現行主要遠洋航線及大型定期航運公司所採用。

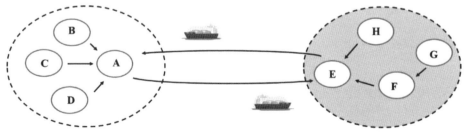

軸輻式航線（Hub and Spoke）

3. 鐘擺航線（Pendulum）

船舶從某個中間區域港口出發，向東航行至某區域港口進行裝卸，再航向回中間區域港口進行裝卸後，航向西部區域港口作業，最後再航向中部區域港口，完成一個類似鐘擺動作的週期，這是船舶大型化後，因應巴拿馬運河的設施限制，進行貨物的運送。這種航線優勢式覆蓋面大，可以載運多個貿易區域的貨物，缺點是航線較長須投入較多船舶。

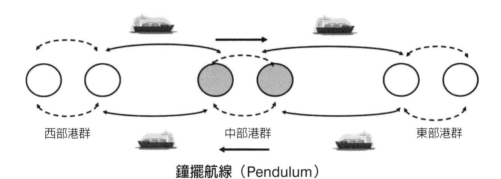

鐘擺航線（Pendulum）

4. 循環式航線（Go-Around）

在選定的港口之間依序停靠每一港口，一般一個航次中，每個港口僅靠一次（也有彎靠兩次），此種航線的優點是只有去程沒有回程，能解決航線上貨物流向不平衡問題，提高船舶艙位使用率，還可增設反向循環式航線以減少環繞式航行的時間。

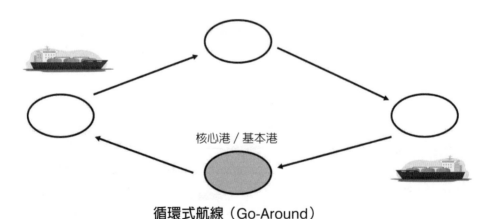

循環式航線（Go-Around）

海運策略聯盟方式

貨櫃定期航運服務係屬營運與服務同質性高之產業，各航商面對競爭極為激烈的定期航運市場，紛紛採取籌組「航運聯盟」或運用「協議合作」之營運方式，除了增加港口據點、擴大貨源及增加調派船舶航班之靈活度外，更希望達到增加設備利用率、艙位周轉率，以降低成本、提升服務品質與強化競爭力之目的。

航運聯營型態包括海運同盟（Shipping Conference）、運價穩定協定、海外聯營總處及策略聯盟（Alliance）等。而較常見的海運策略聯盟方式有公攤協定（Pooling Agreement）、共同派船（Joint Fleet）、艙位互租（Cross-slot Charter）、艙位互換（Slot Exchange）與艙位租用（Slot-space Charter）等方式。各海運策略聯盟方式說明如下：

1. **公攤協定**：係指營運於同一航線上之兩家以上船公司，共同派船營運，運價統一，依據一固定公式，對參與協定之成員，提供貨運量之盈虧、費用之分攤。

2. **共同派船**：係指各成員公司共同派船經營某一航線，順位依出船之比率分配，市場及財務獨立，運價、港埠費用及其他費用、相關事宜、貨櫃集散站也各負其責，但為了運作方便起見，雙方會協議共同碼頭或其他相關設備及設施。

3. **艙位互租**：兩家或兩家以上之公司經營類似航線或不同航線，相互簽定租用艙位之契約，其目的是擴充雙方之服務領域，提升服水準，對於貨源之招攬，即船舶之營運，則由航運公司各自為之。

4. **艙位互換**：係指船公司以自己擁有之艙位去換取其他公司之艙位，藉以提高艙位利用率並可增加第三國貿易間之承運機會，一般而言，交換艙位之數量相等。

5. **艙位租用**：係指一船公司在某一航線上之營運規模經評估後，未達自行派船的水準或是攬貨量突然增加，導致艙位不足，而向同航線之其他船公司租用所需之艙位。

資料來源：蔡蕙安、陳榮傳、姚銘忠，《國際定期海運市場及競爭規範研究》，公平交易委員會
https://www.ftc.gov.tw/upload/dc1efab7-d9da-4dab-815d-f808c1a45d9e.pdf

Unit 12-4 船隊合作

由於船舶朝大型化發展，造船技術與環保要求不斷的更新，船公司面臨投資新造船龐大的資金壓力，又要爭取客戶擴大服務網路，因此在航線規劃及船隊規模必須謹慎，以免產生倒閉或被併購結果，因此爲達到艙位利用率及擴大運輸網路，近年來定期航運公司採取一些合作方式。

一、船舶共用協議（Vessel Sharing Agreement, VSA）[註4]

各航運公司之間通過「船舶分配協議」達成一致的策略合作意見（期限不定），同意各自指定數量（船型）的船隻沿指定路線運行定期航運服務，是貨櫃航運公司常用於履行聯合定期航運服務的協議。協議成員就一條或多條航線，進行船舶的營運安排，包括船舶服務的協調或聯合經營，以及船舶艙位的互換或互租，以提高運營效率和經濟效益，使合作公司能夠通過定期航運服務的合作和協調爲客戶提供更多的服務。

航運業因全球經濟衰退、海運市場供需失衡導致長期過剩運力等原因，以及船舶大型化的趨勢，很少有公司能單獨負擔大型船舶的營運成本，透過「船舶共用協議」可以使航運公司集中資源，共同部署航線，以確保各航運公司能節約成本，有最佳的船舶使用率，在減少對船舶過多投資的同時，也能增加服務的彈性和船舶的靠港據點。

[註4]　What is a Vessel Sharing Agreement(VSA) in shipping..??
https://www.shippingandfreightresource.com/what-is-a-vessel-sharing-agreement-vsa-in-shipping/

簡易的「船舶共用協議」使用於特定的航線（例如突發性市場需求），可能僅就船舶艙位的互換或互租進行協議，針對該航線具體地制定條款和條件；而策略聯盟（Strategic Alliance）就是一種較完整「船舶共用協議」，更具全球性，在相同的條件下，包括許多不同的航線。根據航運公司在共同服務總容量中本身投入比例的計算，每個參與協議成員在聯合服務中，包括參加的所有船舶（無論是在自己的船隻或其合作夥伴的船隻上）分配相應的運能，並且不能將艙位分享給協議以外的成員。

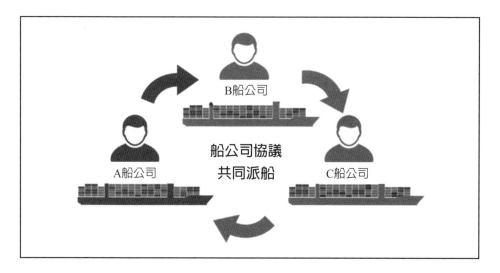

「船舶共用協議」不包括運費的固定協議，各航運公司可分別向客戶簽訂合約，發行各自的載貨證券（提單），運送各自的貨櫃，在岸上使用各自的倉庫設備，此外，每家航運公司負責自己的船舶運營管理以及其船舶在聯合服務中的相應費用，例如：船舶成本、油料、港口費用、運河費用、代理費等。「船舶共用協議」通常也會記載相關的責任，包括援救、保險和法律執行等事項的規範。「船舶共用協議」有時候不僅止於海上的運輸，涵蓋的範圍更廣，例如：船舶共用協議通常也會記載相關的責任範圍。船舶共用協議有時候不僅止於海上的運輸內陸倉庫或與陸運運輸業者的談判等，但有些國家法律規定「船舶共用協議」不可涵蓋內陸運輸。

二、自願討論協議（Voluntary Discussion Agreement, VDA）

「自願討論協議」是航運公司之間簽訂的協議以彼此交換意見、討論宏觀的經濟指標，公司提供了建議的服務合約談判運費費率供決策參考，使得航運公司能做出更好的市場決策與客戶簽訂合約，不會與客戶接觸而和海運同盟最大的差別在於，自願討論協議是採用指導的方式，對參加的成員沒有約束力，

成員與客戶簽訂的合約皆為保密的，不受協議的其他成員監管，其他成員無法得知指導方針是否有被遵守，也無法得知各成員各個服務合約的運費費率與合約。但仍有航運業共同協商目標運價之嫌，妨礙公平競爭，有些國家或地區會禁止此類航運協議的進行。【註5】

例如於 1981 年成立的香港定期班輪協會，處理定期、固定的遠洋輪貨運服務，協會目前有 16 個公司會員，約占香港貨櫃班輪業約九成。協會各成員會按「船舶共用協議」及「自願討論協議」運作，其中，「自願討論協議」訂明容許成員討論運費、附加費等商業資料，而「船舶共用協議」則允許船運公司協調或共同經營船舶服務，以及互換或租用船舶艙位。

根據香港競爭事務委員會文件，香港定期班輪協會在 2015 年香港「競爭條例」實施後，就「船舶共用協議」及「自願討論協議」，向競爭事務委員會提出「集體豁免命令」。競爭事務委員會於 2017 年 8 月發出「船舶共用協議」的豁免令，允許船運公司協調或共同經營船舶服務，以及互換或租用船舶艙位，但拒絕豁免「自願討論協議」。

香港定期班輪協會的「自願討論協議」訂明容許成員討論運費、附加費等商業資料，例如成員可預先將建議收取的運費及有關修訂通知其他成員，可集體發出定價建議；成員亦可就航線互相交換成本、船舶載貨量等商業資料。

然而，香港競爭事務委員會認為「自願討論協議」會引起競爭受損，指出航運公司互換運費等資訊，是協調價格的方式之一，如果船公司預先知悉競爭對手加價，亦有可能隨之而加價，而公布運費指引，實際上或會導致多間航運公司同時宣布加價【註6】。

【註5】 Voluntary Discussion Agreement Shipping
https://tineri.betleem.org/voluntary-discussion-agreement-shipping/

【註6】 馬士基，東方海外退出業界自願討論協議，香港 01 網路新聞報導
https://www.hk01.com/

船隊規劃問題

保持足夠的運輸能力和競爭力是船舶更新和船隊發展規劃所要解決問題，其核心是研究船隊的規模和船隊的組成問題。船隊規模的大小一般指船隊總噸位的多少，在因應運輸需求、財務負擔、技術及管理能力下來決定船隊規模，以追求規模經濟和盡可能最大利潤。

船隊的總噸位雖表現出船隊的規模（運輸供給能力），但並不能充分表現供給與需求的合理分配，這與船舶的種類、大小有關，船隊的結構是否合理主要在三個方面：

1. 船舶種類與船型：在營運航線、港口的條件下選擇船舶，同時貨物的單一化、貨櫃化的趨勢，對船舶的專業化要求較高，各種貨物的專用船必須適量配置。

2. 各類船舶的數量與比例：航線的長短、貨源大小的季節性、港口的基礎設施條件，必須進行船舶的適量控制，避免船舶的閒置或運能不足，船舶租賃與策略聯盟也是彈性的因應作法。

3. 船舶設備的技術性與船齡：不同時期建造的船舶，其船上設備與建造材料不同，現在各項船舶設備規範日益嚴格（例如污染防治、航行安全）、船舶技術更新快速（例如節能、自動化），船齡某方面顯現船舶的技術性新舊與競爭力差異。

資料來源：謝新連、楊秋平，《船舶調度與船隊規劃方法》，大連海事大學出版社，大連，2012年。

樞紐港—集貨港
（Hub & Spoke Transport Network）

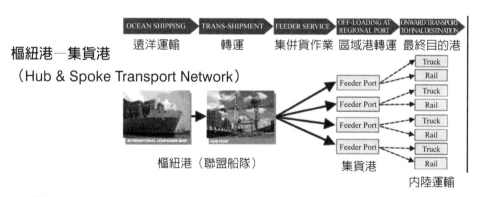

圖片來源：https://www.researchgate.net/figure/Maritime-Hub-and-Spoke-Transport_fig1_310479877

全球物流（International Logistics, Global Logistics）

物流的內涵

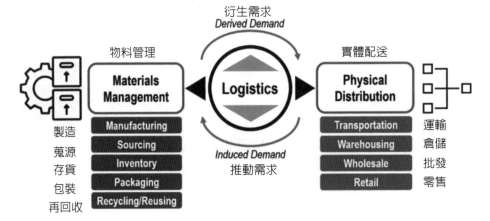

第13章
複合運輸及物流

Unit 13-1 複合運輸概述

　　美國在 20 世紀 20 年代開始進行公路拖卡車與鐵路列車的聯合運輸方式，在貨櫃運輸尚未展開前是複合運輸（Multimodal Transportation）的主要方式，自 1960 年代美國開始國內海運貨櫃運輸的時代，隨著國際標準海運貨櫃運輸的增加，從美國境外進口的貨櫃銜接鐵公路運輸延伸至美國內陸區域，使複合運輸發展達到高峰。美國鐵路貨櫃大多數使用國際標準貨櫃（20、40、45 英呎乾貨櫃），主要用於進出口貿易，美國境內運輸則以 48、53 英呎的國內標準櫃為主。1980 年代美國鐵路平臺列車搭載雙層貨櫃及公路貨櫃拖車直接用鐵路列車運送，使複合運輸的國內外港口貨運量及作業效率大為提高[註1]。

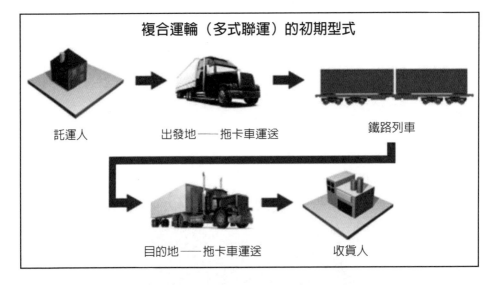

複合運輸（多式聯運）的初期型式

託運人　　　出發地──拖卡車運送　　　鐵路列車

目的地──拖卡車運送　　　收貨人

　　國際複合運輸是一種以實現貨物整合性運輸的最佳化效益為目的的運輸服務方案，通常會以貨櫃（Container）為運輸單位，將從出發地運送之目的地的運輸過程機動組和在一起，組成連續性的運輸服務，透過單一的託運、計費、單據、保險，由各運輸區段的運送人來共同完成貨物的全程運送，與傳統的單一運輸方式有很大的差異。1960 年代這種運輸方式由美國開始，再逐漸北美、歐洲及遠東地區開始應用。

[註1] Piggyback (TOFC) and Doublestack (COFC) Train Cars, The Geography of Transport Systems
https://transportgeography.org/contents/chapter5/intermodal-transportation-containerization/container-tofc-cofc/

國際複合運輸規定

聯合國的國際海事委員會於 1967 年草擬國際複合運輸公約草案，並於 1969 年東京會議上通過「東京規則」之後，經過歐洲經濟委員會及政府間國際海事協商組織（IMO 的前身）之努力於 1971 年 11 月在倫敦制訂「國際貨物複合運輸公約草案」（TCM），原擬提交海協召開之貨櫃運送會議審議，但由於許多開發中國家之反對，未能列入議事日程。聯合國貿易發展會議（UNCTAD）於 1973 年起召開國際貨物複合運輸公約之政府間籌備會議，首先排除以 TCM 作起草公約之基礎。經過六屆籌備組會議，完成公約之起草工作，又經 1979 與 1980 年兩次全權代表會議，終於在 1980 年 5 月 24 日於日內瓦制定「聯合國國際貨物複合運輸公約」，出席會議的有 84 個國家，並有 67 國在會議最後文件上簽字。

在聯合國「國際貨物複合運輸公約」（United Nations Convention on International Multimodal Transport of Goods, 1980）[註2]對複合運輸（Multimodal Transport）的定義，依複合運輸公約第 1 條：「稱國際複合運輸者，指依複合運輸契約，至少兩種不同之運送方式，由複合運輸運送人將貨物自一國境內接管貨物之地點，運至另一國境內之指定交付貨物之地點。但爲履行單一運送（Unimodal Transport）契約，而實施該契約所規定之貨物接送業務不應視爲複合運輸」。

公約由序言、8 個部分共 40 條及 1 個關於海關事項附則組成。公約之主要內容如下：

1. 公約適用範圍：凡契約規定之複合運輸經營人接管或者交付貨物之地點位於締約國內，公約規定便適用於兩國間之所有的複合運輸契約。

2. 各國對複合運輸的管理：公約不得影響各國在國家管理複合運輸業務和複合運輸經營人之權利；複合運輸經營人應遵守其業務所在地國家適用之法律及公約之規定。

3. 多式聯運經營人之賠償責任：
   (1) 責任期間，自複合運輸經營人接管貨物之時起到交付貨物之時止。
   (2) 賠償責任，實行複合運輸經營人之推定過失責任制，不論在那一運送區段發生貨損，除責任限額以高者外，均按統一之運送責任制度處理。遲延交付責任之規定與「漢堡規則」規定相同。

4. 管轄權和仲裁條款：公約規定與「漢堡規則」基本一致，由原告或告訴人在規定範圍內選擇法院或仲裁地點之權利。

[註2]　趙一飛，《航運與物流管理》，上海交通大學出版社，上海，2004 年。
United Nations Convention on International Multimodal Transport of Goods, 1980
https://unctad.org/system/files/official-document/tdmtconf17_en.pdf

5. 訴訟時效：根據公約，有關複合運輸之訴訟時效 2 年。但是，如果在貨物
   交付之日或應當交付之日後 6 個月內，未提出書面索賠通知，則在此期限
   屆滿後即失去訴訟時效。

   公約規定在 30 個國家批准或加入一年之後開始生效，每一締約國對於在本
公約生效之日或其後所訂立的複合運輸公約，應適用本公約的規定，由於只有
20 個國家已加入，所以公約尚未生效。

 TOFC & COFC

1960年代貨櫃運輸興起後，降低運輸成本及提高服務水準是託運人（貨主）尋求整
合性運輸服務的要求，特別是戶對戶運輸對貿易雙方提供更為便捷的貨物交付方式，
在美國境內的長程鐵路及公路運輸結合，提供兩種運輸方式相結合優勢的初期運輸方
式。

隨著國內貿易的海運貨櫃大量在港口進出，從海運、公路加鐵路形成新的複合運輸方
式，為將港口的大量貨櫃運送至美國東西兩岸及中部內陸地區，長程火車的運送能便
受到重視運用，1984年美國開始以火車平臺列車搭載貨櫃或貨櫃拖車進行長程運送模
式，由於可以運用機械化裝卸作業，可節省運輸費用及提高效率。

Container On Flat Car **(COFC)**	**Trailer On Flat Car** **(TOFC)**
貨櫃平台列車運輸	駝背運輸
Doublestack (COFC)	Piggyback (TOFC)

資料來源：The Complete Guide to Intermodal Transportation
https://www.intekfreight-logistics.com/the-complete-guide-intermodal-transportation

有「詞」一說

【運送人所有貨櫃（Carrier owned container, COC）】：航商所提供貨主裝貨使用貨櫃。

【託運人自備貨櫃（Shipper owned container, SOC）】：貨主自備裝載託運貨物之貨櫃。

Unit 13-2 複合運輸型式

　　複合運輸是指在一個合約下進行運輸貨物，但至少要採用兩種不同的運輸方式；即使採用幾種不同的運輸方式，運送人仍對整個運輸貨物承擔責任。運送人不必擁有所有的運輸工具，實際上通常也不具備；全程運輸通常由合作的運輸公司執行，負責整個國際貨物運輸的運送人被稱爲複合運輸運送業（MTO）。

　　國際複合運輸[註3]有幾項特質，它是國際貿易的貨物，在兩國之間（或經第三國）運送，使用兩種運輸方式（或三種以上），是單一運送人負責組織及協調整個運輸過程。當今美國東西兩岸港口的貨物運送除經由巴拿馬運河的水路運輸外，是經由港口的鐵公路進行貨櫃運輸，遠東地區至歐洲的貨物除經蘇伊士運河、非洲南端好望角外，經西伯利亞大鐵路及中國大陸經中亞至歐洲的中歐鐵路列車的陸橋運輸（Land Bridge）方式。

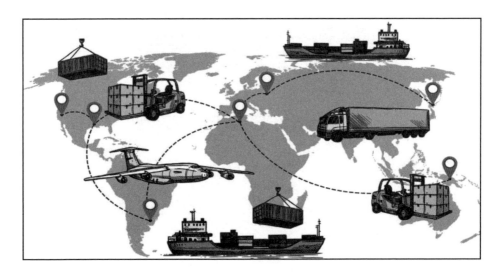

　　由於國際複合運輸具有其他單一運輸方式的優越性，因而這種國際運輸新技術已在世界各主要國家和地區進行應用，目前具有代表性的複合運輸有遠東—歐洲、遠東—北美等海陸空聯運，其運輸形式有海陸聯運（以航運公司爲主體，簽發聯運提單，與航線兩端的內陸運輸部門合作聯運）、陸橋運輸、海空聯運等。

[註3]　What is Multimodal Transportation?
　　　　http://www.deniint.com.mk/what-is-multimodal-transportation/

一、複合運輸的形式【註4】

　　國際複合運輸式採用兩種貨兩種以上的不同運輸方式進行聯合運送的運輸組合服務型式，至少有兩種運輸方式可以是海陸、陸空、海空等（這裡以海運為主）。各種運輸方式都有本身的優缺點，水上運輸具有運量大、成本低的優點，公路運輸具有機動靈活性，有利實施戶對戶（Door to Door）的及門運輸型式，鐵路運輸主要是可深入內陸和跨洲進行長距離的運送，而航空運輸可進行快速的運送。

　　由於複合運輸的聯運方式必須使用兩種或兩種以上的運輸方式來進行聯運，因此複合運輸可採用各種運輸方式的組合，配合客戶的需要實現整合性服務方案（Total Solution），達到運輸效益最大化效果。

公路運輸直接運送至港口（客戶→公路運輸→港口及裝卸作業）

複合運輸／出口（客戶→公路運輸→終點站→鐵路運送→港口及裝卸作業）

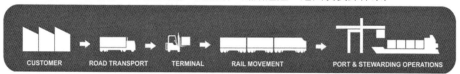

複合運輸（客戶→公路運輸→終點站→公路運輸→港口及裝卸作業）

複合運輸／國內（客戶→公路運輸→終點站→鐵路運送→終點站→公路運輸→目的地）

【註4】　Intermodal Transport
　　　　https://www.qtlc.com.au/freight-sectors/intermodal/

二、陸橋運輸【註5】

20世紀50年代初，日本的運輸公司將貨櫃經太平洋運送至美國西岸港口，再利用橫貫美國東西岸的鐵路運送美國東岸港口，然後裝船繼續運往歐洲，由此產生世界上大陸橋運輸的雛形：美國大陸橋，大陸橋運輸正式是在1967年開始。由於中東的以阿戰爭使蘇伊士運河關閉，遠東至歐洲的貨船須改道經非洲南端的好望角或南美洲的德雷克海峽，海運成本大幅增加，此時正值貨櫃運輸興起，於是大陸橋運輸應運而生。

所謂陸橋運輸（Land Bridge）是指採用貨櫃火車專用列車或卡車，把橫貫大陸的鐵路或公路作為中間「橋梁」，使大陸兩端的貨櫃海運航線與火車專用列車或卡車連接在一起的一種連貫運輸方式。

1. 西伯利亞大陸橋（Siberian Land Bridge）

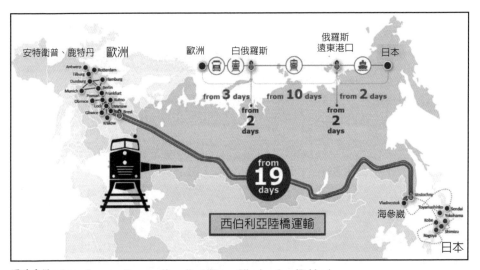

圖片來源：https://www.rzdlog.com/for_clients/Trans-Siberian_LandBridge/

西伯利亞大陸橋是使用國際標準貨櫃，將貨物由遠東海運到俄羅斯東部港口，再經跨越歐亞大陸的西伯利亞鐵路至歐洲波羅的海沿岸，然後再用鐵路、公路或海運至歐洲各地的複合運輸路線。

2. 北美大陸橋（North American Land Bridge）

北美大陸橋是指利用北美的大鐵路從遠東至歐洲的海—陸—海聯運方式，該陸橋運輸方式包括美國、加拿大及墨西哥陸橋運輸路線，美國大陸橋有兩條運

【註5】 張良衛，《國際海上運輸》，北京大學出版社，北京，2017年。

輸路線，一條是從太平洋沿岸至東部大西洋沿岸的鐵公路運輸路線，另一條是太平洋沿岸至南部墨西哥灣沿岸的鐵公路運輸路線，美國大陸橋於 1971 年由船公司和鐵路運送業聯合開辦「海─陸─海」的複合運輸路線，營運人簽發複合運輸聯運單據，對全程運輸負責。

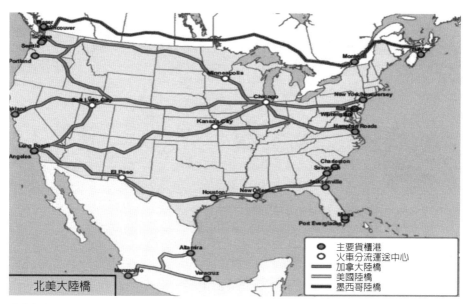

圖片來源：https://www.researchgate.net/figure/The-North-American-Landbridge

3. 新亞歐大陸橋（Eurasia Land Bridge）

新亞歐大陸橋是指 1990 年開通從中國大陸江蘇省連雲港、山東省日照等沿海港口城市，向西達到大西洋東岸荷蘭鹿特丹、比利時安特衛普等港口，橫跨歐亞兩大陸中部地帶的鐵路線，全長約 10,900 公里，在新疆阿拉山口站出境後，進而分北中南三線接上歐洲鐵路網通往歐洲，在中國大陸境內路線長約 4,213 公里。

遠東至歐洲經新歐亞陸橋比經蘇伊士運河的全程海運路線，縮短運輸距離約 8,000 公里，比通過巴拿馬運河約縮短運距 11,000 公里，遠東至中亞、中東經新歐亞陸橋，比經西伯利亞大陸橋縮短約 2,700～3,300 公里，該陸橋運輸路線有助於紓解西伯利亞大陸橋路線的擁塞現象。

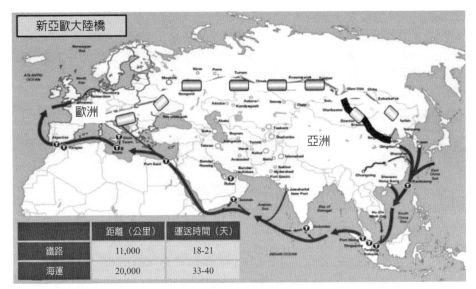

	距離（公里）	運送時間（天）
鐵路	11,000	18-21
海運	20,000	33-40

圖片來源：http://vonwitte.org/eurasian-land-bridge-as-trade-route/

4. 其他陸橋方式

(1) 小陸橋（Mini Bridge）

北美小陸橋運送的主要是日本經北美太平洋沿岸到大西洋沿岸和墨西哥灣地區港口的貨櫃貨物，小陸橋運輸與大陸橋運輸從方式上並無大的差異，只是運送貨物的目的地為沿海港口。

(2) 微陸橋（Micro Bridge）

微陸橋運輸與小陸橋運輸相似，只是交貨地點在內陸地區，北美微陸橋是指經北美東西兩海岸及墨西哥灣沿海港口到美國、加拿大內陸地區的聯運服務。

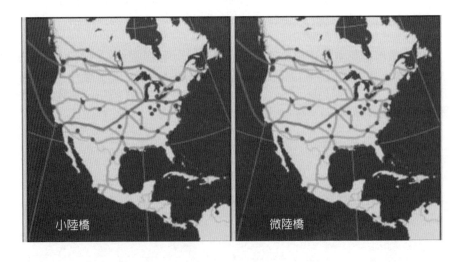

Fishyback & LASH

船背運輸（Fishyback），指由公路貨車與水運合作之運輸方式。常見模式為駛進駛出（Roll on-Roll off, RO-RO）將貨櫃裝載於貨車拖車上，經由架設之跳板（Ramp），直接駛入船艙，至目的地後貨櫃連同原拖車駛出，完成卸貨動作。

子母船運輸（Lighter Aboard Ship, LASH），即船上裝載駁船，駁船稱為子船，以子船為實際裝貨之貨艙，利用起重機或其他設備將子船裝載母船上，到達目的港外，再由船上起重機將子船吊下水面，由拖船將子船拖進目的港卸貨；或採用浮進浮出（Float on-Float off, FO-FO）使子船駛進（出）的方式，完成裝卸貨物的作業。

船背運輸（Fishyback）

子母船運輸（Lighter Aboard Ship, LASH）

資料來源：Lighter aboard ship
https://en.wikipedia.org/wiki/Lighter_aboard_ship#Sea_Bee_system

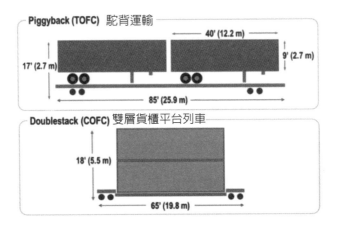

Unit 13-3 國際海運物流

隨著全球經濟整合的加速發展和國際分工的形成，物流管理已成為影響全球運輸型態的重要內容之一。海運作為運輸的主要方式之一，不可避免成為物流作業中的重要環節，為配合國際物流的整體解決方案提供，海運企業也朝向物流企業轉型。

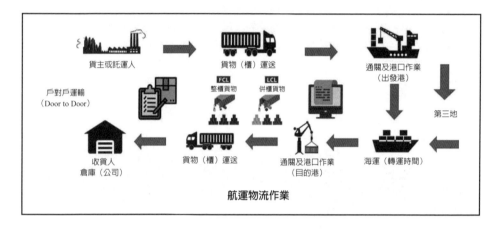

航運物流作業

國際海運企業建立自己的物流公司，拓展自己的業務範圍，以便為客戶提供更為完善的海運服務，並使自己成為客戶供應鏈的重要夥伴，這些海運企業主要是定期貨櫃航運公司。

航運公司	物流公司	網站
Maersk Line	Maersk Logistics	https://www.maersk.com/
American President Line	APL Logistics	http://www.apllogistics.com
NYK Line	NYK Logistics	https://www.nyklinelog.com/
Evergreen Line	Evergreen Logistics	https://www.evergreen-logistics.com/
Yang Ming Line	Yes Logistics	https://www.yeslogistics.com/

定期貨櫃航運公司由於採用國際標準貨櫃為運輸工具，使海運公司轉型為綜合物流服務提供者成為可能，並從貨櫃碼頭開始物流業務，以貨櫃為主要國際物流業務中，貨櫃運送業及碼頭營運業成為航運物流的主要推動力量。

海運市場的一大特點是影響因素多，貨運市場波動起伏大。為消除這種不確定性，航運公司有必要發展以「第三方物流」（Third Party Logistics, 3PL）為

主的服務，及以特定的長期客戶為服務對象，透過客製化的服務，與大型企業與貨主發展策略聯盟關係。

　　物流策略聯盟是由具備共同利益關係的企業之間所組成的共同合作組織型式，通過聯盟方式，可以發揮彼此優勢互補效應，把相關企業從運輸、倉儲、軟體提供，為客戶提供整合性的服務方案。海運企業與自己有共同利益的營運單位組成策略聯盟，可以獲取新的技術增加實力，以運用合作夥伴原有的網路進入市場，擴大市場占有率，降低營運的不確定性。

圖片來源：https://norlite.ca/services/

　　海運是國際物流最重要的運輸方式，大宗貨物和什雜貨都是透過海運實現地理轉移及國際經濟分工，從成本費用考量，海運的運輸成本占整個國際物流總成本的比例較高，特別是涉及遠洋運輸的貨物。

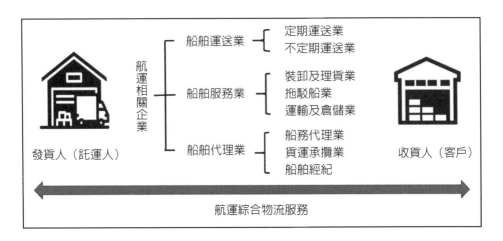

第三方物流（Third Party Logistics, 3PL）

第三方物流是物流經營人在相對長期的期間內，依照約訂的方式為客戶提供客製化的系列服務，這種服務是建立在現代電子資訊技術基礎上，物流提供者與客戶之間是合作關係。通常是為買賣雙方提供貨物運輸、倉儲、報關及資訊等服務及建議。

第三方物流業提供的服務範圍很廣，可以簡單只是幫客戶安排一批貨物的運輸，也可以複雜到設計、操作一個公司的整個配銷及物流作業。第三方物流業獨立於託運人（第一方）和客戶（第二方）之外，不參與貨物的生產與銷售，僅以託運人的要求來提供專業的物流服務，故第三方物流有時被稱為契約物流（Contract Logistics）或委外物流（Logistics outsourcing）。

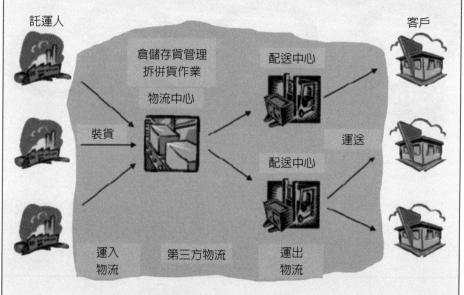

圖片來源：Logistics Outsourcing and 3PL Challenges
https://www.researchgate.net/figure/Typical-3PL-arrangement_fig1_37595239

有「詞」一說

【轉口貨物（Transit cargo）】：指進口運輸工具載運入境，暫時卸存海關指定之進口貨棧或貨櫃集散站之貨物，辦理轉船（機）出口之通關程序。（轉口貨物通關及管理作業要點第二點第一款）。

【轉運貨物（Transshipment cargo）】：係指國外貨物於運輸工具最初抵達本國口岸卸貨後轉往國內其他港口之貨物。

【多國貨櫃（物）集併通關作業（Multi-country Cargo Consolidation, MCC）】：指海運載運入境之貨櫃(物)，進儲海關核准之集散站轉口倉庫或轉口倉間，在未改變該貨物之原包裝型態（不拆及包件），辦理併櫃作業及申報轉運出口之通關程序。（轉口貨物通關及管理作業要點第二點第七款）。

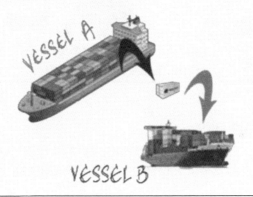

Unit 13-4 港口貨櫃物流

　　貨櫃碼頭（Container Terminal）是採用高度機械化和要求高效率的大規模港口物流作業場所，其應具備的必要設施有船席、貨櫃場、貨櫃集散站、控制中心、辦公室、管制站、維修工廠等。

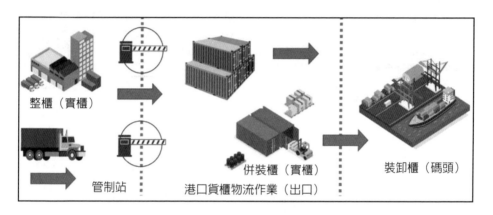

整櫃（實櫃）

管制站　　　港口貨櫃物流作業（出口）

併裝櫃（實櫃）

裝卸櫃（碼頭）

一、貨櫃碼頭設施【註6】

1. **船席**（Berth）：是指在碼頭內提供船舶停靠的岸壁線（Quay）與相對應的水域，船席的水深及長度，根據港口類型、碼頭種類和停靠船舶大小而不同。

2. **碼頭前沿**（Apron）：指碼頭岸壁線，從船席岸壁到貨櫃場之間的碼頭區域，由於碼頭前沿裝有貨櫃橋式起重機（Gantry Crane, GC），也是船舶裝卸進出口貨櫃的區域。碼頭前沿要其寬度要能足夠滿足堆放艙蓋板，同時能提供足夠橋式起重機對陸上拖車進行貨櫃搬運作業的空間。

3. **貨櫃場**（Container Yard, CY）：分為調度場（Marshalling Yard）和堆置場（Back-up Yard）兩種，貨櫃調度場與碼頭前沿相接的出口櫃區（翻艙櫃區），是為提高船舶裝卸效率，用以暫時堆放貨櫃的場所；後方堆置場是指儲存和保管空、重櫃的場地，包括轉運櫃、進口重櫃、空櫃、冷藏櫃，危險品櫃等的儲放櫃位（Slot）。

4. **貨櫃集散站**（Container Freight Station, CFS）：主要是為併櫃貨（Less Container Loading, LCL）進行貨物裝櫃及拆櫃的動作，同時對這些貨物進行儲存、保管和收發交接的場所。設在港區碼頭以外的貨櫃場貨櫃集散站

【註6】　張旖、尹傳忠，《港口物流》，上海交通大學出版社，上海，2012 年。

一般稱爲場站（Depot）。

5. **控制中心**（Control Tower）：又稱控制塔，是貨櫃碼頭各項作業的指揮調度中心，進行各項作業的規劃及指揮管理，一般設在碼頭或辦公室的最高層，可俯視整個碼頭的作業情形。

6. **管制站**（Gate）：是貨櫃出入碼頭的分界點，爲貨櫃交接和區分碼頭內外責任的位置，在此處要檢查貨櫃的單證，還有貨櫃的鉛封、櫃體外表完整及櫃號等，會設有海關的監督辦公室及地磅（Truck Scale）。

7. **維修工廠**（Maintenance Shop）：是對貨櫃和貨櫃裝卸機具進行維修保養的地方，設在碼頭後方不影響貨櫃搬運作業的位置。

8. **辦公室**（Administration Office）：供行政管理的場所，通常有簡報會議室、餐廳、通信及計算機機房等。

二、港口貨櫃物流系統

貨櫃在港口的物流活動始於船舶到達碼頭泊靠，並進行不同方式的貨櫃搬運作業到船舶離開碼頭，因此港口貨櫃物流系統涉及多個層面。貨櫃碼頭的作業計畫會根據船舶到港時間、載運貨櫃類別（重櫃、空櫃、冷藏櫃及危險品櫃）及數量、作業機具型式、數量制定作業計畫。

1. **船席規劃**（Berth Planning）：主要是調度到港的船隻並安排船席及碼頭的作業長度（範圍），一般根據到達船舶大小、貨櫃數量和規格，安排不同的船席和碼頭長度。船席規劃主要是關心使船席的使用率盡可能提高。

2. **船舶作業規劃**（Vessel Operation Planning）：指船邊到碼頭貨櫃場的往返裝卸過程，有些國家的港口還包括船邊的鐵公路連接至港區外的複合運輸系統，這是現代貨櫃碼頭實施自動化、智慧化的作業地點，透過通訊網路和計算機的協助，進行作業排程、遠端監控、資料統計等。

3. **堆放及配艙規劃**（Storage and Slots Planning）：貨櫃場的分配及堆儲規劃，確認堆放的類別（進出口及轉口櫃）及翻櫃次數爲最小；船舶的配艙規劃是下一港口的船上位置（Slots）、數量和裝卸順序，在保持船舶平衡安全下，盡量減少船舶至碼頭、櫃場內的各種搬運動作。

貨櫃追蹤（Container Tracking）

海運貨物以貨櫃裝載進出口，由於具有安全及搬運便捷等特性，已成當今跨國運輸的主流。貨櫃追蹤系統一方面具有資料庫倉儲觀念，也就是應用資料庫倉儲與線上資料分析，將各單位作業時產生的貨櫃動態資料，經由良好規劃、安排、整理加值後，供各單位運用。運輸、倉儲業者、貨主與海關分工合作，共享便利。

我國關貿網路公司發展的櫃動系統，各階段中產生的資料，都以中央集中的方式存放於資料庫中，利用網際網路連線，採開放式架構進行資料的擷取與傳送，並訂定統一的系統資料格式標準，讓各單位可利用同一介面，下載或上傳貨櫃動態資料，以完整的安全管理，確保資料的正確完整性。

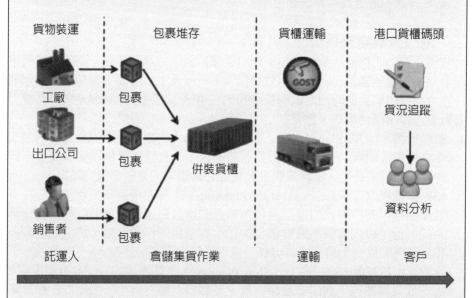

資料來源：1. Enhancing container transportation traceability based on intelligent product and web-services: Model driven approach, https://academicjournals.org/journal/SRE/article-full-text/83B0E2247847

2. 業界貨櫃資訊平台服務，關貿網路，https://www.tradevan.com.tw/services/index.do?act=services_info&type=5

港口物流的基本關係

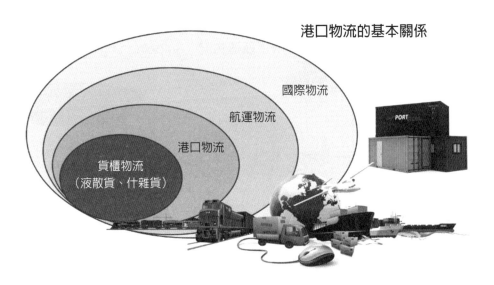

國際物流

航運物流

港口物流

貨櫃物流
（液散貨、什雜貨）

PORT

國際物流（Internatinal Logistics）

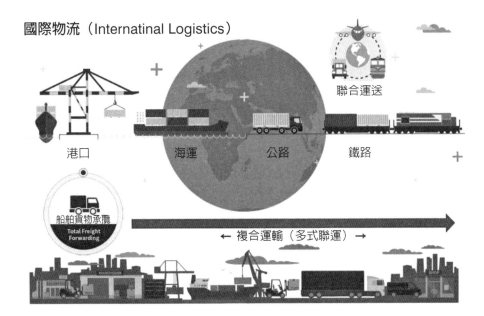

聯合運送

港口　　海運　　公路　　鐵路

船舶貨物承攬
Total Freight
Forwarding

← 複合運輸（多式聯運）→

航運物流（Shipping Logistics）

工廠　鐵路

貨櫃集散站　駁運

Warehouse

倉庫　公路

港口裝卸作業

進口

出口

港口物流是航運物流的一環

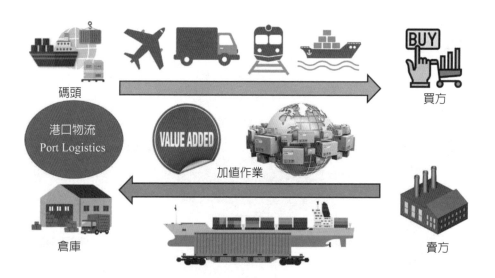

碼頭

港口物流
Port Logistics

VALUE ADDED

加值作業

買方

賣方

倉庫

第14章
國際海運價格

Unit 14-1 運價概述

　　海運事業以服務客貨達成運輸任務，收取運費（Freight）以為生存，所收取之運費必須能支付運輸成本及賺取合理利潤，以發展更大船隊擴大服務範圍。換言之，運費是貨物由裝船港運送至卸貨港，託運人或收貨人應付給運送人之服務報酬，運費基本是運價（Rate）與貨物計算單位（Unit）的乘積所構成。

　　運價可分為基價（Basic Rate）、運價（Distance Rate）、運價表（Tariff），基價即每人每浬或每噸每浬之基本運價，運價即每人由某地至某地之票價（Fare），或某貨物由某地至某地之每一約定單位之運價，運價表即各地之間的貨運運價總表，以基價乘以距離即為運價，以各地區間運價彙編成運價表，如何訂定運價為航運經營者之重要課題[註1]。

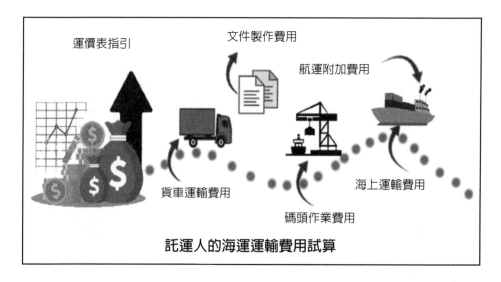

託運人的海運運輸費用試算

（運價表指引　文件製作費用　航運附加費用　貨車運輸費用　碼頭作業費用　海上運輸費用）

　　運費之收取之多寡即能否完全收足，影響航業之生存與發展，航運公司莫不重視在完成運輸任務之後，依照約定收取全部運費，避免短收或無法收取，造成營運損失。故法律對航運公司收取運費亦有規定，以保障船方收取運費之權益。

[註1]　陳敏生，《海運經營》，文笙書局，臺北，民86年。

一、運費相關規定

我國海商法規定

第 43 條	以船舶之全部供運送時，託運人於發航前得解除契約。但應支付運費三分之一，其已裝載貨物之全部或一部者，並應負擔因裝載所增加的費用。 前項如為往返航程之約定者，託運人於返程發航前要求終止契約時，應支付運費三分之二。 前二項之規定，對於當事人之間，關於延滯費之約定不受影響。
第 44 條	以船舶之一部供運送時，託運人於發航前，非支付其運費之全部，不得解除契約。如託運人已裝載貨物之全部或一部者，並應負擔因裝卸所增加之費用及賠償加於其他貨載之損害。 前項情形，託運人皆為契約之解除者，各託運人僅負前條所規定之責任。
第 47 條	前條託運人，僅就船舶可使用之期間，負擔運費。但因航行事變所生之停止，仍應繼續負擔運費。 前項船舶之停止，係因運送人或其代理人之行為或因船舶之狀態所致者，託運人不負擔運費，如有損害，並得請求賠償。 船舶行蹤不明時，託運人以得最後消息之日為止，負擔運費之全部，並自最後消息後，以迄於該次航行通常所需之期間應完成之日，負擔運費之半數。
第 48 條	以船舶之全部或一部供運送者，託運人所裝載貨物，不及約定之數量時，仍應負擔全部之運費。但應扣除船舶因此所減省費用之全部，及因另裝貨物所取得運費四分之三。
第 49 條	託運人因解除契約，應付全部運費時，得扣除運送人因此減省費用之全部，及另裝貨物所得運費四分之三。
第 67 條	船舶在航行中，因海上事故而須修繕時，如託運人於到達目的港前提取貨物者，應付全部運費。
第 145 條	運費之委付，得於船舶或貨物之委付時為之。

我國航業法規定

第 22 條	船舶運送業經營固定航線之客、貨運價表，應報請航政機關備查，並以電信網路、新聞紙或雜誌等公開方式公開其運價資訊；經營固定客運航線者，應另於營業處所公開其運價資訊。 前項運價表，航政機關認為有不合理或不利於國家進出口貿易或航業發展者，得令業者限期修正，必要時得暫停全部或一部之實施。
第 23 條	船舶運送業經營國內、國際固定航線客貨運送，應依前條第一項備查之運價表收取運費。但運送雙方訂有優惠運價者，不在此限。 船舶運送業對乘客或託運人不得有不合理之差別待遇。

我國航業法對船舶運送業間，就其國際航線之經營，協商運費、票價等之規定

第 22 條	同上
第 23 條	同上

| 第 34 條 | 國際聯營組織以協商運費、票價為其聯營協定內容者，其會員公司之運價表，應由該組織授權之會員公司代為申請航政機關備查。
第二十二條規定，於國際聯營組織準用之。 |
| 第 35 條 | 國際航運協議以協商運費、票價為其內容者，其運價表應由前項協議簽訂者之一代為申請航政機關備查。
前項運價表應容許船舶運送業自由決定其運費、票價。 |

船舶運送業管理規則

| 第 18 條 | 船舶運送業經營固定航線船舶之客、貨運價表，應報請航政機關備查。
前項運價表應包括各種附加費、計費方式、運輸條件及運輸章則。參加運費同盟或聯營組織之船舶運送業，其運價表得由該運費同盟或聯營組織或其在中華民國境內之機構集體申報。 |

二、運費的支付方式【註2】

依照支付運費的時間來劃分，運費可分為預付運費（Prepaid Freight）和到付運費（Freight to Collect）。預付運費是指在簽發提單（載貨證券）前即須支付全部運費；到付運費則須等待貨物運到目的港交付貨物前付清運費。

運費是一種運輸勞務的報酬，因此運送人在完成運輸後取得運費，但海商法有些特例規定，即使是預付運費也應退還給託運人。至於因託運人的原因使貨物未能裝滿運送人所提供的艙位，而應支付的空艙費用（Dead Freight）和貨物滅失但仍應完成運送里程的比例計收的比例運費（Prorate Freight），則是法律上的一種特例。在實務上，普遍採用預付運費的方法，一般國際貿易採用 CIF 或 CFR 價格條件，在簽發提單前由賣方在裝貨港支付運費，可方便交易雙方盡早結匯；貨主也可將運費加到貨物價格中，再向保險公司投保貨物運輸險作為運費預付的避險作為。

【註2】 胡美芳、王義源，《遠洋運輸業務》，人民交通出版社，北京，2008 年。

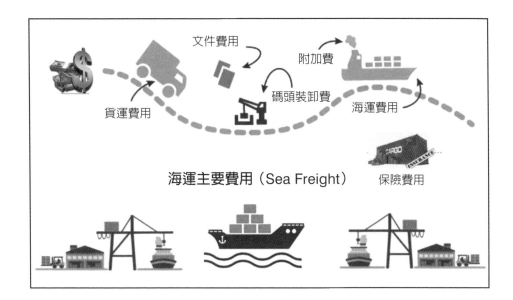

海運主要費用（Sea Freight）

海商法運費規定示意

以船舶全船供運送，託運人得於發航前要求終止契約，但應支付運費三分之一，並負擔所增加裝卸費用。往返航程，託運人於返航前要求終止契約，應支付運費三分之二。

以船舶一部分供運送，託運人於發航前要求終止契約，應支付其運費全部，並負擔所增加裝卸費用。

以船舶全船或一部分供運送，託運人裝載貨物不及約定之數，仍應支付全部運費，但應扣除船舶節省之費用全部，及另樁其他貨物所得運費四分之三。

遠洋貨船的運費計算

海上運費的計算會依貨物的類別及數量大小（體積或重量順擇一較大者）的運送里程，因船舶設備及作業特性之差異，運費之計算標準會有差異。

散裝貨船運送煤鐵原料、礦產品等之大宗貨物；貨櫃船以海運標準貨櫃運送內裝之各式貨物；油輪運送原油及石化製品等貨物；駁船運送成組貨物、大件貨物或特殊規格貨物等；駛上駛下船運送能操作駕駛的車輛、作業機械等貨物；冷藏船運送易於腐敗的生鮮農漁貨物或需低溫的工業貨品等。

運費計算步驟：

1. 選擇相關的運價表；根據貨物名稱，在貨物分級表中查到運費計算標準（Basic）和等級（Class）；
2. 在等級費率表的基本費率部分，找到相應的航線、啓運港、目的港，按等級查到基本運價；
3. 再從附加費部分查出所有應收（付）的附加費項目和數額（或百分比）及貨幣種類；
4. 根據基本運價和附加費算出實際運價；運費＝運價×運費順。

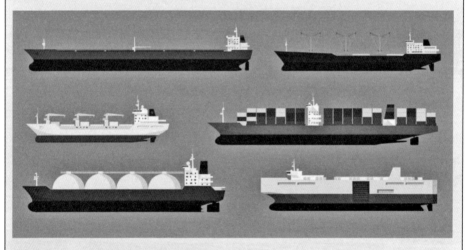

資料來源：How International Ocean Freight Shipping Works?
https://www.dripcapital.com/resources/blog/ocean-freight-in-international-shipping

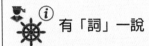 有「詞」一說

定期船運價

定期船運價可分為雜貨運價和貨櫃運價,根據航線和貨物種類分別制定,貨物分成若干等級,每種貨物可歸屬於某一等級,每票貨物可依此等級訂出基本運價,稱為基本費率是計算運費的基礎,船公司在基本運費之外會向貨主收取各種附加費(如運河費、燃油費等附加費),以補足在運輸過程中因特殊原因增加的額外開支。

船公司會降不同航線的運價表制定並對外公開,主要的依據是船舶營運成本和所承運貨物對運費的負擔能力,以及市場競爭因素。

資料來源:謝新連,《船舶運輸管理與經營》,大連海事大學出版社,大連,2020年。

Unit 14-2 定期船運價

定期船的運價是由基本運費和附加運費所構成，基本運費是對任何一種託運貨物計收的運價，附加運費則是根據貨物種類或不同的服務內容，視不同情況而加收的運價，是由於特殊情況或臨時發生某些事件下而加收的費用。附加費可以按每一計費噸加收，或按基本運費（或其他規定）的一定比例計收。

定期船的運價種類【註3】

1. **基本運價**（Basic Rate）：是指每一基本運價和計費單位（如一運費噸）貨物收取的基本運費。基本運價有等級運價、貨種運價、從價運價、特殊運價和均一運價之分。定期船運費是由基本運價和附加費兩部分組成。

2. **附加費**（Surcharge; Additional）：為了保持在一定時期內基本運價的穩定，又能正確反映出各港的各種貨物的航運成本，定期船公司在基本運價之外，又規定了各種附加費用。主要附加費有：

   (1) **燃油附加費**（Bunker Surcharge or Bunker Adjustment Factor, B.A.F.）：在燃油價格突然上漲時加收。這是燃油價格上漲，使船舶的燃油費用支出超過原先的運輸成本預估，運送人在不調整原定運價下，所增收的費用。

   (2) **貨幣貶值附加費**（Devaluation Surcharge or Currency Adjustment Factor, C.A.F.）：因為國際金融變動匯率，在貨幣貶值時，船方為使實際運費收入不致減少，按基本運價的一定百分比加收的附加費以補償運費的外幣匯兌損失。

   (3) **轉船附加費**（Transshipment Surcharge）：凡運往非基本港的貨物，需轉船運往目的港，船方收取的附加費，其中包括轉船費用和二段運費（接運船舶）。

   (4) **直航附加費**（Direct Additional）：當運往非基本港的貨物達到一定的貨量，船公司可安排直航該港而不轉船時所加收的附加費。

【註3】 張良衛，《國際海上運輸》，北京大學出版社，北京，2017 年。

(5) **超重附加費**（Heavy Lift Additional）、超長附加費（Long Length Additional）和超大附加費（Surcharge of Bulky Cargo）：當一件貨物的毛重或長度或體積超過或達到運價表規定的數值時加收的附加費。

(6) **港口附加費**（Port Additional or Port Surcharge）：有些港口由於設備條件差或裝卸效率低，以及其他原因，船公司加收的附加費。

(7) **港口擁擠附加費**（Port Congestion Surcharge）：有些港口由於擁擠，船舶停泊時間增加而加收的附加費。

(8) **選港附加費**（Optional Surcharge）：貨方託運時尚不能確定具體卸貨港，要求在預先提出的兩個或兩個以上港口中選擇一港卸貨，容易造成艙位的浪費，船方加收的附加費。

(9) **變更卸貨港附加費**（Alternation of Destination Charge）：貨主要求改變貨物原來規定的卸貨港，在經海關准許，船方又同意的情況下所加收的附加費。

(10) **繞航附加費**（Deviation Surcharge）：由於戰爭、運河關閉或正常航道受阻不能通行，船舶必須繞道才能將貨物運至目的港時，船方所加收的附加費。

(11) **洗艙附加費**（Cleaning Charge）：船舶裝載污染性貨物或貨物外包裝破裂致內容物洩漏，為下一次裝運無污染性貨物，必須進行清洗動作。

(12) **旺季附加費**（Peak Season Surcharge, PSS）：在貨櫃運輸中，在運輸旺季為因應供需關係而加收的費用。

(13) **蘇伊士運河附加費**（Suez Canal Surcharge, SCS）：亞洲、大洋洲、東非等地區到歐洲的航線基本都要經過蘇伊士運河，船舶通過蘇伊士運河時，船公司需要向運河當局支付一定的通航費用，這個成本由船東通過蘇伊士運河附加費的形式向客戶收取。

(14) **巴拿馬運河附加費**（Panama Canal Transit Fee, PTF）：和蘇伊士運河附加費同理，遠東地區和美國西岸到美國東岸的航線一般都要經過巴拿馬運河，船舶通過巴拿馬運河時，船公司需要向運河當局支付一定的通航費用，這個成本由船東通過巴拿馬運河附加費的形式向客戶收取。

碼頭作業附加費（Terminal Handling Charges, THC）

碼頭作業費常出現在貨櫃航運業，因為不同港口對船公司會收取不同費用，這是為了補償船公司在港口裝卸貨櫃的成本，向託運人在直達費用納入的附加費用，費用可分為兩種：

1. 起運港碼頭作業費（Origin Terminal Handling Charge, OTHC）；
2. 目的港碼頭作業費（Destination Terminal Handling Charge, DTHC）。

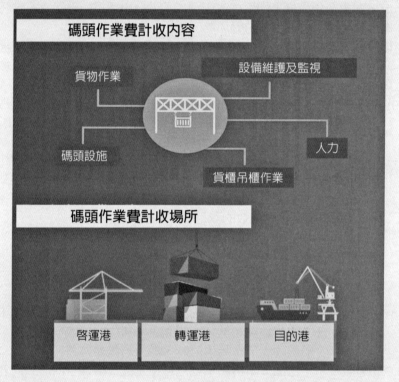

資料來源：All about Terminal Handling Charges: Full overview, examples, and costs
https://www.container-xchange.com/blog/terminal-handling-charges/

影響運價之因素

1. **運輸價值**：運送人運送客貨來收取運費為報酬，自然以收取最高運價以獲取最大利潤為營業目標，但託運人或收貨人在負擔貨物運輸成本後，託運貨物須在市場上仍有銷售利潤，才會有貨物託運的運輸價值存在，產生運輸行為。

2. **運輸成本**：運輸價值為決定運價的最高標準，運輸成本即為決定運價時的最低限制。運輸收入如高於固定成本與變動成本兩者相加之和，運送人就會有獲利產生，即決定每單位貨物運送之運價時，不能低於分攤之固定成本與運送每單位貨物之變動成本之和。

3. **船舶運能與貨物供需**：市場上船舶運能的供給數量與貨物運輸需求的供需關係，如整體船舶運能大於貨物運輸需求則運價會下跌；相反則運價逐步高漲，又吸引船東建造新船投入市場，使運能又過剩及削價競爭，造成運價逐步下跌。

4. **託運人運費負擔能力**：託運人選擇運輸服務時，除考慮貨物的價值外，亦會考慮船舶的運送速度、對貨物保護品質及其他綜合物流服務等便利性，這會使託運人願意負擔較高的運價。

5. **貨物的性質**：貨物的性質為決定運價的重要因素之一，因運送人依貨物的種類、數量、運送時機等條件不同，會有不同的貨物運送責任及額外費用支出，故會有不同運價之計算。

6. **船舶營運因素**：船舶營運訂價會考慮回程貨源種類及數量、同業或其他運輸方式的競爭、運送距離及地點等，這會影響到變動成本之計算。

7. **貨物處理費用**：因貨物的交接、特殊照護、保險要求、理貨、貨物重整、港口及運河規費等，運價會隨之增減。

8. **船舶設備技術**：承運船舶的船上裝卸設備、航速高低、航行耗油率、自動化情形（船員人數），都會牽動船舶營運成本，影響運價漲跌幅度的高低。

9. **港口碼頭條件**：裝貨及卸貨指定地點的作業機具與工人效率，以及港口對船舶收取的費用高低，會影響船舶使用周轉率及衍生其他費用，亦會影響運價漲跌。

Unit 14-3 不定期船運價

不定期船的論程傭船如同定期船業務，多以船舶所裝載貨物噸量 × 約定運價計算運費，亦有不論實際貨物噸量及運價，而以包船（Lump Sum）方式計算總額收入。因船舶之固定成本及變動成本都由船方負擔，但其成本估算及業務選擇，需依過往經驗與市場需求，擬定對船舶行駛航線、承運之貨載，以求取最大利潤。

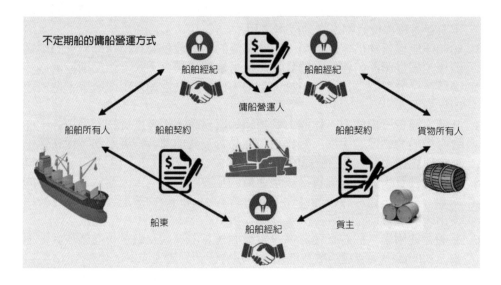

不定期船的傭船營運方式

不定期船貨物運價不像定期船穩定，原則上隨船舶噸位、海運貿易量之供需關係而變動，直接反應在航運市場的租金水準。不定期船隻經營的貨源不穩定，除以長期合約營運者，不定期船因採論程、論時、光船傭船合約方式（Charter Party）營運，租船運送人及船東的成本負擔基準也不相同[註4]，運價另會因各項因素而有起伏[註5]：

1. 戰爭或區域國際貿易爭議（如波斯灣國家、中美及中澳）。
2. 季節性淡旺季（如農產品、煤炭）。
3. 航路中斷或阻塞（如蘇伊士運河、巴拿馬運河）。

[註4] Linear freight structure, Tramp freight structure
https://theintactone.com/2019/07/29/il-u3-topic-7-linear-freight-structure-tramp-freight-structure/

[註5] Freight Rate Structure under International trade
https://howtoexportimport.com/Freight-Rate-Structure-under-International-trade-4486.aspx

4. 金融市場變動（如匯率、利息）。
5. 船噸之供給變化（船舶環保要求、舊船拆解）。
6. 船舶燃料價格波動。
7. 合約條件（如緊急租用）。
8. 航運組織之運費協議。

不定期船航運費率指數[註6]

　　波羅的海乾散貨費率指數是國際航運最有影響力的費率指數，它能夠反映全球乾散貨航運市場的費率水準，波羅的海航運交易所於 1985 年開始發布乾散貨船費率指數（Baltic Freight Index），該指數是由若干條的乾散貨船航線的費率，按照各自在航運市場的重要程度和所占比重構成的綜合性指數，指數設立的 1985 年 1 月 4 日為 1000 點，由 13 條傭程費率組成。1998 年 12 月 21 日開始發布波羅的海巴拿馬型航運費率指數（BPI），根據市場需要於 1999 年 4 月 27 日又發布波羅的海海岬型航運指數（BCI），2005 年 7 月 1 日又公布波羅的海超輕便型航運費率指數（BSI）。

貨船類別	運能大小	運載貨物	指數
海岬型（Capesize）	8 萬噸以上，須從南美洲底端繞道，耗油量較大受油價影響較大	鐵礦砂、焦煤、燃煤為主	BCI，波羅的海海岬型航運費率指數（Baltic Capesize Index）
巴拿馬極限型（Panamax）	巴拿馬極限型因可通過巴拿馬運河，載重噸約 6～8 萬噸	民生物資與穀物，偶爾承運載煤與鐵砂	BPI，波羅的海巴拿馬型航運費率指數（Baltic Panamax Index）
輕便極限型（Handymax）	載重約 4～6 萬噸	穀物、廢鋼、礦石	BSI，波羅的海超輕便型航運費率指數（Baltic Supramax Index）
輕便型（Handy size）	載重約 4 萬噸以下	水泥、木屑、紙漿	

註：BDI 指數為 BCI、BPI、BSI 三種指數的加總平均。

[註6]　楊勤，《國際航運經濟學》，人民交通出版社股份有限公司，北京，2014 年。

波羅的海乾散貨運價指數（Baltic Dry Index, BDI）

BDI指數具有全球景氣的領先指標作用，關鍵就在於BDI指數可以衡量當前國際海運貿易枯榮的現況，由於乾（貨）散（裝）貨運的物品，皆為穀物、煤、礦砂、磷礦石、鋁土等，為製造產業上游的工業原物料與民生大宗物資，因此相較於成品的汽車、電子產品、紡織品等等，就更具有領先景氣的參考價值，而當BDI指數上揚時，顯示市場需求的提升，相反，則代表需求的下滑。

整體而言，BDI指數可以視為世界經濟的縮影，全球GDP成長率、全球對鐵礦及穀物運輸的需求量，以及天然災難與戰爭等因素，都會造成運輸需求的增減，進而帶動散裝航運景氣的枯榮。

五大影響 BDI 指數的因素

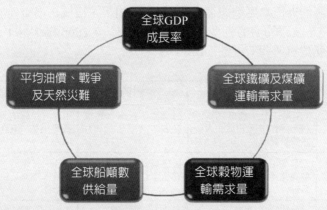

資料來源：如何解讀 BDI 指數？全球景氣的領先指標
https://luckylong.pixnet.net/blog/post/37034199

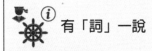 有「詞」一說

不定期船運價

不定期船運價的對象主要是糧食、礦石、煤炭、石油等大宗貨物，貨種單一且多為整船直達運送，裝卸港數量少，運輸成本較低。但不定期船運輸價格主要受供需關係變化的影響，與船東和貨主的責任、費用劃分條款密切相關，這些條款是契約中的核心。

不定期船業務中常用的價格形式有兩種，一種是依航線或裝卸港再依區分貨物種類定價，在論程及包船租約常採用，另一種是定期租船的租金費率，依船舶載重噸及租用時間長短來計算，這兩種價格型式可以相互換算，對論程或論時的運費進行經濟性分析。

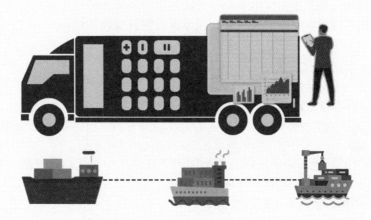

資料來源：謝新連，《船舶運輸管理與經營》，大連海事大學出版社，大連，2020 年。

Unit 14-4 旅客票價

　　旅客運輸與貨物運送在性質上有不同之處，對於運價之訂定考慮因素亦有差異，國際客運與國內客運亦因選擇運輸動機與目的會有所區別。

一、旅客運輸與貨運性質不同

1. 旅客運輸無乘客裝卸費用（港口旅客服務費另計）。
2. 客船因海上航程長短不一，需提供娛樂、餐飲或住宿、安全且舒適的設施，對船舶接納設備要求及檢查標準較高，建造與維護成本較貨船爲高。
3. 客船多爲適應特定航線（例如國際郵輪、國內離島交通）而設計，以配合乘客的需求，與貨船相較難以改變航行其他航線。
4. 旅客座位及艙房會因不同服務設施而劃分不同收費運價等級，貨船一般使用相同的設備及艙位（冷藏品及危險品等特殊貨物另外計費）。
5. 海上旅客運輸與航空旅客運輸的競爭替代性較貨運強烈。

※ **客船管理規則**

第 5 條及第 8 條
本規則所稱國際客船，指在國際航線或短程國際航線航行之我國客船。
本規則所稱國內客船，指在本國外海、沿海或內水航線航行之我國客船。
第 15 條
本規則所稱乘客艙室，指專爲乘客所使用之房艙、統艙、餐廳、大廳、公共休息室、醫療室、病房、盥洗室、廁所等，以及爲乘客服務之處所，連同其通道、走廊及梯道等。
第 23 條
客船除依船舶檢查規則、船舶載重線勘劃規則、船舶設備規則、及其他有關法令檢查外，並依本規則規定檢查之。
航行國際水域之客船，並應依海上人命安全國際公約規定施行檢驗。
具有固定航線、航次、場站及費率之客船，應依附件一客船無障礙設施及設備規範設置無障礙設施及設備。

二、訂定客運票價之考慮因素

　　海上客運業務以長期方式營運，故運價之訂定需制定運價表並公告，旅客運價的考慮因素：

1. **服務成本**：以每人每浬或每人每航次之運送總成本（固定及變動成本）爲最低界線，以維持符合法規安全要求及旅客便利性之需要。

2. **運輸價值**：海上客運路線因觀光、休閒及通勤等因素，乘客數量會因季節、節慶及氣候等，旅客量有極大變化，航班及運價會因供需關係有所變動。

3. **負擔能力**：因乘客的運輸動機不同，對船舶設備的要求與負擔能力也不相同，客船運價會再依服務設施不同而有差異性訂價。

4. **競爭情形**：在某些航線上（例如兩岸小三通客運）會發生競爭情況，則會產生聯營或協商方式統一票價，避免發生惡性競爭。

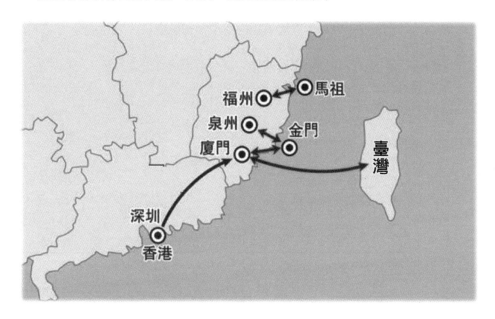

5. **政府政策**：政府爲便利偏遠地區交通減輕民眾負擔，會規定某航線之客運票價，或對船公司之虧損予以政策性之補貼以維持交通不中斷。

※**船舶運送業聯營監督辦法**

第 2 條

本辦法所稱船舶運送業聯營組織（以下簡稱聯營組織），係指從事國內固定航線之船舶運送業間就該航線之運費、票價、運量、座位及排班等事項訂立聯營組織章程或協議書成立之組織。

※**船舶運送業管理規則**

第 16 條

船舶運送業簽發客票，應記載船舶所有人或運送人、船名、發航港、目的港、等級、艙位號數、票價、票號、預定發航時間及發售日期。

記名客票，應載明乘客姓名、性別及發票人姓名、職責；不記名客票，應載明有效期限。

※ **離島地區居民往返離島與臺灣本島海運票價補貼辦法**

第 1 條

本辦法依離島建設條例第十五條之一第二項規定訂定之。

第 2 條

本辦法所定離島地區如下：

一、金門縣。

二、連江縣。

三、澎湖縣。

四、屏東縣琉球鄉。

五、臺東縣綠島鄉及蘭嶼鄉。

第 6 條

執行本辦法所需補貼經費，由交通部編列預算支應。

大眾運輸工具無障礙設施設置辦法

第5條

大眾運輸工具設置無障礙標誌規定如下：

一、大眾運輸工具內，設有輪椅停靠位置或可供身心障礙者使用之衛生設備旁明顯處，應設置無障礙標誌。

二、依前條規定提供無障礙運輸服務之大眾運輸工具，應於該運輸工具上明顯處，設置易於識別之無障礙標誌（如附件）。

三、大眾運輸工具上設置之博愛座，應於明顯處標示博愛座字樣。

第15條

船舶應依下列規定設置輔助乘客上下船舶之無障礙設施：

一、運行資訊標示設施：船名等資訊應以易於識別之文字、圖案、標誌及色彩標示於船舶外部適當位置，以資識別。

二、上下階梯：階梯踏面不得突出，應為平整、堅固、防滑；其與踏面邊緣應有明顯色差，並應設置易於使用之扶手。

三、昇降設備及出入口：供輪椅出入之艙門，淨寬度不得小於八十公分；其輪椅無法單獨通過者，應設置可供輪椅上下之昇降設備、斜坡板或輔具，並派專人服務。

資料來源：全國法規資料庫
https://law.moj.gov.tw/Index.aspx

物流的基本功能

第15章
國際海運保險

Unit 15-1 海運風險及損失

海上運輸的風險遠較陸上運輸爲多，一旦發生事故對人命、船舶及貨物的損害，對船東、貨主利益威脅甚大，預防方法是事前注意船舶的安全性避免發生海損，事後控制損害情況，使損失能降到最低程度，同時爲能使損失獲得補償，需要辦理海上運輸保險（Marine Insurance）。

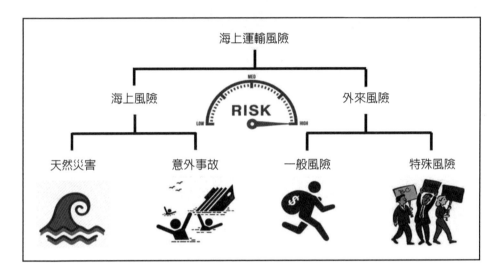

一、海上保險種類[註1]

1. **船舶保險**：船舶在海上航行，有時會因天候惡劣、機械故障、損壞或管理上的疏失，造成船體機器等發生毀損、須施救或沉沒事件，或與他船碰撞，而須擔負碰撞賠償責任，但因船舶價值甚高，遇有損失發生，往往造成鉅額賠款，因此船隻的保險就顯得更加重要。
2. **運輸保險**：海上保險爲保險之起源。歐洲中古世紀後，貿易商爲運送貨物籌措資金的擔保行爲發展成保險制度之形成。現今則依貿易條件，客戶爲轉嫁風險，投保貨物運輸保險。
3. **運送人責任保險**：運送人經營海上運送業務，難免因技術原因或其他無法預防及控制的意外事故使貨物遭受損失，運送人需負擔賠償責任。
4. **建造保險**：承保保險標的，在船廠建造、試航和交船過程中，包括建造該

[註1] 海上保險，兆豐保險
https://www.cki.com.tw/Product/

船所需於保險價值內的一切材料、機械和設備在船廠範圍內裝卸、運輸、保管、安裝，以及船舶下水、進出塢、停靠碼頭過程中所致之毀損滅失、責任與費用。

5. **船舶所有人責任保險**：依據娛樂漁業管理辦法、船員法及遊艇管理辦法等規定，可承保漁船船東對船員的雇主責任、娛樂漁業漁船意外責任及遊艇意外責任。

6. **營運人責任保險**：為配合交通部航港局頒訂「船舶運送業投保營運人責任保險及旅客傷害保險辦法」之施行，引導船舶運送業者分攤經營風險，透過危險分攤機制，保障其永續經營。

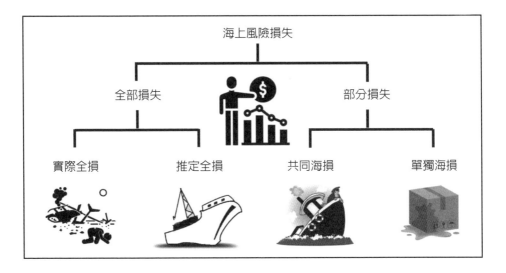

二、海上風險損失[註2]

一般可分為全部損失（Total Loss）或部分損失（Partial Loss）：

1. **全部損失**：指保險標的物之全部損失或喪失全部之使用價值，一般簡稱全損；另外有所謂的「推定全損」（Constructive Total Loss），其係指保險標的物因實際全損已無可避免，或如不用超過其本身之價值的費用，則不能保持其不致成為實際全損者。

2. **部分損失**：指保險標的物之部分，一般簡稱分損；可分為單獨海損及共同海損兩項。單獨海損係指由承保之危險所造成，而引起不屬於共同海損的

[註2]　海上保險理賠，華南產物保險
　　　　https://news.south-china.com.tw/p4-1.asp?sn3=171&bh_sn=42#3

保險標的物部分損失。共同海損則是指在海難中，船長爲避免船舶及貨載之共同危險所爲之處分，而直接發生的損害及費用。

除前述之「損失」，與保險人關係極爲密切的是「費用」。此「費用」是承保的危險事故發生之後，除保險標的物的損失外，還可能發生像施救費用、損害防阻費用、單獨費用及額外費用等。凡是承保之危險事故發生時，導致保險標的物之直接損失，以及因而產生直接必要合理的費用，均可向保險公司索賠。

※ **保險法**

第 83 條

海上保險人對於保險標的物，除契約另有規定外，因海上一切事變及災害所生之毀損、滅失及費用，負賠償之責。

第 84 條

關於海上保險，適用海商法海上保險章之規定。

※ **海商法**

第 126 條

關於海上保險，本章無規定者，適用保險法之規定。

第 127 條

凡與海上航行有關而可能發生危險之財產權益，皆得爲海上保險之標的。海上保險契約，得約定延展加保至陸上、內河、湖泊或內陸水道之危險。

第 134 條

船舶之保險以保險人責任開始時之船舶價格及保險費，爲保險價額。

第 135 條

貨物之保險以裝載時、地之貨物價格、裝載費、稅捐、應付之運費及保險費，爲保險價額。

第 136 條

貨物到達時應有之佣金、費用或其他利得之保險以保險時之實際金額，爲保險價額。

共同海損（General Average）

海商法第110條
稱共同海損者，謂在船舶航程期間，為求共同危險中全體財產之安全所為故意及合理處分，而直接造成之犧牲及發生之費用。

第111條
共同海損以各被保存財產價值與共同海損總額之比例，由各利害關係人分擔之。因共同海損行為所犧牲而獲共同海損補償之財產，亦應參與分擔。

第114條
下列費用為共同海損費用：
一、為保存共同危險中全體財產所生之港埠、貨物處理、船員工資及船舶維護所必需之燃、物料費用。
二、船舶發生共同海損後，為繼續共同航程所需之額外費用。
三、為共同海損所墊付現金百分之二之報酬。
四、自共同海損發生之日起至共同海損實際收付日止，應行收付金額所生之利息。為替代前項第一款、第二款共同海損費用所生之其他費用，視為共同海損之費用。但替代費用不得超過原共同海損費用。

資料來源：全國法規資料庫
　　　　　https://law.moj.gov.tw/LawClass/LawAll.aspx?pcode=K0070002

Unit 15-2 海上保險及契約

所謂海上保險是保險人與被保人（要保人）雙方約定，由被保人支付保險費，保險人對保險標的物，從啟運港至目的港的航程及交貨完成前，因海上一切事變及災害發生之毀損、滅失及費用負賠償責任，根據上述約定所訂定之契約稱為保險契約（Insurance Policy）[註3]。

保險契約通常係由經紀人（Insurance Broker）代要保人向保險人洽訂，亦有代付保費並處理發生損害後的索賠請求事宜，以向被保險人收取佣金為報酬。所謂保險利益是船東、貨主或利害關係人由於保險事故所遭受經濟上之損害，以保險方法獲得保障。

※ 保險法

第 1 條

本法所稱保險，謂當事人約定，一方交付保險費於他方，他方對於因不可預料，或不可抗力之事故所致之損害，負擔賠償財物之行為。

根據前項所訂之契約，稱為保險契約。

第 2 條

本法所稱保險人，指經營保險事業之各種組織，在保險契約成立時，有保險費之請求權；在承保危險事故發生時，依其承保之責任，負擔賠償之義務。

第 3 條

本法所稱要保人，指對保險標的具有保險利益，向保險人申請訂立保險契約，並負有交付保險費義務之人。

第 9 條

本法所稱保險經紀人，指基於被保險人之利益，洽訂保險契約或提供相關服務，而收取佣金或報酬之人。

保險分為財產保險及人身保險。財產保險，包括火災保險、海上保險、陸空保險、責任保險、保證保險及經主管機關核准之其他保險。人身保險，包括人壽保險、健康保險、傷害保險及年金保險。（保險法第 13 條）

[註3] Marine Insurance | Meaning, Types, Benefits & Coverage
https://www.dripcapital.com/resources/blog/marine-insurance-meaning-types-benefits

> ※ **船舶散裝固體貨物裝載規則**
>
> 第4條
>
> 船長應於船舶裝載散裝貨物前，向貨主取得貨物相關書面運送文件，以便執行適當積載和安全裝運之預防措施。貨主未提供時，船長應拒絕裝運。
>
> 前項文件應包括下列各項：
>
> 一、積載因數。
>
> 二、平艙方法。
>
> 三、移動之可能性，包括靜止角。
>
> 四、為濃縮物或可液化之貨物時，應包括貨物含水量及其可被運送之含水量極限值。
>
> 五、任何有關之特性資料。
>
> ※ **船舶危險品裝載規則**
>
> 第2條
>
> 船舶除遊艇及小船外，其危險品之裝卸及載運應依本規則規定。航行國際航線船舶之分類、識別、聯合國規格包裝物、包裝規則、標記、標示、標牌、運輸文件、儲存隔離、裝卸處理、緊急應變、運具設施、人員訓練管理、通報及保安，應符合國際海運危險品章程及其修正案、防止船舶污染國際公約附錄三防止海上載運包裝型式有害物質污染規則及其修正案規定。

　　當貨物在船舶運送期間發現貨損事故時，船長或大副除應採取有效措施防止事故進一步擴大外，還應將貨物的損壞情況、原因及所採取措施和處理經過，詳細記錄在航海日誌（Log Book），如果發現貨物損失比較嚴重，應及時將情況告知船公司。

　　在收貨人對貨損事故造成的損失向船公司索賠時，或船公司向收貨人給予賠償前，通常要對事故的性質、責任取得相互諒解，以順利解決賠償問題。所以發生事故時，盡可能要求船公司及收貨人派代表會同船長或大副進行聯合檢查，如果仍未能取得共識，在相互同意的基礎上，指定第三方進行驗算檢驗報告（Survey Report），作為確定貨損責

海上保險有記名式、指示式、無記名式三類：
1. **記名式**：記名式非經保險人同意不得轉讓；
2. **指示式**：指示式得依背書轉讓；
3. **無記名式**：無記名式隨標的物而轉移，不須背書。

保險事故發生後，保險權利已經確定與金錢權利相同，可以依法轉移。海上船舶保險多採用物保險則多採用指示式或無記名式。

※ 保險法

第 15 條

運送人或保管人對於所運送或保管之貨物，以其所負之責任爲限，有保險利益。

第 43 條

保險契約，應以保險單或暫保單爲之。

第 44 條

保險契約，由保險人於同意要保人聲請後簽訂。

利害關係人，均得向保險人請求保險契約之謄本。

第 49 條

保險契約除人身保險外，得爲指示式或無記名式。

保險人對於要保人所得爲之抗辯，亦得以之對抗保險契約之受讓人。

第 50 條

保險契約分不定值保險契約，及定值保險契約。

不定值保險契約，爲契約上載明保險標的之價值，須至危險發生後估計而訂之保險契約。

定值保險契約，爲契約上載明保險標的一定價值之保險契約。

海上保險契約以保險標的是否確定保險價額可分爲：
1. **定額保險契約**（Valued Policy）：在保險契約內載明雙方約定之標的保險金額（保險金額依價額而定），危險事故發生後不致有爭議。
2. **不定值保險契約**（Unvalued Policy）：爲保險的價值須待危險事故發生後再予以估計之保險契約。

海上保險契約依保險時期可分爲：
1. **定期契約**（Time Policy）：限於一定期限負保險責任，載明起迄日期及標準時間（格林威治時間），通常爲一年。
2. **航程保險契約**（Voyage Policy）：是指限一次或數航程者，要保人不得變更航程，保險人責任以從貨物裝船起點到貨物上岸終點方式，並訂明契約生效地。

　　貨物、運費、利得保險多採用航程保險，船舶、租金保險多採用定期保險契約。

　　海上保險契約以保險標的分可分為：

1. **船體保險契約**（Hull Policy）：保險標的為船體、機器及配件等之保險契約。
2. **貨物保險契約**（Cargo Policy）：保險標的為貨物之保險契約。
3. **運費保險契約**（Freight Policy）：保險標的為運費之保險契約。
4. **預期利得保險契約**（Excepted Profit Policy）：保險標的為預期利潤之保險契約。
5. **責任保險契約**（Liability Policy）：保險標的為船舶所有人應負賠償責任事項之保險契約。

※ **保險法**

第 55 條

保險契約，除本法另有規定外，應記載左列各款事項：

一、當事人之姓名及住所。

二、保險之標的物。

三、保險事故之種類。

四、保險責任開始之日時及保險期間。

五、保險金額。

六、保險費。

七、無效及失權之原因。

八、訂約之年月日。

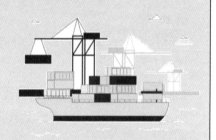

※ **喜馬拉雅條款**（**Himalaya Clause**）

規定運送人之免責或限制責任之規定，其履行輔助人亦可適用之。我國海商法第七十六條將之立法明文化，且參酌漢堡規則，將履行輔助人之範圍由傳統之從屬履行輔助人（如船長、海員）擴及至獨立之履行輔助人（如碼頭之卸貨工人）。

喜馬拉雅條款制定之理由有：

1. 衡平之考量
2. 發展航運政策之貫徹
3. 航運競爭力之維護

資料來源：喜馬拉雅條款，天秤座法律網
　　　　　https://www.justlaw.com.tw/News01.php?id=3612

海運保險（Maine insurance）

1. 船體險：由雙方協議按保險責任開始之時之船舶價額為保險價額，包括船身、機器及航行、營業所必須之設備（給養品除外）。
2. 貨物險：貨物係指裝在貨艙內貿易之商品（不包括船員及旅客行李、糧食等），貨物保險包括貨物包裝及儲運費用亦可列入，視貿易條件而定。
3. 責任保險，因海難事故發生之各種責任，如油污清除、農漁補償、拖救等。
4. 運費險：以貨物預期安全可以收取運費之利益為保險者，以保障海上危險所生損害之補償。

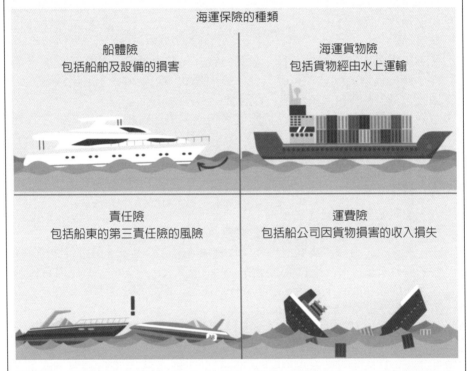

海運保險的種類

船體險
包括船舶及設備的損害

海運貨物險
包括貨物經由水上運輸

責任險
包括船東的第三責任險的風險

運費險
包括船公司因貨物損害的收入損失

資料來源：Valued Policy In Marine Insurance - Various Clauses Of Marine Insurance Policies Qs Study-The value of the cargo is usually mentioned while taking the marine cargo policy
https://soptax.reverasite.com/

Unit 15-3 貨損事故之處理

貨損事故是指船舶在運輸過程中發生貨損事故後,運送人進行調查研究、分析造成事故的原因,根據相關法律規定確認任責任歸屬,進行運送人對貨損事故是否有賠償責任的處理過程。

為了防止貨物在運輸途中可能發生的貨損事故,在船舶承載前,須在配船、配載使船舶適宜裝運貨物進行準備,即應充分注意到船型、船齡、航線、貨物種類和性質,使所配船舶能符合運輸任務。

※海商法

第 55 條
託運人對於交運貨物之名稱、數量,或其包裝之種類、個數及標誌之通知,應向運送人保證其正確無訛,其因通知不正確所發生或所致之一切毀損、滅失及費用,由託運人負賠償責任。

運送人不得以前項託運人應負賠償責任之事由,對抗託運人以外之載貨證券持有人。

第 62 條
運送人或船舶所有人於發航前及發航時,對於下列事項,應為必要之注意及措置:
一、使船舶有安全航行之能力。
二、配置船舶相當船員、設備及供應。
三、使貨艙、冷藏室及其他供載運貨物部分適合於受載、運送與保存。
船舶於發航後因突失航行能力所致之毀損或滅失,運送人不負賠償責任。
運送人或船舶所有人為免除前項責任之主張,應負舉證之責。

第 63 條
運送人對於承運貨物之裝載、卸載、搬移、堆存、保管、運送及看守,應為必要之注意及處置。

雖然加強船舶貨物的管理在一定程度可以防止貨損事故的發生,但由於海上風險及貨物在海上運輸有各方多環節的作業,貨損事故的發生實難以避免,因此在事故發生後,及時進行妥善的處理,能將損害減至最低程度。

任事故和處理損害賠償的依據[註4]。

　　索賠或索賠的訴訟請求，都需要由索賠人或提起訴訟請求得原告舉證，證明提出索賠要求和訴訟請求所依據的事實，同樣運送人對於拒賠或進行訴訟答辯時，也須舉證證明拒賠和抗辯的所依據的事實。

裝載重量分配　　車輛加速因素　　車輛震動因素
車輛減速因素　　轉彎偏離因素

貨物於陸上運輸
的可能受損狀況

船舶海事及貨物損害調查　　Marine and Cargo damage investigation

[註4]　Damaged Cargo Claim Procedure
https://www.morethanshipping.com/damaged-cargo-claim-procedure/

貨物運輸保險理賠所需文件（資料）

當貨物在運輸途中遭受毀損滅失，被保險人應該提供文件給保險公司審核，基本上，這些文件必須足以證明：

1. 保險利益：損失的發生，使被保險人遭受經濟上的不利益。
2. 承保事故：在海上、陸運或一般空運運送途中，有不可抗力的天災、人為因素的疏失或其他外力介入的意外。
3. 損失程度及金額：保險標的物遭受毀損後的情況及統計損失的金額。

綜合各種不同情況，索賠的基本文件包括：

1. 保險單（Policy）。
2. 提單（Bill of Lading）。
3. 商業發票（Invoice）。
4. 重量單（Weight Note）。
5. 裝箱單（Packing List）。
6. 公證報告（Survey Report）。
7. 事故證明單（Damage Report）。
8. 向運送人或其他關係人關於損害賠償責任交涉之往來函件副件。
9. 理賠申請書及損失清單（Claim Letter and Statement）。

資料來源：美國國際產險（AIG Taiwan）
　　　　　https://www.aig.com.tw/claims/marine-insurance/cargo-insurance

Unit 15-4 海運保險之索賠

凡因海上危險事故直接或間接發生之損失、損害均稱為海損（Average），海損之種類可分為系列各種：

1. **海損的性質**：可分為財務損失與費用損失，財務損失為船舶或貨物之毀損或滅失等；費用損失為救助費、拖船費等之金錢支出費用損失。

2. **海損的程度**：全損可分為實際全損及推定全損，實際全損指保險標的全部滅失或功能喪失；推定全損指標的物無可避免或超過保險標的物之處理費用，已非保險所能保全，稱為推定全損。發生推定全損時，被保人得將標的物一切權利移轉保險人，請求全部保險金額賠償，稱為委付（Abandonment）。相對全損，另一種是局部（Partial）損失，指船舶或貨物的局部性損失。

3. **負擔的責任**：可分為單獨海損（Particular Average）與共同海損（General Average）；單獨海損是船舶在航行中發生碰撞、機器故障等偶發事件，並非船舶與貨物共同危險所引起，僅由受損失之船舶或貨物負損害責任。共同海損為在海難中避免船舶或貨物共同危險，由船長故意所為之處分造成的損害，應由保全之船舶或貨物共同負擔之海損。

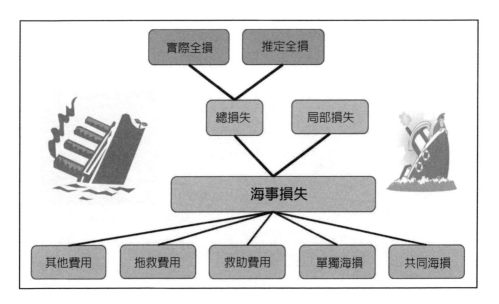

海上事故除損失外，還會造成額外費用支出，主要有拖救費用、救助費用、接駁運送費用、額外費用等：

1. **拖救費用**：被保險貨物在遭受保險責任範圍內的災害事故時，被保險人為了避免或減輕貨物損失，採取各種措施而合理支出的費用。

2. **救助費用**：指保險人或被保險人以外的第三人，採取有效救助措施後，所索取的救助報酬費用。

3. **接駁運送費用**：船舶遭遇海難後，為防止或減輕貨物的損失，在中途港口或避難港口進行卸貨、儲存及運送貨物所產生的費用。

4. **其他費用**：指為了證明貨損，進行索賠（Claim）而支付的費用，包括被保險貨物受損後，對其進行檢驗、勘查、公證、清理或拍賣受損貨物等所支付的費用。

※海商法

第 128 條
保險期間除契約另有訂定外，關於船舶及其設備屬具，自船舶起錨或解纜之時，以迄目的港投錨或繫纜之時，為其期間；關於貨物，自貨物離岸之時，以迄目的港起岸之時，為其期間。

第 129 條
保險人對於保險標的物，除契約另有規定外，因海上一切事變及災害所生之毀損滅失及費用，負賠償責任。

第 130 條
保險事故發生時，要保人或被保險人應採取必要行為，以避免或減輕保險標的之損失，保險人對於要保人或被保險人未履行此項義務而擴大之損失，不負賠償責任。

保險人對於要保人或被保險人，為履行前項義務所生之費用，負償還之責，其償還數額與賠償金額合計雖超過保險標的價值，仍應償還之。

保險人對於前項費用之償還，以保險金額為限。但保險金額不及保險標的物之價值時，則以保險金額對於保險標的之價值比例定之。

海損理算師（Average Adjuster）

索賠是貨主因貨運事故造成的損失，向運送人或船東提出賠償要求的行為；理賠是船東或船公司的代理人，接受和處理索賠人或其代理人所提出的索賠要求行為。

船東於知悉保險危險事故發生時，應即以書面通知保險人，派遣代表於何時何地前往勘查損害。兼任保險經紀人之理算師即充任船東代表向保險人接洽協商檢驗。

海損理算師的工作為：

1. 協助船東發掘事實資料，以為索賠證據。

2. 編製海損及救助費用理算報告，並將索賠證據及理算報告送交保險人或其他利害關係人，理算師的報酬應由保險人支付，在共同海損則併入分擔總額。

資料來源：英國海損理算師協會（Association of Average Adjusters）
https://www.average-adjusters.com/

第16章
船長與海員之管理

Unit 16-1 船長之雇用

船長負責指揮船舶，有命令與管理在船海員及人員之權，對全船生命及財產應負安全責任，並為維持船上治安及保障船舶貨物利益得為緊急處分，所以船長的雇用選擇極為重要。（船員服務規則第 21 條：船長依法指揮全體海員、旅客及在船任何人，並管理全船一切事務，及負維護全船生命財產安全之責任。）

> 船員法第 2 條：船長（Master）指受雇用人僱用，主管船舶一切事務之人員。
> 海商法第 2 條：本法稱船長者，謂受船舶所有人僱用主管船舶一切事務之人員。

船長之職責繁重，不僅須具備船舶駕駛及海運上之學識、技能及經驗，並須具備管理能力及法律知識，故船長需具備規定之資格與證明，船公司才能與合格之船長簽訂雇用契約。（船員法第 5 條：船員應年滿 16 歲。船長應為中華民國國民。符合交通技術人員執業證書核發規則資格。）

僱用關係

> ※ 船員法
> 第 58 條
> 船舶之指揮，由船長負責；船長為執行職務，有命令與管理在船海員及在船上其他人員之權。
> 船長為維護船舶安全，保障他人生命或身體，對於船上可能發生之危害，得為必要處置。
> 第 59 條
> 船長在航行中，為維持船上治安及保障國家法益，得為緊急處分。
> ※ 船員服務規則
> 第 23 條
> 船長為明瞭本船一切情形，並保持其良好狀態，應注意辦理下列事項：
> 一、負責保管依法規或公約規定應具備之文書及裝載客貨之各項文件。
> 二、督導各級海員工作。船上如載有旅客，每日應巡視客艙一次。
> 三、隨時查閱航海日誌及有關紀錄簿等，並在其上簽署，有疏漏者，應即查明更正。
> 四、責成各有關部門依規定期限檢查核對各項設備屬具，並隨時督導檢查船體內外各部。

1. **僱用關係開始**

　　船員法第 12 條：雇用人僱用船員，應簽訂書面僱傭契約，送請航政機關備查後，受僱船員始得在船上服務。僱傭契約終止時，亦同。

2. **僱用關係結束**

(1) 法定當然原因

　　船員法第 19 條：船舶沈沒、失蹤或完全失去安全航行能力者，僱傭契約即告終止。但船員生還者，不在此限。

　　船舶於二個月內無存在消息者，以失蹤論。

(2) 雇用人原因

　　船員法第 22 條：非有下列情形之一者，雇用人不得預告終止僱傭契約：

　　一、歇業或轉讓時。

　　二、虧損或業務緊縮時。

　　三、不可抗力暫停工作在一個月以上時。

　　四、業務性質變更，有減少船員之必要，又無適當工作可供安置時。

　　五、對於所擔任之工作確不能勝任時。

　　雇用人依前項規定終止僱傭契約，其預告期間依下列各款之規定：

　　一、繼續工作三個月以上一年未滿者，於十日前預告之。

　　二、繼續工作一年以上三年未滿者，於二十日前預告之。

　　三、繼續工作三年以上者，於三十日前預告之。

　　船員在產假期間或執行職務致傷病之醫療期間，雇用人不得終止僱傭契約。但雇用人因天災、事變、不可抗力致事業不能繼續或船舶沈沒、失蹤或已完全失去安全航行之能力時，不在此限。

　　雇用人未依第二項規定期間預告而終止契約者，應給付預告期間之薪資。

　　不定期僱傭契約之船員終止僱傭契約時，應準用第二項規定預告雇用人或船長。定期僱傭契約之船員終止僱傭契約時，應在一個月前預告雇用人或船長。

　　雇用人經徵得船員同意，於雇用人所屬船舶間調動，另立新約前，原僱傭契約仍繼續有效。

(3) 約定原因

　　船員法第 23 條：定期僱傭契約，其期限於航行中屆滿者，以船舶到達第一港後經過 48 小時為終止。

　　船員法第 64 條：船長在航行中，其僱用期限已屆滿，不得自行解除或中止其職務。

遊艇與動力小船駕駛管理規則

第2條

一、遊艇駕駛執照：指駕駛遊艇之許可憑證。

二、自用動力小船駕駛執照：指駕駛自用動力小船之許可憑證。

三、營業用動力小船駕駛執照：指駕駛營業用動力小船之許可憑證。

四、一等遊艇駕駛：指持有一等遊艇駕駛執照，駕駛全長二十四公尺以上遊艇之人員。

五、二等遊艇駕駛：指持有二等遊艇駕駛執照，駕駛全長未滿二十四公尺遊艇之人員。

六、營業用動力小船駕駛：指持有營業用動力小船駕駛執照，以從事客貨運送而受報酬為營業之動力小船駕駛。

七、二等遊艇與自用動力小船駕駛學習證：指遊艇與動力小船學習駕駛之許可憑證。

八、遊艇與動力小船駕駛訓練機構：指經主管機關許可之遊艇與動力小船駕駛訓練機構。

資料來源：全國法規資料庫
　　　　　https://law.moj.gov.tw/Index.aspx

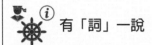 有「詞」一說

海難救助

海商法第一百零二條
船長於不甚危害其船舶、海員、旅客之範圍內，對於淹沒或其他危難之人應盡力救助。

海商法第一百零九條
船舶碰撞後，各碰撞船舶之船長於不甚危害其船舶、海員或旅客之範圍內，對於他船舶船長、海員及旅客、應盡力救助。

各該船長，除有不可抗力之情形外，在未確知繼續救助為無益前，應停留於發生災難之處所。

各該船長，應於可能範圍內，將其船舶名稱及船籍港並開來及開往之處所，通知於他船舶。

Unit 16-2 船長之權責

一、船員法規定

船員法第 58 條

船舶之指揮，由船長負責；船長爲執行職務，有命令與管理在船海員及在船上其他人員之權。

船長爲維護船舶安全，保障他人生命或身體，對於船上可能發生之危害，得爲必要處置。

船員法第 59 條

船長在航行中，爲維持船上治安及保障國家法益，得爲緊急處分。

船員法第 64 條

船長在航行中，其僱用期限已屆滿，不得自行解除或中止其職務。

船員法第 66 條

船長遇船舶沈沒、擱淺、碰撞、強迫停泊或其他意外事故及有關船舶貨載、海員或旅客之非常事變時，應作成海事報告，載明實在情況，檢送航政機關。

前項海事報告，應有海員或旅客之證明，始生效力。但其報告係船長於遭難獨身脫險後作成者，不在此限。

船員法第 71 條

船長於本航次航路上發現油污損害、新生沙灘、暗礁、重大氣象變化或其他事故有礙航行者，應報告航政機關。

船員法第 72 條

船舶發生海難或其他意外事故，船長應立即採取防止危險之緊急措施，並應以優先方法報告航政機關，以便施救。

船舶因海難或其他意外事故致擱淺、沈沒或故障時，船長除應依前項規定處理外，並應防止油污排洩，避免海岸及水域遭受油污損害。

船員法第 73 條

船舶有急迫危險時，船長應盡力採取必要之措施，救助人命、船舶及貨載。

船長在航行中不論遇何危險，非經諮詢各重要海員之意見，不得放棄船舶。但船長有最後決定權。

放棄船舶時，船長應盡力將旅客、海員、船舶文書、郵件、金錢及貴重物救出。

船長違反第一項、第二項規定者，就自己所採措施負其責任。

船員法第 74 條

船舶碰撞後，各碰撞船舶之**船長**於不甚危害其船舶、海員或旅客之範圍內，對於其他船舶、船員及旅客應盡力救助。

各該**船長**除有不可抗力之情形外，在未確知**繼**續救助為無益前，應停留於發生災難之處所。

各該**船長**應於可能範圍內，將其船名、船籍港、開來及開往之港口通知他船舶。

船員法第 75 條

船長於不甚危害船舶、海員、旅客之範圍內，對於淹沒或其他危難之人，應盡力救助。

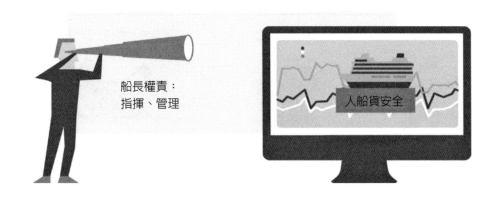

船長權責：
指揮、管理

人船貨安全

二、船員服務規則規定

船員服務規則第 11 條

海員請假應以書面報告主管轉請**船長**批准或派員接替後，方得離船，因傷病必需離船留岸醫治，由船長核准後報告雇用人。

船員服務規則第 21 條

船長依法指揮全體海員、旅客及在船任何人，並管理全船一切事務，及負維護全船生命財產安全之責任。

船員服務規則第 22 條

船長對全體海員負考核及訓練之責，經發現其工作或行為足以妨礙航行安全與紀律時，得先行停止其職務，必要時得在適當地區遣返，並即報告雇用人。

船員服務規則第 26 條

船舶不論航行或停泊，如遇有重大事件，**船長**應為適當之處理，並立即報告雇

用人及航政機關。

船員服務規則第 32 條

<u>船長</u>交卸本職時，應將船舶航行或操縱之特殊性能、船舶及海員之管理等詳告接任者，經管文書、圖冊及公物應按冊點交及記入航海日誌內，並會同簽報雇用人。

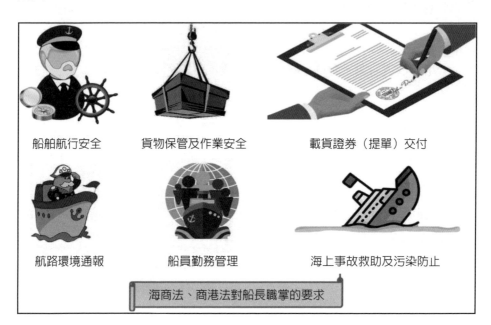

| 船舶航行安全 | 貨物保管及作業安全 | 載貨證券（提單）交付 |
| 航路環境通報 | 船員勤務管理 | 海上事故救助及污染防止 |

海商法、商港法對船長職掌的要求

三、海商法規定

海商法第 50 條

貨物運達後，運送人或<u>船長</u>應即通知託運人指定之應受通知人或受貨人。

海商法第 53 條

運送人或<u>船長</u>於貨物裝載後，因託運人之請求，應發給載貨證券。

海商法第 72 條

貨物未經<u>船長</u>或運送人之同意而裝載者，運送人或船舶所有人，對於其貨物之毀損或滅失，不負責任。

海商法第 102 條

<u>船長</u>於不甚危害其船舶、海員、旅客之範圍內，對於淹沒或其他危難之人應盡力救助。

海商法第 122 條
運送人或船長對於未清償分擔額之貨物所有人，得留置其貨物。但提供擔保者，不在此限。

四、商港法規定

商港法第 18 條
商港區域內停泊之船舶，其船員上岸休假，應由船長依規定予以限制。留船人數應有足以操縱船舶航行及應付緊急事變之能力。

商港法第 26 條
船長於航路上發現新生沙灘、暗礁、或其他新障礙有礙航行者，應儘速或於入港時即行通報商港經營事業機構、航港局或指定機關。

商港法第 27 條
船舶在商港區域內發生海難或其他意外事故，船長應立即採取防止危險之緊急措施，並應以優先方法通報商港經營事業機構、航港局或指定機關，以便施救。

商港法第 39 條
船舶在商港區域內發生海難或因其他意外事件，致污染水域或有污染之虞時，船長及船舶所有人應即採取措施以防止、排除或減輕污
染，並即通知商港經營事業機構、航港局或指定機關。

商港港務管理規則第 9-1 條
船舶於進港前或商港區域內，如遇所載危險物品洩漏或事故，且有危害海洋及環境污染、人身傷害、貨物爆炸、起火等影響港區安全之虞時，船舶所有人或船長應主動通報商港經營事業機構、航港局或指定機關，並應優先於船上進行必要處置。

船長對設備、安全及作業主管理規定
◎引水法　　　　　　　◎海事報告規則
◎引水人管理規則　　　◎重大水路事故調查作業處理規則
◎港埠檢疫規則　　　　◎船舶危險品裝載規則
◎船舶檢查規則　　　　◎船舶安全營運與防止污染管理規則
◎船舶設備規則　　　　◎船舶無線電臺管理辦法
◎船舶標誌設置規則
◎貨船搭客管理規則

五、其他相關規定

引水法第 32 條
引水人應招登船執行領航業務時，仍須尊重船長之指揮權。

引水人管理規則第 39 條
引水人在執行領航業務時，在未完成任務前非經船長同意不得離船。

海事報告規則第 3 條
船長遇船舶發生海事時，應依海商法第 49 條之規定，作成海事報告。

重大水路事故調查作業處理規則第 11 條
依本法第 12 條第 2 項規定，船舶營運人或船長應儘速於重大水路事故或疑似重大水路事故發生後，下載航行資料紀錄器資料，確保相關資料完整。

JAPAN P&I CLUB
日本船主責任相互保險組合

船舶危險品裝載規則第 36 條
船長應儘可能查明船上所載危險品之標記、標籤、確已標註清楚，其包裝情況確屬良好。

船舶危險品裝載規則第 48 條
危險品裝船或卸船，或為其他裝卸時，船長或其職務代理人，必須在場。

船舶危險品裝載規則第 51 條
船長應注意裝載於船舶之危險品不致發生災害。
船長為避免危險品對人命、船舶或其他貨物之危害，於必要時得廢棄裝載於船舶之危險品。

船舶安全營運與防止污染管理規則第 11 條

<u>船長</u>在安全管理制度上之職責如下：

一、執行並要求海員遵守安全管理制度，並予以查證。

二、以簡明方式發布命令及指示。

三、定期檢討安全管理制度執行情形，並作成紀錄，提交安全管理機構。

四、緊急應變及處置。

船舶無線電臺管理辦法第 4 條

船舶上裝設無線電收發信設備及遇險自動通報設備，供通信之用者，稱船舶無線電臺。

船舶無線電臺主管人員為<u>船長</u>。

配合引水作業

配合海事調查

危險物品作業

船長配合其他機關通報事項之主要規定

人口販運防制法第40條
中華民國船舶、航空器或其他運輸工具所有人、營運人或**船長**、機長、其他運輸工具駕駛人從事人口販運之運送行為者，目的事業主管機關得處該中華民國船舶、航空器或其他運輸工具一定期間停駛，或廢止其有關證照，並得停止或廢止該船長、機長或駕駛人之職業證照或資格。

入出國及移民法第48條
航空器、船舶或其他運輸工具入出機場、港口前，其機、**船長**或運輸業者，應於起飛（航）前向入出國及移民署通報預定入出國時間及機、船員、乘客之名冊或其他有關事項。乘客之名冊，必要時，應區分為入、出國及過境。

海岸巡防法第6條
船舶或其他運輸工具之**船長**、管領人、所有人或營運人對海巡機關人員依第4條第1項規定所實施之檢查、出示文書資料、停止航行、回航、登臨或驅離之命令，不得規避、妨礙或拒絕。

海洋污染防治法第32條
船舶發生海難或因其他意外事件，致污染海域或有污染之虞時，**船長**及船舶所有人應即採取措施以防止、排除或減輕污染，並即通知當地航政主管機關、港口管理機關及地方主管機關。

關稅法第20條
載運客貨之運輸工具進出口通關，應填具之貨物艙單、旅客與服務人員名單及其他進出口必備之有關文件，由運輸工具負責人或運輸工具所屬運輸業者向海關申報。
前項運輸工具負責人，在船舶為**船長**；在飛機為機長；在火車為列車長；在其他運輸工具為該運輸工具管領人。

資料來源：全國法規資料庫
　　　　　https://law.moj.gov.tw/Index.aspx

 有「詞」一說

中華民國教育部《重編國語辭典修訂本》

【船員】：稱船上除船長以外所有的工作人員。
【海員】：泛稱在海洋船舶上工作的人員。
【船長】：總理全船事務的人。

中華民國交通部《船員法第二條》

【船員（Seafarer）】：指船長及海員。
【海員（Seaman）】：指受雇用人僱用，由船長指揮服務於船舶上之人員。
【船長（Master）】：指受雇用人僱用，主管船舶一切事務之人員。

國家教育研究院《雙語詞彙、學術名詞暨辭書資訊網》

【Seafarer】：航海者、船員
【Seaman】：海員、船員
【Master】：船長

Unit 16-3 **海員之雇用**

　　海員通常由船舶所有人雇用，船舶經理人經授權時亦得雇用，空船租約則由租船人雇用，海員雇用基本資格亦受政府法令之管理。

※ **船員法**
　　第 2 條：船員（Seafarer）指船長及海員；海員（Seaman）指受雇用人僱用，由船長指揮服務於船舶上之人員。
※ **海商法**
　　第 2 條：稱海員者，謂受船舶所有人僱用由船長指揮服務於船舶上所有人員。

船員之基本資格及執業

船員法
第 5 條
船員應年滿 16 歲。船長應為中華民國國民。
第 6 條
船員資格應符合航海人員訓練、發證及當值標準國際公約與其他各項國際公約規定，並經航海人員考試及格或船員訓練檢覈合格。外國人申請在中華民國籍船舶擔任船員之資格，亦同。
前項船員訓練、檢覈、證書核發之申請、廢止、外國人之受訓人數比率與其他相關事項辦法，由主管機關定之。
違反槍砲彈藥刀械管制條例、懲治走私條例或毒品危害防制條例之罪，經判決有期徒刑六個月以上確定者，不得擔任船員。
第 7 條
具有前條資格者，應向航政機關提出申請，並經主管機關核發適任證書，始得執業。
第 8 條
船員應經體格檢查合格，並依規定領有船員服務手冊，始得在船上服務。
已在船上服務之船員，應接受定期健康檢查；經檢查不合格或拒不接受檢查者，不得在船上服務。
前項船員健康檢查費用，由雇用人負擔。
船員體格檢查及健康檢查，應由符合規定條件之醫療機構或本事業單位所設置醫療單位為之；其檢查紀錄應予保存。

船員體格檢查、健康檢查及醫療機構應符合之條件等相關事項之辦法，由主管機關會同中央勞動及衛生福利主管機關定之。

船員僱用

第 12 條

雇用人僱用船員，應簽訂書面僱傭契約，送請航政機關備查後，受僱船員始得在船上服務。僱傭契約終止時，亦同。

第 13 條

雇用人僱用船員僱傭契約範本，由航政機關定之。

第 17 條

雇用人應訂定船員工作守則，報請航政機關備查。

船員應遵守雇用人在其業務監督範圍內所爲之指示。

第 23 條

定期僱傭契約，其期限於航行中屆滿者，以船舶到達第一港後經過 48 小時爲終止。

船員法（船員薪資）

第 26 條

船員之報酬包含薪津及特別獎金。

雇用人不得預扣船員報酬作爲賠償費用。

第 27 條

船員之薪資、岸薪及加班費之最低標準，由主管機關定之。

前項最低薪資不得低於勞動基準法所定之基本工資。

船員服務規則（雇用及考核）

第 64 條

雇用人僱用船員，使其於國內港口上船服務、船員僱傭契約終止或船員職務變更者，使其於國內港口下船，應即向航政機關申辦任、卸職認可簽證，並載入船員服務手冊。

雇用人在國內僱用船員，使其於國外港口上船服務者，應於上船後 7 日內將其任職動態報送航政機關。船員僱傭契約終止，使船員於國外港口下船者，應於其返國後 15 日內向航政機關申辦任、卸職認可簽證，並載入船員服務手冊。

雇用人在國外僱用船員，使其於國外港口上船服務時，應即先報請航政機關備查，並於返國到達第一港口時檢送船員服務手冊、任職申請書、僱傭契約影本、出入境證明等證件，向航政機關申辦任、卸職認可簽證，並載入船員服務手冊。

> **※船員服務規則**
> 第 3 條：船員應持有航政機關核發之船員服務手冊。
> 第 4 條：船員在國外醫院體格檢查者，其證明書應經中華民國駐外使領館、代表處、辦事處或其他外交部授權機構驗證或所屬船長簽證。

第 65 條

雇用人僱用船員上船服務應簽訂書面僱傭契約，並送請航政機關備查，僱傭契約修正或終止時亦同。

船員僱傭契約在國外終止時，雇用人應將該船員送回臺灣地區原僱傭地。

船員僱傭契約在國外終止而不能即行返回臺灣地區時，雇用人應事先以書面開具理由，檢附證明文件，申請航政機關備查。

第一項船員僱傭契約應載明下列事項：

一、船員姓名、年齡、出生日期、地址、出生地、身分證或護照號碼。未成年船員須經法定代理人許可簽約者，其法定代理人姓名、年齡、身分證或護照號碼、地址。

二、船員受僱職務。

三、雇用人及船舶名稱、地址、統一編號，其由代理人簽約，代理人為法人者，其名稱、地址、統一編號；代理人為個人者，其姓名、年齡、身分證或護照號碼、地址。

四、受僱待遇：包括薪資、津貼及伙食費標準。

五、僱傭期間。

六、終止契約之條件。

七、送回原僱傭地之約定。

八、勞動條件與福利事項。

九、訂立契約日期及地點。

交通部船員訓練委員會組織規程

第1條
交通部為積極推動在職船員之專業訓練工作，以提高船員素質，特設置交通部船員訓練委員會（以下簡稱本會）。
第2條
本會辦理左列事項：
一、各項船員專業訓練場地設施之擬定。
二、各項船員專業訓練課程內容之編審。
三、各項船員專業訓練方式之研議。
四、各項船員專業訓練師資水準之研議。
五、各項船員專業訓練費用及收費標準之研擬。
六、各項船員專業訓練訓練期間之研擬。
七、各項船員專業訓練之現場會勘。
八、各項船員專業訓練結訓證書格式之研擬。
九、交通部與國際公約有關之法令規章之修訂。
十、各船員訓練單位實施訓練情形之監督。
十一、其他交通部交辦事項。

資料來源：全國法規資料庫
　　　　　https://law.moj.gov.tw/Index.aspx

Unit 16-4 **海員之權責**

船員法（航行安全及處罰）

第 18 條

上級船員就其監督範圍內所發命令，下級船員有服從之義務。但有意見時，得陳述之。

船員非經許可，不得擅自離船。

第 69 條

船員不得利用船舶私運貨物，如私運之貨物為違禁品或有致船舶、人員或貨載受害之虞者，船長或雇用人得將貨物投棄。

船員攜帶武器、爆炸物或其他危險物品上船，船長或雇用人有權處置或投棄。

前二項處置或投棄，應選擇對海域污染最少之方式及地點為之。

第 70 條

當值船員，應遵守航行避碰規定，並依規定鳴放音響或懸示信號。

船員

服從主管指揮

船舶航行安全

遵守差勤管理

第 77 條

船員違反本法規定之處罰如下：

一、警告。

二、記點。

三、降級：按其現任職級降低一級僱用，並須實際服務三個月至一年。

四、收回船員服務手冊：三個月至五年。

前項處罰，處警告三次相當記點一次；二年期間內記點三次者，收回船員服務手冊三個月。

受收回船員服務手冊之處分時，其有適任證書者，並應收回其適任證書。

收回船員服務手冊期間，自船員繳交手冊之日起算。

船員服務規則（請假及輪值）

第 11 條

海員請假應以書面報告主管轉請船長批准或派員接替後，方得離船，因傷病必需離船留岸醫治，由船長核准後報告雇用人。

第 12 條

船舶在航行時或錨泊中船員均應依規定按時輪值，各當值船員，非經主管許可，不得擅離職守。交值時，在接替者未接替前，仍應繼續工作，並即報告主管處理，如情形嚴重者，則報請船長議處。

第 13 條

船舶停泊港內時船員均應依規定輪值，其留船人數應足以應付緊急狀況，以防意外。

各部門海員未得其主管及船長之許可，不得離船。船長准假人數，除法令另有規定外，得依船舶之需要決定之，已准許離船之海員應於規定時間前回船。

第 20 條

船員職責，本規則未規定者，依雇用人之規定。

船員相關權利規定

◎海商法
◎船員法
◎船員法實行細則
◎船員服務規則
◎船員訓練檢覈及申請核發證書辦法
◎船員體格健康檢查及醫療機構指定辦法
◎外國雇用人僱用中華民國船員許可辦法
◎外國籍船員僱用許可及管理規則
◎航行船舶船員最低安全配置標準
◎船員薪資岸薪及加班費最低標準
◎未滿十八歲及女性船員從事危險性或有害性工作認定標準

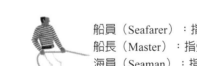

船員（Seafarer）：指船長及海員。
船長（Master）：指受雇用人僱用，主管船舶一切事務之人員。
海員（Seaman）：指受雇用人僱用，由船長指揮服務於船舶上之人員。

郵輪船上乘客服務人員基本訓練資格

「航海人員訓練、發證及航行當值標準國際公約」（International Convention on Standards of Training, Certification and Watchkeeping for Seafarers, STCW），經過多次修正案後稱為「1978年航海人員訓練、發證及航行當值標準國際公約及其修正案」（International Convention on Standards of Training, Certification and Watchkeeping for Seafarers, 1978, as amended）係聯合國國際海事組織針對300至500總噸位以上，於近岸與遠洋國際航行的商船船員相關訓練、發證、資格及設置相關標準來規範。對於為各締約國政府，該國政府有義務達到或者超過本公約所設置航海人員訓練、發證及航行當值的最低標準。

1. **基本安全訓練** Safety Training (STCW Regulation V/2.6, STW Code A-V/2.2, i.e. 包含人員求生技能personal survival techniques STCW Code Table A-VI/1-1; 防火及基礎滅火fire prevention and fire fighting STCW Code Table A-VI/1-2; 基礎急救elementary first aid STCW Code Table A-VI/1-3; and
2. **人員全與社會責任** Personal Safety and Social Responsibility (STCW Code Table A-VI/1-2)
3. **客輪群體管理** Passenger Ship Crowd Management (STCW Regulation V/2.7, STW Code A-V/2.3)
4. **危機處理及行為管理** Crisis Management and Human Behaviour (STCW Regulation V/2.8, STW Code A-V/2.)
5. **旅客安全、貨物安全及船體完整性訓練** Passenger Safety, Cargo Safety and Hull Integrity (STCW Regulation V/2.9, STW Code A-V/2.5)

資料來源：STCW 訓練
　　　　　http://www.bvhcc.com.tw/application/stcw.html

附　錄

附錄1.1 臺灣港務股份有限公司從業人員甄試命題大綱_航業經營管理概要（員級）

適用級別	適用類科
員級	航運管理
專業知識及核心能力	一、了解定期航運與不定期航運之性質。 二、熟悉定期航運經營之內容。 三、了解不定期航運經營之內容。
命題大綱	
一、定期航運之性質 　　（一）定期航運之特性 　　（二）貨櫃運輸之基本要素	
二、定期航運經營管理 　　（一）定期航運經營策略 　　（二）定期航運策略聯盟 　　（三）港口相關產業的類別	
三、不定期航運之性質 　　（一）不定期航運之特性 　　（二）不定期航運經營要素	
四、不定期航運經營管理 　　（一）論程傭船契約之內容 　　（二）論時傭船契約之內容	
備註	表列命題大綱為考試命題範圍之例示，惟實際試題並不完全以此為限，仍可命擬相關之綜合性試題。

附錄1.2　臺灣港務股份有限公司從業人員甄試命題大綱_海運學（師級）

適用級別	適用類科
師級	貨櫃場站管理
專業知識及核心能力	一、了解海運性質與航運經營。 二、了解貨櫃碼頭作業實務。 三、了解海運基本要素與相關法規。
命題大綱	

一、了解貨櫃海運性質與航運經營
　　（一）我國貨櫃航運產業發展趨勢
　　（二）國際貨櫃航運公司營運概況

二、了解貨櫃碼頭作業實務
　　（一）貨櫃場運輸管理知識
　　（二）貨櫃船舶裝卸相關知識

三、了解貨櫃海運基本要素與相關法規
　　（一）貨櫃船舶之了解
　　（二）貨櫃船舶運送與船長之權利義務之了解

備註	表列命題大綱為考試命題範圍之例示，惟實際試題並不完全以此為限，仍可命擬相關之綜合性試題。

附錄1.3 臺灣港務股份有限公司從業人員甄試命題大綱_海運學概要（員級）

適用級別	適用類科
員級	貨櫃場站管理
專業知識及核心能力	一、了解海運之基本要素。 二、了解海運之經營模式。 三、了解海運相關法規。
命題大綱	

一、了解海運之基本要素
　　（一）對於海運港口之了解
　　（二）對於海上運送行為與運作方式之了解

二、了解貨櫃航運經營模式
　　（一）對於貨櫃航運之了解
　　（二）貨櫃碼頭管理之了解

三、了解海運相關法規
　　（一）對於海上運送人之了解
　　（二）對於貨櫃船舶運送之了解

備註	表列命題大綱為考試命題範圍之例示，惟實際試題並不完全以此為限，仍可命擬關之綜合性試題。

資料來源：臺灣港務股份有限公司網站／資訊公開／人才招募／命題大綱
　　　　　https://www.twport.com.tw/Upload/A/RelFile/CustomPage/3941/f477134a-f8e5-4863-8b06-26e07d464ae3.pdf

附錄2.1　考選部公務人員高等考試三級考試命題大綱_航業經營管理（航運行政）

適用考試名稱	適用考試類科
公務人員高等考試三級考試	航運行政
專業知識及核心能力	一、了解定期航運與不定期航運之性質。 二、熟悉定期航運經營與管理內容。 三、具備不定期航運經營管理專業知識。
命題大綱	
一、定期航運之性質 　　（一）定期航運之成本與運價 　　（二）定期航運公司組織 　　（三）貨櫃港埠經營	
二、定期航運經營管理 　　（一）定期航運經營策略 　　（二）定期航運策略聯盟 　　（三）定期航運行銷策略 　　（四）航運與全球物流	
三、不定期航運之性質 　　（一）不定期航運經營要素 　　（二）傭船契約之洽商 　　（三）不定期航運成本及航次估算	
四、不定期航運經營管理 　　（一）論程傭船契約之履約內容 　　（二）論時傭船契約之履約內容 　　（三）不定期航運市場風險管理 　　（四）航運運價指數	
備註	表列命題大綱為考試命題範圍之例示，惟實際試題並不完全以此為限，仍可命擬相關之綜合性試題。

附錄2.2 考選部公務人員普通考試命題大綱_航業經營管理概要（航運行政）

適用考試名稱	適用考試類科
公務人員普通考試	航運行政
專業知識及核心能力	一、了解定期航運與不定期航運之性質。 二、熟悉定期航運經營之內容。 三、了解不定期航運經營之內容。
命題大綱	
一、定期航運之性質 　（一）定期航運之特性 　（二）貨櫃運輸之基本要素	
二、定期航運經營管理 　（一）定期航運經營策略 　（二）定期航運策略聯盟	
三、不定期航運之性質 　（一）不定期航運之特性 　（二）不定期航運經營要素	
四、不定期航運經營管理 　（一）論程傭船契約之內容 　（二）論時傭船契約之內容	
備註	表列命題大綱為考試命題範圍之例示，惟實際試題並不完全以此為限，仍可命擬相關之綜合性試題。

資料來源：考選部網站 _ 首頁 > 應考人專區 > 考試資訊 > 命題大綱
https://wwwc.moex.gov.tw/main/content/wfrmContentLink4.aspx?inc_url=1&menu_id=154&sub_menu_id=611

附錄3.1.1　臺灣港務股份有限公司從業人員甄試試題_貨櫃場站管理（師級）

110 年度新進從業人員甄試筆試試題

筆試科目：海運學

甄選類科：A2 師級 _ 貨櫃場站管理

題號	題目
1	自從 1956 年貨櫃商業化運用於海上運輸後，如何藉由創新的方式以提升貨櫃碼頭的作業效率，一直是航商與碼頭業者積極努力追求的目標。請就您的了解，說明有哪些創新的技術曾經被嘗試運用來改善碼頭裝卸效率及同時降低船舶泊港時間？
	配分：25 分
2	下列為典型的貨櫃終站布置示意圖，請說明下圖①②③④⑤的動作。（圖略）
	配分：25 分
3	請敘述近一年因新冠肺炎（COVID-19）疫情對海運市場造成的影響。
	配分：25 分
4	船舶大型化持續現象，將使航商對港口設施之需求產生很大的變化，以港埠經營角度而言，為符合航商之需求而成為船舶泊靠之主要軸心港，須針對哪些港口設施進行改善。
	配分：25 分

附錄3.1.2　臺灣港務股份有限公司從業人員甄試試題_貨櫃場站管理（師級）

109 年度新進從業人員甄試筆試試題

甄選類科：師級 A03 貨櫃場站管理

測驗科目：專業科目 2- 海運學

本科考試時間為 80 分鐘，每題二十五分，總分為一百分，請依序作答

一、（一）請說明何謂船級？（5 分）

　　（二）成立船級協會（Classification Society）之目的為何？（20 分）

二、請說明港埠貨櫃基地之規劃原則及營運設施有哪些？（25 分）

三、請說明有關碼頭裝卸危險品時應注意哪些事情？（25 分）

四、請逐項解釋該業別之定義：(1) 船舶運送業、(2) 船務代理業、(3) 海運承攬運送業、(4) 貨櫃集散站經營業。（25 分）

附錄3.1.3 臺灣港務股份有限公司從業人員甄試試題_貨櫃場站管理（師級）

108 年度新進從業人員甄試筆試試題

筆試科目：海運學

甄選類科：24 師級 _ 貨櫃場站管理

題號	題目
1	請英翻中或中翻英下列海運名詞： 1. Verified gross mass 2. Certificate of classification 3. Ballast 4. Arrest of ship 5. Delivery order 6. Lay/Can 7. Non negotiable 8. Shut-out cargo 9. Surveyor 10.Tramp service 11.Charter hire 12.Notify party 13.Zulu time 14.Freight prepaid 15.Equipment positioning 16. 礦雜油多用途船舶 17. 船艄水尺 18. 還船證明 19. 排水噸位 20. 水手長 21. 船舶右舷 22. 共同海損 23. 還櫃附加費 24. 遠洋航線 25. 拆櫃費
	配分：每小題各 1 分，共 5 分。
2	有關全球定期貨櫃航運產業的發展和營運，請說明： 1. 目前全球定期貨櫃航運策略聯盟之組成情形及其對航運產業之影響？ 2. 定期貨櫃航商在船期安排上有何特色？策略聯盟航商之聯營行為對貨櫃碼頭資源的影響為何？
	配分：第 1 小題 15 分，第 2 小題 10 分，共 25 分。

題號	題目
3	請繪簡圖說明貨櫃碼頭在平面布署上的各項子系統，並說明： 1. 進口、出口、轉口之概略作業流程。 2. 在各子系統中，較常運用的貨櫃裝吊和移動機具設備有哪些？請簡要說明其運作特性。
	配分：第 1 小題 10 分，第 2 小題 15 分，共 25 分。
4	為配合貨物運輸特性，不同船型的散裝船其營運模式須依照貨物的海運需求量而有所調整，請針對以下個各類散裝乾貨：穀類、燃煤、鐵礦砂、鋁礦砂、磷礦，分別簡述不同散裝船型的經營特色為何？
	配分：25 分。

附錄3.1.4 臺灣港務股份有限公司從業人員甄試試題_航運管理（師級）

104 年度新進從業人員甄試筆試試題
筆試科目：港埠經營實務甄選類科：01 航運管理

題號	題目
1	港埠營運約略可區分成港灣作業與棧埠作業二種，因此在費率收取的分類上，亦可區分成港灣作業費率與棧埠業務費率。請分別依序寫出： (1) 至少 5 項港灣作業之費率項目。 (2) 至少 3 項棧埠業務之費率項目。
	配分：20 分，每小題 10 分
2	臺灣港務公司在經營各港口的貨櫃碼頭時，有一種稱之為業者自營貨櫃碼頭，亦或可稱作專賃碼頭，請闡述下列問題： (1) 目前國內各種業者自營貨櫃碼頭的營運方式與做法。 (2) 目前基隆、高雄、臺中三個港口內，各有哪些業者或航商在營運專賃貨櫃碼頭。 (3) 港內專賃碼頭之營運，對臺灣港務公司而言，兼具優點與缺點，請述明其潛在缺點。
	配分：20 分，第 (1) 題 4 分，第 (2) 題 6 分，第 (3) 題 10 分
3	臺灣港務公司在 2014 年 10 月多角化投資臺灣港務國際物流經營高雄港、臺中港及臺北港之港區倉庫，並將定位為公共倉儲運籌中心，期待協助臺灣發展海運快遞及 MCC 的產業發展。該公司主要提供 3PL 或 Forwarder 所提供 CFS、MCC 和 consolidation 業務，創造加值物流。國際物流公司習慣向業主收 Lump sum 計費，方便客戶對於費用結算。（20 分） (1) 請問何謂 3PL、CFS？（各 4 分合計 8 分） (2) 請問何謂 MCC、Lump sum？（各 4 分合計 8 分） (3) 請問您是擔任國際物流公司之國際物流中心業務主管，如何對外招商吸引廠商來使用物流倉庫創造貨源商機呢？（4 分）
	配分：20 分，第 (1)、(2) 題中每小題各 4 分，第 (3) 題 4 分
4	2015 年 5 月起由陽明海運所租入的 15 艘 14000TEU 貨櫃船啓動投入 CKYHE 之亞洲到遠歐航線服務，假設該船船長為 370 公尺、船寬 59 公尺和吃水－16 公尺，定期停靠高雄第六貨櫃中心所謂高明貨櫃碼頭公司負責裝卸作業。一般超過 14000TEU 船舶會配置亞洲到歐洲航線，目前高雄港之遠歐航線僅有 5 條和臺北港 1 條合計僅有 6 條。（20 分） (1) 貨櫃碼頭作業系統有哪些部分組成，並說明各部分之功能何在？（4 分） (2) 請問 CKYHE 策略聯盟是有哪些航商所組成呢？（4 分） (3) 大型船舶選擇貨櫃碼頭停泊之主要考量因素？船舶大型化對貨櫃碼頭之影響為何？（各 4 分，共 8 分） (4) 假設您是臺灣港務公司業務單位主管，如果要爭取遠歐航線大船停靠高雄和臺北港，會採取哪些因應策略呢？（4 分）
	配分：20 分，第 (1)、(2)、(4) 題各 4 分，第 (3) 題中每小題各 4 分

題號	題目
5	臺灣港務公司為配合永續運輸政策，積極推動綠色港埠，以實踐綠色永續港口為目標。目前臺灣港務公司已規劃並開始執行「臺灣港群綠色港口推動方案」，該方案以改善港口環境為目標，希望透過方案內容的推動提升旅運品質以及貨運效率，長期則期望藉由優質的港口環境與建設帶動當地城市發展。試問： (1) 何謂綠色港埠（Green Port）？ (2)「臺灣港群綠色港口推動方案」係由哪四大構面及分項進行，其四大構面所欲達成之目標分別為何。
	配分：20 分，第 (1) 題 8 分，第 (2) 題 12 分

附錄3.1.5　臺灣港務股份有限公司從業人員甄試試題_航運管理（師級）

102 年度新進從業人員甄試筆試試題

甄選類科：師級航運管理

測驗科目：專業科目 1 海運學

題目一：

何謂海運學（Sea transport）？【10 分】請依其定義，有系統地說明其主要內容。【15 分】

題目二：

請回答下列問題：

（一）何謂海上保險（Marine insurance）？【5 分】

（二）承上，依其承保之保險標的，可分為哪幾類？請說明其內容。【10 分】

（三）「防護與補償協會」之英文名稱為何？【提示：P & I Club】【2 分】

（四）防護與補償險（P & I insurance）為何稱為「船東責任險」？【5 分】

（五）船員因身體傷殘所須負擔之醫藥費係為何種保險之承保範圍？【3 分】

題目三：

情境說明：「A 船裝運 3 萬噸燃料油，在行經澎湖附近海域時，受颱風外圍環流影響，致意外擱淺於岩礁處；由於天候惡劣，A 船不幸斷裂解體。該期間，B 船適時經過，乃主動積極投入救助；另島上村落居民為免因該 A 船油品外洩污染海岸亦發動岸上救助。最後，救助結果致使 B 船停駐 2 天，且村民出動 200 人次皆無功而返。」請回答下列問題：

（一）何謂海上搜索與救助（Search and Rescue, SAR）？【5 分】

（二）何謂海難救助（Salvage）？【5 分】

（三）「無效果則無報酬」（No Cure No Pay），其意義為何？【5 分】

（四）請問 B 船及村民得否主張請求救助報酬？【5 分】其依據為何？【5 分】

題目四：

請回答下列問題：

（一）何謂論程傭船（Voyage charter, V/C）？【5 分】

（二）何謂論時傭船（Time charter, T/C）？【5 分】

（三）何類傭船人有權要求更換船長？並述其理由。【5 分】

（四）何類傭船人會發放掃洗貨艙等工作獎金給予商船海員？並述其理由。【5 分】

（五）何類傭船人的傭船契約（Charter party, C/P）有延滯費條款（Demurrage clause）之規定？並述其理由。【5 分】

附錄3.1.6　臺灣港務股份有限公司從業人員甄試試題_航運管理（師級）

101 年度新進從業人員甄試筆試試題
甄選類科：師級航運管理
測驗科目：專業科目 1 海運學

題目一：
臺灣港務股份有限公司訂於 101 年三月一日正式成立，請就該公司成立與港務組織改造的發展走向之相關議題，回答下列問題：
（一）您認為該公司成立的主要目的為何？【5 分】
（二）從組織改造面而言，如何進行「政企分離」及「統合管理」？【10 分】
（三）就業務拓展面而言，如何促進管理效能？【10 分】

題目二：
請解釋下列名詞：
（一）貨物的積載因素。【5 分】
（二）何謂「運費同盟」？並請針對其對貨主的利弊，各舉 1 項為例。【5 分】
（三）共同海損（General Average）。【5 分】
（四）P & I Insurance（防護與補償協會險）。【5 分】
（五）鹿特丹規則。【5 分】

題目三：
海龍船公司以其所有之 A 船向日新銀行設定抵押新臺幣 2,000 萬元，甲於民國 96 年 1 月至民國 99 年 12 月於 A 船擔任船長，乙於民國 98 年月至民國 99 年 12 月於 A 船擔任船員。因金融海嘯影響，海龍船公司於民國 99 年 3 月起出現經營危機，並開始積欠船長、船員薪水。經查共計積欠甲船長從 3 月起至離職前共計新臺幣 200 萬元，及乙船員從該月起至離職前共計新臺幣 50 萬元。民國 99 年 12 月底，海龍船公司無力支付欠款，於民國 100 年 1 月 A 船遭拍賣，賣得價金 2,000 萬元。請問：依海商法之規定，銀行、甲、乙各得主張何種權利？於其主張權利時，其債權受償之順位為何？【15 分】就該船拍賣所得之價金各可分配多少金額？請附具理由說明之。【10 分】

題目四：
請說明現行海商法關於船舶之適航能力，有何相關規定？【25 分】

題目五：
港埠碼頭作業管理常會影響港埠作業之效率，因此針對現代化之港埠，有關港埠管理課題，請回答下列問題：

（一）請說明港埠碼頭作業能量之影響因素爲何？【15 分】

（二）請以臺灣地區之主要港埠爲例，建立一港埠碼頭每年作業能量之推估模式，並說明其中選定變數在邁向現代化之港埠時應如何加強與改進？【10 分】

題目六：

航運業屬於深具國際性、科技性及高投資率的服務事業，有關因應現代運輸技術之變化，請回答下列問題：

（一）請說明複合運輸之定義？並以臺灣地區之主要港埠爲例，說明因現代運輸資訊技術之進步，於港埠作業管理時有何優、缺點？【10 分】

（二）針對港埠整合運輸與複合運輸之發展，請分別就組織結構、政府政策及物流系統三方面說明較具體可行的做法，並說明理由爲何？【15 分】

資料來源：臺灣港務股份有限公司／資訊公開／人才招募／歷屆試題
　　　　　https://www.twport.com.tw/chinese/cp.aspx?n=801A9637357AA6E6&s=EA19147A1BBA8837

附錄3.2.1 臺灣港務股份有限公司從業人員甄試試題_航運管理（員級）

110 年度新進從業人員甄試筆試試題

筆試科目：航業經營管理概要

甄選類科：B1 員級 _ 航運管理

題號	題目
1	請解釋下列租傭船契約中常使用到的名詞： 1. Loading/Discharging rate 2. Time Sheet 3. Demurrage 4. Dispatch 5. Arrived Ship
	配分：20 分（每題 4 分）
2	航運業有不同於其他產業之專業特色，茲由貨櫃運輸單位化的特色及傳統海上運輸所具備的特點，試分析定期航運業之五種經營特性？請條列式說明之。並請問我國長榮及陽明海運公司分別屬於當前貨櫃航運市場裡的那個聯盟？
	配分：26 分（特性每項 4 分／聯盟類別各 3 分）
3	試以列舉方式並詳細說明六種有關於不定期航運之經營特性。
	配分：24 分（每項 4 分）
4	定期航運公司常透過實施多角化經營策略來提升其市場競爭地位，請問定期航運公司實施多角化經營策略之方式及效益為何？並列舉說明 6 項定期航運產業之關鍵成功因素？請條列式說明。
	配分：30 分（方式及效益各 6 分／關鍵成功因素 18 分）

附錄3.2.2 臺灣港務股份有限公司從業人員甄試試題_航運管理（員級）

109年度新進從業人員甄試筆試試題

甄選類科：員級 B01 航運管理

測驗科目：專業科目 2- 航業經營管理概要

一、請翻譯與解釋：

    1. NVOCC

    2. Vessel pooling agreement

    3. Received for shipment B/L

    4. Hub port

    5. MCC

二、請說明定期航運策略聯盟的定義及常見的聯營型式（至少五項）。

三、請翻譯與解釋：

    1. Deviation

    2. Bareboat charter

    3. WWDSHEXUU

    4. Laydays/Cancelling date

    5. Notice of Readiness

四、請比較不定期航商以自有船舶營運及租進船舶營運的差異？請以投資成本、經營規模、經營成本（固定成本）、市場風險及經營效益來論述。

附錄3.2.3　臺灣港務股份有限公司從業人員甄試試題_航運管理（員級）

108年度新進從業人員甄試筆試試題
筆試科目：航業經營管理概要
甄選類科：31員級_航運管理

題號	題目
1	請說明載貨證券（B/L）的意義及在法律上的三種功能？
	配分：20分。
2	請說明定期航運策略聯盟的定義及優點？
	配分：25分
3	不定期航運之市場特性為何？
	配分：25分
4	（一）散裝航運常見的船舶經營類型有論時傭船、航次論時傭船、論程傭船及光船租賃，請從傭船模式、租期天數與費用計算方式等層面分別簡述其內涵。 （二）傭船契約中與裝卸貨時間計算有關係的裝卸貨例外條款有數項，請寫出下列例外條款縮寫之英文全名，並解釋之。 1.SHEX, 2.WWDSHEX, 3. SHINC.
	配分：第1小題15分，第2小題15分，共30分

附錄3.2.4　臺灣港務股份有限公司從業人員甄試試題_航運管理（員級）

107 年度新進從業人員甄試筆試試題

筆試科目：航業經營管理概要

甄選類科：航運管理（員級）

題號	題目
1	請列舉貨櫃船隊之營運成本有哪些？依固定、半變動、變動成本分類加以論述。
	配分：25 分
2	船舶租傭市場常見之營運模式，有將船舶以較長之租期（如 T/C 或 B/C）或以較短之租期（如 V/C 或 T/C Trip）出租，請從傭船人立場，分別比較論述此兩種模式之操作方式與利弊。
	配分：30 分
3	請問航運業者為符合永續運輸發展的趨勢，在船舶運作上可進行哪些策略以達到節能減碳的目標？
	配分：20 分
4	九〇年代以來，多角化經營已經成為全球產業熱門的話題，請說明定期航運公司實施多角化經營策略之方式及效益為何？
	配分：25 分

附錄3.2.5 臺灣港務股份有限公司從業人員甄試試題_航運技術（員級）

106 年度新進從業人員甄試筆試試題
筆試科目：海運學概要
甄選類科：22 航運技術

題號	題目
1	請解釋下列名詞： (1) 併櫃（Less than Container Load） (2) 海運承攬運送業（Ocean Freight Forwarder） (3) 權宜船籍（Flag of Convenience） (4) 光船租賃（Bareboat Charter）
	配分：每小題 5 分，共 20 分。
2	(1) 何謂載貨證券（Bill of Lading）？ (2) 請說明載貨證券在國際貿易中扮演的三種功能。
	配分：第 1 小題 5 分，第 2 小題 15 分，共 20 分。
3	馬士基於 2016 年在荷蘭鹿特丹港的 Maasvlakte 2 開啓新碼頭自動化作業，利用遠端遙控橋式機作業，該碼頭初期年吞吐能力為 270 萬 TEU，最終將達到 450 萬 TEU。該碼頭水深 20 米，岸線泊位長 1000 米，並在 CONTAINER YARD 配備 AGV+ASC 作業模式，讓碼頭自動化議題成為熱門研究對象。請根據以上敘述回答下列問題： (1) 請問碼頭自動化作業之優點何在？ (2) 請問貨櫃碼頭作業系統由哪些部分組成，並說明各部分之功能何在？ (3) 請問 AGV 與 ASC 分別為何意？ (4) 請問 CONTAINER YARD 為何意？
	配分：每小題 5 分，共 20 分。
4	馬士基 Triple E 18,000TEU 級全貨櫃船自 2013 年建造完成後投入歐亞航線，揭開船舶大型化突破 2 萬 TEU 級序幕，2015 年東方海外公司訂 20,000TEU 級船舶，預定 2017 起陸續投入市場。歐亞航線船舶運能供給過剩日益嚴重，運價上揚趨勢仍呈現不透明狀態。請根據以上敘述回答下列問題： (1) 請問船舶大型化之優點何在？ (2) 請問大型船舶選擇貨櫃碼頭停泊之主要考量因素？ (3) 請問船舶大型化對高雄港貨櫃碼頭作業有哪些影響？ (4) 假設您是臺灣港務公司業務單位主管，如果要爭取遠歐航線大型船停靠高雄港和臺北港，會採取哪些因應策略？
	配分：每小題 5 分，共 20 分。
5	2017 年 4 月以後全球航運市場將會形成 2M、OCEAN 以及 THE 三大聯盟，總運力規模將佔據全球市場份額的 75.3%，全球貨櫃航運市場被三大聯盟所壟斷。而三大聯盟加起來的市場佔有率更是達到了 95%，貨櫃航運市場的集中度再次顯著提高。其中，OCEAN 聯盟預計將會成為最大航運策略聯盟。請根據以上敘述回答下列問題： (1) 請問航運策略聯盟之定義為何？ (2) 請問航商採用策略聯盟之主要原因為何？ (3) 請問航運策略聯盟之船舶艙位互相協定包括哪些方式？ (4) 請問目前三大航運策略聯盟之 OCEAN 聯盟是由哪些船公司所組成？
	配分：每小題 5 分，共 20 分。

附錄3.2.6 臺灣港務股份有限公司從業人員甄試試題_航運技術（員級）

105 年度新進從業人員甄試筆試試題
職級 / 類科：員級 / 航運技術
筆試科目：海運學概要

一、非選擇題

1. (1) 請問 ISM 是哪些英文的縮寫？（5 分）
   (2) 國際海事組織推動國際船舶安全管理章程（ISM CODE）的目的為何？
   （10 分）
   (3) 國際船舶安全管理章程包括哪兩個主要的證書認證？（5 分）

2. 為便利海上運送船舶之出入與靠泊、貨物裝卸與儲運、旅客出入、駁運作業等，商港區域內的水面、陸上、港灣等處，會有很多商港設施（port facilities），其中就港內的「水面設施（water surface facilities）」而言，主要有哪些種類？（30 分）

二、選擇題

1. 何謂 Shipper Owned Container?
   ①定期貨櫃船公司自行租用貨櫃使用
   ②貨運承攬業者自行租用貨櫃使用
   ③託運人自行租用貨櫃使用
   ④船務代理業者自行租用的貨櫃

2. 下列哪些項目是貨櫃租賃可能產生之費用？
   ①租金②吊櫃費③還櫃附加費④貨櫃折舊費

3. 下列哪些費用不是光船租賃時候傭船人所需負擔的？
   ①傭船金
   ②船員薪水及費用
   ③船體保險費
   ④船體及機械正常磨損與耗損所產生的費用

4. 論程傭船契約中的 FIOST 意義為何？
   ①船東裝卸貨免責　　　　②受貨人裝卸貨免責
   ③託運人裝卸貨免責　　　④港埠業者裝卸貨免責

5. 下列哪一個名詞不是一個重量單位？
   ①載重噸（DWT）　　　　②總噸位（GRT）
   ③貨物載重噸（DWCC）　④排水噸（Displacement）

6. 測量船舶速度的單位爲 KNOT（節），請問下列有關其定義何者爲正確？
　①每天航行 1000 公里　　②每小時航行 1000 公尺
　③每小時航行 1852 噚　　④每小時航行 1852 公尺

7. 下列有關船級（classification）的敘述，哪一個是錯誤的？
　①爲船舶具有適航能力的重要條件
　②委請驗船協會監造船舶並經檢驗合格才能有船級證書
　③中國驗船中心（CR）頒發之船舶檢查證書與各國驗船機構一樣，均受各國之承認
　④驗船協會對於入級船舶會登錄船舶名稱以供各方參考

8. 某航運產業受船舶運送業或其他有權委託人之委託，在約定授權範圍內，以委託人名義代爲處理船舶之客、貨運送事宜及其有關業務而受報酬之業務。這個行業稱做：
　①船舶解繫纜業者　　　　②船務代理業者
　③港區碼頭裝卸業者　　　④港區拖船業者

9. 若政府當局擁有土地與港埠進出設施，而將貨物與貨櫃中心或碼頭，出租於私人裝卸公司營運，這種港區內碼頭與貨棧的營運方式，稱做：
　①地主港②信託港③ BOT 港④工具港

10. 下列哪一項目，不是屬於貨櫃運輸服務的特性？
　①有助提升託運人的貿易收益　　②減少貨物破損被竊之機會
　③作業簡化且運輸責任專一　　　④裝卸作業速度快

11. 國際貨物運輸實務上，若是提單（B/L）上有被加註（remark）貨物收受有瑕疵之情況，則該提單被稱之爲：
　①非指示式提單　　　　②不清潔提單
　③不可轉讓提單　　　　④指示式提單

12. 下列有關無船公共運送人（NVOCC）的敘述，哪一個是錯誤的？
　①該名詞是由美國聯邦海事委員會所創
　②大部分是指承攬運送人
　③本身有從事實際之運送行爲
　④簽發自己名義之提單並承擔運送責任

13. 對於船東而言，將其所屬船舶選擇權宜船籍的原因很多，以下相關敘述，哪一個是錯誤的？
　①可以避免國家徵租軍用
　②處分船舶不受限制
　③有權行駛於未開放爲國際港口之本國口岸
　④不能享受國家各種有關國輪營運的獎勵補助

14. 以下港口何者非我國國際商港？
　①馬公港②臺北港③安平港④花蓮港

15. 以下何種提單絕對不可背書轉讓：
① Order B/L   ② Non-negotiable B/L
③ Through B/L   ④ Clean B/L

16. 就不定期航運所使用之船型而言，下列何種船型適合運送大量煤炭或礦砂，充分發揮經濟效益？
① Handy Size Vessel   ② Cape Size Vessel
③ Handymax Vessel   ④ Supramax Vessel

17. 以下何者非提單在國際貿易中之功能？
①為貨物之收據   ②為物權證書
③為契約之證明   ④為規範交易條件之依據

18. 策略聯盟是定期航運業者常用之策略，請問我國陽明海運公司目前隸屬於下列哪一個策略聯盟？
① 2M ② G6 ③ O3 ④ CKYHE

19. 某汽車公司欲由歐洲運送 2,000 輛小汽車至亞洲，請問下列何種運輸方式最為適合？
①吊上吊下（lift on lift off）船   ②浮上浮下（float on float off）船
③推上推下（push on push off）船   ④駛上駛下（roll on roll off）船

20. 積載係數是規劃貨物裝載時之重要考慮因素，請問下列何種貨物之積載係數最高？
①水泥②鎳礦③玉米④棉花

附錄3.2.7 臺灣港務股份有限公司從業人員甄試試題_航運技術（員級）

104年度新進從業人員甄試筆試試題
筆試科目：航海實務概要
甄選類科：14航運技術

題號	題目
1	船舶航行時，大多使用麥氏海圖，敘述其優點及缺點。
	配分：20分。
2	我國浮標系統屬於IALA之B系統，說明該系統之側面標誌及使用方式。
	配分：20分
3	為增進航行安全，許多水域會制定分道通航制，其目的有哪些？
	配分：20分
4	請寫出下列縮寫字母之英文全名，並譯為中文且說明其主要用途。 (1) GNSS (2) ARPA (3) ECDIS (4) VDR
	配分：20分，每小題5分
5	依「1978年航海人員訓練、發證及當值標準國際公約馬尼拉修正案（STCW 2010）」之規範作答。 請說明負責當值航行員應定期檢查（Regular Check）哪些項目？以確保航行安全。
	配分：20分

附錄3.2.8　臺灣港務股份有限公司從業人員甄試試題_航運技術（員級）

104 年度新進從業人員甄試筆試試題
筆試科目：海運學概要
甄選類科：14 航運技術

題號	題目
1	解釋名詞（每小題 5 分） (1) 船舶總噸位（5 分） (2) BDI（5 分） (3) Off-Hire（5 分） (4) SOLAS（5 分）
	配分：20 分，每小題 5 分。
2	(1) 何謂 ISPS Code 與 ISM Code？（10 分） (2) 其實施對航商有何影響？（10 分）
	配分：20 分，每小題 10 分。
3	設置自由貿易港區為各國發展港埠事業之趨勢，請問何謂自由貿易港區？我國目前有哪些自由貿易港區？對港口經營者而言，自由貿易港區的設置可為港口創造哪些優勢（20%）？
	配分：20 分
4	請舉出四個影響航商選擇彎靠港的主要考慮因素並加以說明其內涵。（20%）
	配分：20 分
5	請說明定期海運業策略聯盟之意義其及於航運經營之優缺點。（20 分）
	配分：20 分

附錄3.2.9　臺灣港務股份有限公司從業人員甄試試題_航運技術（員級）

臺灣港務股份有限公司 102 年度新進從業人員甄試筆試試題
甄選職務／類科【代碼】：助理技術員／航運技術【F0513】
專業科目 1：海運學概要

題目一：
何謂海運學（Sea transport）？【10 分】請依其定義，有系統地說明其主要內容。【15 分】

題目二：
請回答下列問題：
（一）何謂海上保險（Marine insurance）？【5 分】
（二）承上，依其承保之保險標的，可分為哪幾類？請說明其內容。【10 分】
（三）「防護與補償協會」之英文名稱為何？【提示：P & I Club】【2 分】
（四）防護與補償險（P & I insurance）為何稱為「船東責任險」？【5 分】
（五）船員因身體傷殘所須負擔之醫藥費係為何種保險之承保範圍？【3 分】

題目三：
情境說明：「某公司自國外進口工作母機一套，並以整櫃交裝（FCL）方式運輸。國外出口商在其國家的工廠以平板貨櫃包裝貨物並予以繫固後，交付海運公司之貨櫃船裝運；該貨櫃裝載於甲板，於目的港卸載，再運送至收貨人；拆櫃時，發現該機器繫固於平板貨櫃座上，因鬆動導致機器受損。」請回答下列問題：
（一）何謂整櫃交裝（Full container load, FCL）？【5 分】
（二）依海商法第 63 條規定，「運送人對於承運貨物之裝載、卸載、搬移、堆存、保管、運送及看守，應為必要之注意及處置。」在本情境中，運送人對此貨物之注意及處置的義務為何？【10 分】
（三）請問運送人對本情境所致之損害是否應負責？述其理由。【10 分】

題目四：
請解釋下列名詞，並說明其目的：
（一）複合運輸（Multimodal/Intermodal transport）。【10 分】
（二）載貨證券上的印刷條款：喜馬拉雅條款（Himalaya clause）。【15 分】
　　　【提示：海商法第 76 條】

資料來源：臺灣港務股份有限公司／資訊公開／人才招募／歷屆試題
　　　　　https://www.twport.com.tw/chinese/cp.aspx?n=801A9637357AA6E6&s=EA19147A1BBA8837

附錄4.1.1　110年公務人員高等三級考試試題

類科：航運行政
科目：航業經營管理
考試時間：2 小時
※ 注意：
（一）禁止使用電子計算器。
（二）不必抄題，作答時請將試題題號及答案依照順序寫在試卷上，於本試題
　　　上作答者，不予計分。
（三）本科目除專門名詞或數理公式外，應使用本國文字作答。

一、貨櫃航商在布署船舶與配置航線時，就「船隊配置」的考量因素上，營運
　　思考面向非常多。請您就貨載／市場／服務／船舶／船員等各種面向，闡
　　述航商考量的內容有哪些項目。（25 分）

二、貨櫃航商在布署船舶與配置航線時，就彎靠各國之國際商港的選擇上，
　　除了政治因素外，主要考量因素與面向非常多。請您就「港口條件」為例
　　子，闡述航商考量的內容有哪些項目。（25 分）

三、貨櫃航商之成本與運價互有關聯性，但更會受到進出口貿易與市場供需趨
　　勢的主導。全球定期貨櫃運輸市場近一年多以來，不論是遠洋或是近洋航
　　線，均面臨貨櫃運輸之運價持續且大幅上揚的情況，導致各國進出口之貿
　　易成本大幅提昇。請您由 COVID-19 疫情與貨櫃航商的營運行為，闡述全
　　球貨櫃運價持續上揚的原因。（25 分）

四、散裝船船東面對各種貨主要求之論程傭船契約，較難掌握的外在營運條
　　件，當屬裝卸時間之計算過程，後續並可能衍生出各種賠償費用或其他項
　　目。請您精確闡釋：船舶在港裝卸時間若衍生出延滯費及快速費時，可能
　　產生之各種面向的「重要意涵」。（25 分）

附錄4.1.2　109年公務人員高等三級考試試題

類科：航運行政
科目：航業經營管理
考試時間：2小時
※ 注意：
（一）禁止使用電子計算器。
（二）不必抄題，作答時請將試題題號及答案依照順序寫在試卷上，於本試題
　　　上作答者，不予計分。
（三）本科目除專門名詞或數理公式外，應使用本國文字作答。

一、請說明下列名詞在不定期航運經營管理方面的意義：（25分）
　　(1) FIOST (2) NOR (3) Ballast voyage (4) Deadfreight (5)Permitted deviation
二、就不定期航運經營而言，請問何謂市場變動風險？應納入哪些因素之考量
　　來降低風險？試申論之。（25分）
三、航線規劃是航商開闢定期航線前相當重要的規劃性問題，請問影響航線運
　　量的主要因素有哪些？試申論之。（25分）
四、定期航運屬於服務業的一種，請說明定期航運具有哪些服務業的特性？試
　　申論之。（25分）

附錄4.1.3　108年公務人員高等三級考試試題

類科：航運行政
科目：航業經營管理
考試時間：2 小時
※ 注意：
（一）禁止使用電子計算器。
（二）不必抄題，作答時請將試題題號及答案依照順序寫在試卷上，於本試題上作答者，不予計分。
（三）本科目除專門名詞或數理公式外，應使用本國文字作答。

一、定期航運之單位運送成本，係爲訂定運價之主要參考標準。每單位（TEU）的運送成本估算，係由每一貨櫃從貨主出貨處開始，運輸至起始港，再裝上貨櫃船，再經海上運送至目的港卸下後，再運至內陸收貨者之目的地。此一期間，航商與相關的複合運送業者，所須分擔之變動成本，種類甚多。請逐項列出：貨櫃運輸過程，計有哪些可能產生的變動成本項目？（25分）

二、第四方物流業者（Fourth Party Logistics Provider）可以爲貨主提供一個綜合供應鏈解決方案（Comprehensive Supply Chain Solution）。請說明第四方物流業者，以整合型物流業之經營模式下，可以提供哪些功能？（25分）

三、論程傭船契約（Voyage Charter）大都包含「船舶名稱及船舶簡單陳述（Name and Brief Description of Vessel）」條款。請說明論程傭船契約中，船舶之簡單陳述條款，主要包括了哪些？（25分）

四、在論時傭船契約中，有關船舶之預定航行區域（Intended Trade）或航行區域限制（Trade Limits）上，針對安全港口條件（Safe Ports）的要求，有哪些重要規定？（25分）

附錄4.1.4　107年公務人員高等三級考試試題

類科：航運行政
科目：航業經營管理
考試時間：2 小時
※ 注意：
（一）禁止使用電子計算器。
（二）不必抄題，作答時請將試題題號及答案依照順序寫在試卷上，於本試題
　　　上作答者，不予計分。
（三）本科目除專門名詞或數理公式外，應使用本國文字作答。

一、由於定期航運公司分工細密，大部分情況下較難純粹採取專案式組織，
　　可採取事業部門式組織形態，請論述事業部門式航運公司組織的優點和缺
　　點，並說明航運公司可如何劃分事業部門。（25 分）
二、請論述定期航運在全球物流中扮演之角色，並論述為何定期航運只能做全
　　球物流作業的一環，而不是全部。（25 分）
三、有關散裝航運服務，請回答下列問題：
　　（一）航次如何劃分？並註明這幾個階段的英文名稱。（20 分）
　　（二）單一航次論時傭船（T/C）與論程傭船（V/C）的起點和終點的不同
　　　　　之處。（5 分）
四、從成本與利潤的視角來看，請說明船東在傳統上可以有哪些避險方式？並
　　敘述其缺點。（25 分）

附錄4.1.5　106年公務人員高等三級考試試題

類科：航運行政
科目：航業經營管理
考試時間：2小時
※ 注意：
（一）禁止使用電子計算器。
（二）不必抄題，作答時請將試題題號及答案依照順序寫在試卷上，於本試題上作答者，不予計分。
（三）本科目除專門名詞或數理公式外，應使用本國文字作答。

一、貨櫃航商在布署船舶時，會產生固定成本與變動成本二大類別，其含括了船舶與相關設施的資本投入、船舶航行過程的費用負擔、貨櫃碼頭與內陸複合運輸可能產生的營運作業等各大面向。請論述固定成本內，所含括的項目內容。（20分）

二、貨櫃運輸產業近年來發展甚快，更是全球國際貿易最依賴的重要運輸行為，此一產業具有標準化與單位化的特性，具備許多的運輸優勢。請論述：國際貨櫃運輸行為，具有哪些產業特性？（30分）

三、不定期航運服務是以經營散裝船隊，並無固定航線及船期之海運業務而言。此一航運市場具有經濟循環與供需法則的特性，請問：造成此一市場的海運運費變動的因素有哪些？（20分）

四、論時傭船契約之傭船人，僅就船舶可使用之期間負擔傭船費。若船舶被停止使用，係因船東或其船舶之狀態所致者，傭船人可以不負擔傭船費，如有損害並得請求賠償，此為法律所規定之離租。請論述造成離租的理由有哪些？（30分）

附錄4.1.6　105年公務人員高等三級考試試題

類科：航運行政
科目：航業經營管理
考試時間：2小時
※ 注意：
（一）禁止使用電子計算器。
（二）不必抄題，作答時請將試題題號及答案依照順序寫在試卷上，於本試題
　　　上作答者，不予計分。
（三）本科目除專門名詞或數理公式外，應使用本國文字作答。

一、貨櫃航運策略聯盟關鍵成功因素中所包含的「文化結構」面向，此一面向
　　主要有哪些衡量指標？請說明並論述。（25分）
二、當港埠選定目標市場後應進入行銷策略規劃時，可以採用港埠行銷組合之
　　8P策略，請就促銷策略加以敘述。（25分）
三、不定期船通常在每一項運務敲定後，才在裝卸港口洽定本航次之港口代
　　理，請敘述港口代理業務內容於「抵達港口前」所應進行的業務。（25分）
四、在不定期航運市場風險管理中，如不考慮運費期貨避險方式，船東之避險
　　方式為何？（25分）

附錄4.1.7　104年公務人員高等三級考試試題

類科：航運行政
科目：航業經營管理
考試時間：2小時
※ 注意：
（一）禁止使用電子計算器。
（二）不必抄題，作答時請將試題題號及答案依照順序寫在試卷上，於本試題
　　　上作答者，不予計分。
（三）本科目除專門名詞或數理公式外，應使用本國文字作答。

一、全球定期航運（liner shipping）產業有不同於其他運輸產業之專業性，請
　　舉例並分析：
　　（一）為何在以國際貨櫃運輸為主流的定期航運市場中，其營運行為深受
　　　　　國際標準化及國際公約（請舉例）的規範與影響？（15分）
　　（二）國際貨櫃運輸之營運活動，為何深受政府政策的影響？（10分）

二、定期航運（liner shipping）與不定期航運（tramp shipping）在國際航運產
　　業，有諸多的討論面向，請分別就航運市場與運價、航線與港口的安排、
　　船舶的使用、運送人的身分等四個面向，述明其差異性。（25分）

三、不定期航運之論程傭船（voyage charter）營運行為中，船東（owner）與
　　傭船人（charterer）對於船舶到港時間，以及在裝／卸貨港口內所耗時間
　　的考量因素，是不一樣的。請問：
　　（一）何謂最早起裝日及解約日（laydays/cancelling date; 簡稱 LAY/
　　　　　CAN）？（15分）
　　（二）由船東立場觀之，LAY/CAN 間隔愈長愈好或愈短愈好？為什麼？
　　　　　（5分）
　　（三）由傭船人立場觀之，LAY/CAN 間隔愈長愈好或愈短愈好？為什麼？
　　　　　（5分）

四、在論時傭船契約（time charter）與光船租船契約（bareboat charter）中，
　　船東（船舶所有人）與運送人（傭船人或租船人）之間，對於下列各項責
　　任或義務之負擔方式，有何不同？
　　（一）載貨證券責任與適航能力的區分上？（10分）
　　（二）航行路線及航行命令的指示上？（5分）
　　（三）船期的延遲風險？（5分）
　　（四）貨損責任之負擔？（5分）

附錄4.1.8　103年公務人員高等三級考試試題

類科：航運行政
科目：航業經營管理
考試時間：2小時
※ 注意：
（一）禁止使用電子計算器。
（二）不必抄題，作答時請將試題題號及答案依照順序寫在試卷上，於本試題上作答者，不予計分。
（三）本科目除專門名詞或數理公式外，應使用本國文字作答。

一、貨櫃運輸屬於定期船運送服務，在經營上需要投入大量的船舶與空櫃成本，才能在不同的泊靠港口間，為貨主造就出固定的航班服務。因此，航商擁有足夠的空櫃可供貨主使用，是貨櫃運輸的基本條件之一。但是，由於國際貿易貨源流向之不平衡，例如：由遠東迄北美的越太平洋航線東向運輸服務的貿易需求，常常大於西向，容易導致雙向貨量預測，難以確實掌握。所以貨櫃調度問題，遂成為貨櫃航商經營上的一大難題。如何用有效率之方式，把空的貨櫃，預先配置在需櫃甚殷的櫃場，供業務承攬之用，係為貨櫃航商組織內之貨櫃調度部門的重要職責。請問：國際貨櫃航商為了節省貨櫃調度的成本，常常會採取的措施為何？（25分）

二、近年來國際上有一定經營規模的定期船航運公司，紛紛針對不同區域間的航線、船舶、碼頭、貨源等各方面的營運行為，採取各種策略聯盟的方式。各大航商之間，利用各種程度與面向的合作與聯營行為，以求獲致更多的貨源與運費收入，或更少的運航成本的支出。請您寫出貨櫃航商在採取策略聯盟時，可以實質獲致的優點（寫出這些優點的同時，您必須同時寫出其所採用之聯盟方式）。（25分）

三、在不定期船之散裝船營運行為中，船舶所有人或稱船東者（owner），常習於把自身所擁有之船舶資訊置於國際傭船市場中，並期透過經紀人（broker）以攬載適合自身船型的大宗乾散貨物，此時傭船之貨主稱為傭船人（charterer）。船東與傭船人雙方並將形成論程傭船契約（voyage charter）之營運模式。在論程傭船契約中，也常因貨物種類、數量、船型、裝卸港口等船貨雙方要求之不同，而有不同之約定。請回答以下題目：
（一）請述明何謂「裝卸時間（laytime/laydays）」？（10分）
（二）請述明何謂「延滯費（demurrage）」？（5分）
（三）船東在進行論程傭船過程，必須先進行自身船舶的航次成本估算，

　　　　一般會把海運成本區分成「資金成本／船舶直接成本／一般管理費用／各航次的變動成本」等。請問您，船東要如何用上述的成本項目，以計算其租船基準公式？這公式必須能夠代表該船每日之固定成本，並得以使該船改以進行論時傭船（time charter）時，將之與每日的租金比較之，即可知其盈虧。（10 分）

四、在不定期船之散裝船營運行為中，船舶所有人或船東（owner）與傭船人（charterer）雙方形成論時傭船契約（time charter）之主體時，有關船舶之「船名、船舶國籍、船級、載重噸與容積、速度與油耗、吊桿能力、交船位置」等，皆與傭船人使用該船舶，進行後續之營運時的費用支出，有極大的相關性。所以在論時傭船契約中，有關船舶之各項陳述內容，常常被區分成「保證（warranties）」與「條件（conditions）」。當船東違反保證或條件時，產生的效果，亦有所不同。請問您：

（一）論時傭船之船東違反船舶陳述之「保證」事項時，傭船人所採取的作法為何？（10 分）

（二）上述「船名、……、交船位置」共 7 項，那幾項絕非廣義之保證事項，而係屬於條件事項？（15 分）

資料來源：考選部／考畢試題查詢平臺
　　　　　https://wwwq.moex.gov.tw/exam/wFrmExamQandASearch.aspx

附錄4.2.1 110年公務人員普通考試試題

類科：航運行政
科目：航業經營管理概要
考試時間：1小時30分
※ 注意：
（一）禁止使用電子計算器。
（二）不必抄題，作答時請將試題題號及答案依照順序寫在試卷上，於本試題
　　　上作答者，不予計分。
（三）本科目除專門名詞或數理公式外，應使用本國文字作答。

一、全球航運業者均會採用租傭船舶的方式，來取得營運所需之船舶。請綜整
　　並逐項述明，業者會採用租傭船業務的各種可能理由。（25分）
二、全球定期貨櫃航運市場，均面臨 COVID-19 疫情所衍生之「空櫃缺乏」
　　的經營管理困境，空櫃調度情勢似乎有所失靈。請問貨櫃航運市場針對空
　　櫃調度的操作方式有哪些？（25分）
三、無論是論程或論時傭船之業務，船舶租傭一般都是經由傭船經紀人出面，
　　做為重要的仲介機制。請述明傭船經紀人之功能為何？（25分）
四、不論是那種航運產業類型的船東，面對船舶登記制度，其對於所屬船舶在
　　選擇船籍時，主要的考量因素有哪些？（25分）

附錄4.2.2　109年公務人員普通考試試題

類科：航運行政
科目：航業經營管理概要
考試時間：1 小時 30 分
※ 注意：
（一）禁止使用電子計算器。
（二）不必抄題，作答時請將試題題號及答案依照順序寫在試卷上，於本試題上作答者，不予計分。
（三）本科目除專門名詞或數理公式外，應使用本國文字作答。

一、請說明下列名詞在不定期航運經營管理方面的意義：（每小題 5 分，共 25 分）
　　（一）Broken space
　　（二）Full and complete cargo
　　（三）VLBC
　　（四）Lien clause
　　（五）Winch and derrick
二、船舶成本分析是經營不定期航運的重要課題，就「運航成本」（voyage cost）而言，其主要包含哪些項目？試說明之。（25 分）
三、成本的控制與管理對定期航商而言是相當重要的經營課題，在定期航運實務上，貨櫃船之營運成本包括固定成本、半變動成本及變動成本等三大項。何謂「半變動成本」？其主要項目又包含哪些？試說明之。（25 分）
四、多角化策略是定期航運事業中常用的經營策略之一，請問何謂相關性多角化策略？多角化策略的主要目的為何？請以定期航商為例，舉出兩個適合定期航商發展相關性多角化策略的例子，並說明適合的原因。（25 分）

附錄4.2.3　108年公務人員普通考試試題

類科：航運行政
科目：航業經營管理概要
考試時間：1 小時 30 分
※ 注意：
（一）禁止使用電子計算器。
（二）不必抄題，作答時請將試題題號及答案依照順序寫在試卷上，於本試題
　　　上作答者，不予計分。
（三）本科目除專門名詞或數理公式外，應使用本國文字作答。

一、請說明定期航運產業為何會深受世界經濟景氣波動以及偶發政經事件影
　　響？（25 分）
二、低成本與高服務品質二者常會相互矛盾，為期能同時兼顧，航商常應用
　　各種形式的策略聯盟行為。請說明定期航運產業策略聯盟的優點有哪些？
　　（25 分）
三、船東或航商常利用租傭船舶的方式來取得營運所需之船舶。請說明船東若
　　同時兼營租傭船舶的業務，會有哪些效益存在？（25 分）
四、在論時傭船契約實務中，船東與傭船人（其他船東）之間，對於租金支
　　付與船舶撤回的爭議涉及「撤船權條款」問題。請說明撤船權（Right of
　　Withdrawal）的性質為何？（25 分）

附錄4.2.4　107年公務人員普通考試試題

類科：航運行政
科目：航業經營管理概要
考試時間：1 小時 30 分
※ 注意：
（一）禁止使用電子計算器。
（二）不必抄題，作答時請將試題題號及答案依照順序寫在試卷上，於本試題上作答者，不予計分。
（三）本科目除專門名詞或數理公式外，應使用本國文字作答。

一、貨櫃運輸之海上運送階段由貨櫃船承運，在各港口間往返穿梭構成定期航線，請回答下列問題：
　　（一）貨櫃船依其承載貨櫃之情況，可分為那四種？（20 分）
　　（二）貨櫃船大型化，對於航商有何影響？（5 分）
二、請說明五條世界著名的定期貨櫃遠洋航線及其主要港口。（25 分）
三、請敘述共同海損之意義、成立要件和共同海損犧牲之內涵。（25 分）
四、有關傭船契約中貨物數量之約定有所謂的 MOLOO 選項，試問：
　　（一）此為何種傭船契約中之選項？（5 分）
　　（二）此為契約中何方之選項？（5 分）
　　（三）MOLOO 之完整英文為何？（5 分）
　　（四）試分析該選項約定在何種情形下，對何方有利。（10 分）

附錄4.2.5　106年公務人員普通考試試題

類科：航運行政
科目：航業經營管理概要
考試時間：1 小時 30 分
※ 注意：
（一）禁止使用電子計算器。
（二）不必抄題，作答時請將試題題號及答案依照順序寫在試卷上，於本試題上作答者，不予計分。
（三）本科目除專門名詞或數理公式外，應使用本國文字作答。

一、貨櫃航商在布署船舶時，會產生各種固定成本與變動成本，其含括了船舶與相關設施的資本投入、船舶航行過程的費用負擔、貨櫃碼頭與內陸複合運輸可能產生的營運作業等各大面向。請論述貨櫃航商在營運貨櫃船時，會產生哪些變動成本項目？（20 分）

二、貨櫃航商配置船舶並布署航線在各大貨櫃港口間，航商與貨櫃港口之間的相互依存與合作關係，密不可分。請回答下列問題：（每小題 10 分，共 30 分）
（一）何謂貨櫃港口的可及性（accessibility）？
（二）何謂貨櫃港口的聯結性（connectivity）？
（三）一個貨櫃港口若同時具有這二種優勢，可以獲得哪些利益？

三、不定期航運在國際航運產業的區分上，相對於定期航運，有諸多的不同點，請分別就：不定期航運的「作業方式與類型、運送契約、成本負擔、航運公司的組織規模」此四個經營面向，論述其產業特性。（20 分）

四、在論時傭船契約實務中，船東與傭船人間，常會涉及未來出租船舶在營運時的預定航行區域或航行區域限制的問題。請問：論時傭船契約中的 1. 安全港（safe ports）及 2. 除外港口（excluded ports）條款，其意為何？（30分）

附錄4.2.6　105年公務人員普通考試試題

類科：航運行政
科目：航業經營管理概要
考試時間：1 小時 30 分
※ 注意：
（一）禁止使用電子計算器。
（二）不必抄題，作答時請將試題題號及答案依照順序寫在試卷上，於本試題上作答者，不予計分。
（三）本科目除專門名詞或數理公式外，應使用本國文字作答。

一、航運市場中主要區分成定期與不定期市場兩類，請說明不定期航運之市場特性主要為何？（25 分）

二、定期航商選擇船務代理業者之考慮因素為何？（25 分）

三、請敘述定期航運業的經營策略中所使用之成本化、差異化與集中化策略。（25 分）

四、不定期船船東要為船舶洽攬貨載時，通常會透過經紀人在主要的航運市場去洽詢成交機會，一般程序有四階段，依序為詢價、報價、還價、成交等四階段，請對報價階段進行敘述。（25 分）

附錄4.2.7　104年公務人員普通考試試題

類科：航運行政
科目：航業經營管理概要
考試時間：1 小時 30 分
※ 注意：
（一）禁止使用電子計算器。
（二）不必抄題，作答時請將試題題號及答案依照順序寫在試卷上，於本試題上作答者，不予計分。
（三）本科目除專門名詞或數理公式外，應使用本國文字作答。

一、定期航運產業主要含括貨櫃運輸與雜貨船運輸，請回答下列問題：
　　（一）國際標準組織所述之運輸貨櫃（freight container）具有哪些運輸實作上的意義？（15 分）
　　（二）若依「裝貨種類」來區分之，請述明目前有哪些最常被使用之貨櫃（至少5 項）？（10 分）
二、一般國際貿易出口貨物，大都由出口商負責洽船託運並負擔運費，但亦有進口商採指定方式在出口國自行覓船裝運，支付運費。請試分析貨主或託運人在選擇運送人時，一般會考慮哪些重要因素？（25 分）
三、在不定期航運之論程傭船契約（voyage charter）中，有關船舶在港口停泊時間，允許傭船人（charterer）不必另外負擔費用情況下，自由處理裝卸貨物的時間，稱之為裝卸時間（laytime/laydays）。請問：
　　（一）裝卸時間的起算，有哪些條件須先符合？（10 分）
　　（二）裝卸時間可因哪些原因而中斷？（15 分）
四、請寫出下列名詞之中文並解釋其意義：
　　（一）Bunkers：FO & DO（5 分）
　　（二）FOC, Seaworthiness（5 分）
　　（三）THC, SOC（5 分）
　　（四）Fourth party logistics provider（10 分）

附錄4.2.8　103年公務人員普通考試試題

類科：航運行政

科目：航業經營管理概要

考試時間：1 小時 30 分

※ 注意：

（一）禁止使用電子計算器。

（二）不必抄題，作答時請將試題題號及答案依照順序寫在試卷上，於本試題上作答者，不予計分。

（三）本科目除專門名詞或數理公式外，應使用本國文字作答。

一、國際定期航運與港口相關產業，可以帶動該國之經濟與貿易活動的繁榮發展，所以大部分有鄰接海岸線的國家，都希望有各類國際航商在本國港口，進行航線的安排與船舶的泊靠。請問您：定期貨櫃航商在安排航線規劃時，對於選擇彎靠港口的考量因素，主要有哪些重點項目？（25 分）

二、我國航業法第 3 條第 3 款有關船務代理業，指的是「受船舶運送業或其他有權委託人之委託，在約定授權範圍內，以委託人名義代為處理船舶客貨運送及其有關業務而受報酬為營業之事業」。因之，船務代理業者之服務範圍甚廣，但在執行業務上，仍受航業法之管制。請您寫出至少 10 項：有關我國船務代理業者可以為所代理的船舶所有人或船舶運送業，所執行的業務項目。（25 分）

三、聯合國貿易發展委員會出版有關海運回顧（Review of maritime transport, UNCTAD）的相關資料中，統計出 2013 年全球海洋運輸貨物之總運量。其中，貨櫃貨物（container）約有 1,578 佰萬噸、五大主要乾散類貨物（five major bulks）約有 2,786 佰萬噸、其他乾散類貨物（other dry cargo）約有 2,300 佰萬噸、油品與天然氣類貨載（oil and gas）約有 2,904 佰萬噸。

　（一）請您分別用中文與英文，寫出國際貿易貨流中，五大主要乾散類貨物的個別名稱。（10 分）

　（二）續上，運載不定期之大宗乾貨散裝船舶，稱之為散裝船，其主要船型可依載重噸位之區分，而有不同的名稱。請您依船型由小船（例如：2 萬至 3 萬載重噸）至大船（例如：15 萬載重噸以上）的順序，分別用中文與英文，寫出五種主要散裝船之船型名稱。（15 分）

四、在不定期船之散裝船營運行為中，船舶所有人或稱船東者（owner），常習於把自身所擁有之船舶資訊置於國際傭船市場中，並期透過經紀人（broker）以傭租船舶給需要之其他船東（傭船人，charterer），船東與

傭船人雙方並形成論時傭船契約（time charter）之營運模式。請回答下列問題：

（一）論時傭船之船東與傭船人，對於船舶營運方式的差異性爲何？（10分）

（二）何謂協會貿易限制（institute warranty limits）？（10分）

（三）何謂離租（off-hire）？（5分）

資料來源：考選部／考畢試題查詢平臺
　　　　　https://wwwq.moex.gov.tw/exam/wFrmExamQandASearch.aspx

國家圖書館出版品預行編目資料

圖解航業經營管理／張雅富作. ——初
版.——臺北市：五南圖書出版股份有限公
司, 2022.06
　面；　公分
ISBN 978-626-317-758-1 (平裝)

1.CST: 航運管理　2.CST: 航運業

557.43　　　　　　　　　111004692

5I65

圖解航業經營管理

作　　　者 — 張雅富（214.5）

發 行 人 — 楊榮川

總 經 理 — 楊士清

總 編 輯 — 楊秀麗

副總編輯 — 王正華

責任編輯 — 張維文

封面設計 — 王麗娟

出 版 者 — 五南圖書出版股份有限公司

地　　　址：106台北市大安區和平東路二段339號4樓

電　　　話：(02)2705-5066　　傳　　　真：(02)2706-6100

網　　　址：https://www.wunan.com.tw

電子郵件：wunan@wunan.com.tw

劃撥帳號：01068953

戶　　　名：五南圖書出版股份有限公司

法律顧問　林勝安律師事務所　林勝安律師

出版日期　2022年6月初版一刷

定　　　價　新臺幣450元

經典永恆・名著常在

五十週年的獻禮——經典名著文庫

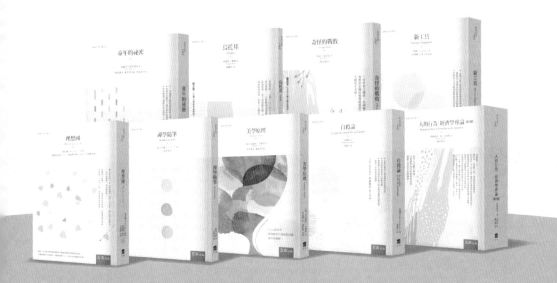

五南，五十年了，半個世紀，人生旅程的一大半，走過來了。
思索著，邁向百年的未來歷程，能為知識界、文化學術界作些什麼？
在速食文化的生態下，有什麼值得讓人雋永品味的？

歷代經典・當今名著，經過時間的洗禮，千錘百鍊，流傳至今，光芒耀人；
不僅使我們能領悟前人的智慧，同時也增深加廣我們思考的深度與視野。
我們決心投入巨資，有計畫的系統梳選，成立「經典名著文庫」，
希望收入古今中外思想性的、充滿睿智與獨見的經典、名著。
這是一項理想性的、永續性的巨大出版工程。
不在意讀者的眾寡，只考慮它的學術價值，力求完整展現先哲思想的軌跡；
為知識界開啟一片智慧之窗，營造一座百花綻放的世界文明公園，
任君遨遊、取菁吸蜜、嘉惠學子！